The Right Stock at the Right Time

※일러두기
이 책은 미국에서 2003년에 출간되었습니다. 따라서 이 책에서 이야기하는 현재, 지금, 최근 등의 표현은 2003년 당시를 기준으로 하고 있습니다.

Larry R. Williams

세계 투자 월드컵에서 11,000% 수익 신기록 세운 전략

래리 윌리엄스 좋은 주식은 때가 있다

래리 윌리엄스 지음·김태훈 옮김·강환국 감수

"20년 전에 이 책을 사서 똑같이 투자했다면
원금이 184배가 되었을 것이다."

THE RIGHT STOCK AT THE RIGHT TIME

page2

감수의 글

나만 알고 싶었던 비급서, 드디어 번역 출간되다

아마 내 유튜브를 보신 분들은 기억할지 모르겠다. 작년(2022년) 4분기부터 나는 "3개의 기운이 모인다, 2022년 10월이 주식시장 저점이다!"라고 외치고 다녔다.

실제로 한국, 미국을 비롯한 주요 국제 주가지수는 2022년 10월 중반에 바닥을 찍고 아직도 무섭게 우상향하고 있다. 그런데 설마 내가 미래를 볼 수 있어서 저런 전망을 했을까?

그럴 리가 있나. 나는 그냥 이 책을 미리 읽은 것뿐이다!

명저 『래리 윌리엄스 좋은 주식은 때가 있다』를 처음 읽은 것은 2012년이었다. 그때 이런 생각을 했던 기억이 난다. '이 책이 맞다면 2022년 10월에 저점이 오겠네?' 래리 윌리엄스는 2002년 말~2003년 초 미국 주식시장에 저점이 온다는 것을 강조하기 위해 이 책을 썼는데, 그가 펼치는 이론을 그대로 적용하면 무려 20년 후인 2022년 말 저점도 예측할 수 있었다.

다우지수 20세기 10년 패턴

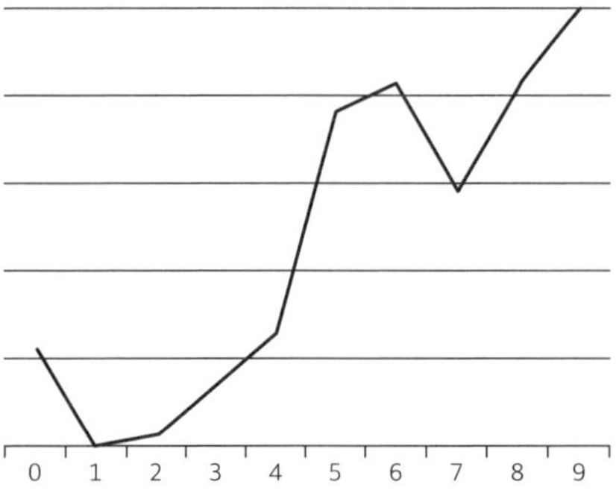

다우지수 21세기 10년 패턴

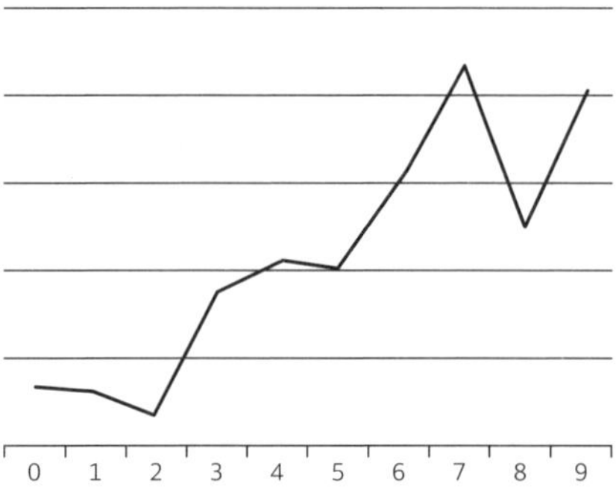

그리고 실제로 이 책의 이론은 현실이 되었다! 이런저런 논리를 통해 주식시장의 미래를 전망하는 사람은 많지만 실제로 맞춘 사람을 본 적 있는가? 래리 윌리엄스가 이야기하는 계절성 이론은 책이 쓰인 지 20년이 지난 지금 봐도 놀랄 만큼의 정확도를 자랑한다.

예를 들면 미국 시장 10년 사이클은 21세기에도 20세기와 거의 비슷하게 움직였다. 미국 시장은 대부분 0~2로 끝나는 해에 수익이 저조했으며 보통 2로 끝나는 해에 저점이 왔다. 다만 달라진 것은 20세기에는 7로 끝나는 해에 저점이 주로 왔는데 21세기에는 8로 끝나는 해에 저점이 주로 온다는 점이다.

4년 사이클, 특히 대통령 첫 임기 2년차에 저점이 온다는 점도 꽤 자주 유효하다. 2002, 2018, 2022년이 대표적인 사례이다.

나는 "십일사 천국, 오십 지옥"이라는 말도 자주 하고 다닌다. 이는 주식의 수익률이 11월부터 4월까지 투자했을 때 전반적으로 좋고 5월부터 10월까지 투자했을 때는 부진하다는 의미다. 물론(?) 이 이론

한국 코스피 11~4월 vs. 5~10월 수익

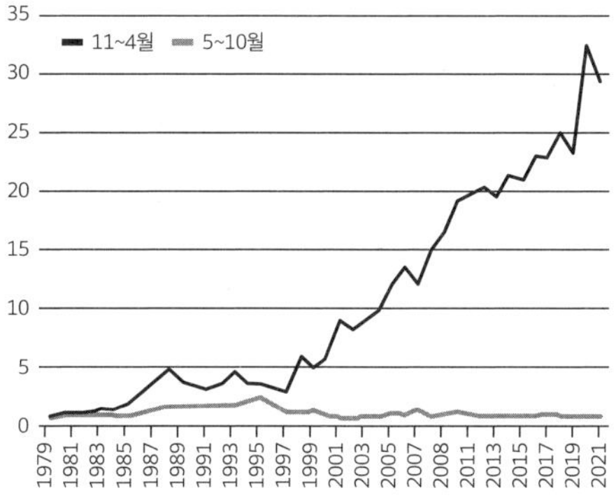

미국 S&P500 11~4월 vs. 5~10월 수익

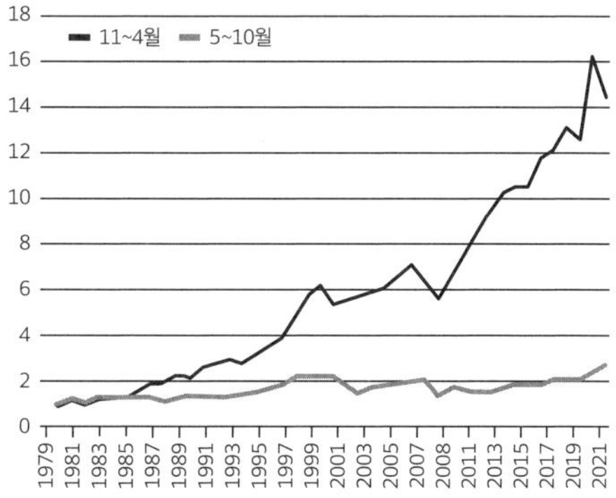

도 윌리엄스의 책을 통해 알게 되었다. 실제로 최근 20년 동안에도 무려 전 세계에서 11~4월 수익률이 5~10월 수익률을 압도하고 있다.

혹자는 계절성을 '우연의 일치' 또는 '미신'으로 폄하한다. 나도 왜 이런 패턴이 계속 존재하는지 모르겠고, 윌리엄스도 왜 10년 패턴과 4년 패턴이 존재하는지 모른다고 밝혔다. 그러나 그게 중요한가? 패턴이 지속적으로 보이면 이를 활용해서 돈을 벌면 되는 것 아닌가!

참고로 2002과 2022년 같은 시장의 바닥은 20년에 한 번 오는데, 그 후에는 4~5년간 미국 주식의 수익률이 매우 양호하다. 게다가 미국 시장은 1880년대 이후 5로 끝나는 해에 하락한 적이 단 한 번도 없었다. 이것이 윌리엄스와 내가 주식시장을 몇 년간 낙관적으로 보는 가장 큰 이유이기도 하다. 래리 윌리엄스는 현재 80세가 넘은 고령이지만 유튜브에 주기적으로 계절성을 통한 전망 영상을 올리고 있으니 참고하기 바란다.

이 책은 투자에 매우 유용하게 활용할 수 있는 미국 시장의 계절성 패턴을 설명해 준다. 하지만 그게 전부는 아니다. 윌리엄스는 책에서 이런 말을 한다.

"한 번의 결정으로 대박을 치는 것을 목표로 삼아서는 안 된다. 꾸준하게 돈을 벌 수 있는 접근법을 개발하고, 그 접근법을 꾸준히 따르는 것을 목표로 삼아야 한다." 그리고 이렇게 투자하기 위해서는 다음 두 가지가 중요하다고 이야기한다.

1. 시장 수익률을 넘어서는 종목을 찾아내는 것

2. 해당 종목이 상승할 확률이 가장 높은 적절한 때를 파악하는 것

결국 '무엇'을 '언제' 사야 하는지가 핵심이다.

윌리엄스는 계절성을 통해 '언제' 주식을 사야 하는지 설명한 것이다. 그리고 그다음 장부터 '무엇'을 사야 하는지 설명하는데, 놀랍게도 그가 선택한 방법은 퀀트 투자다. 그는 PER, PBR, PCR, PSR, 배당수익률, ROE, 최근 12개월 상승률이라는 지표를 설명하며 이 지표들이 높은 주식을 사면 시장보다 높은 수익을 낼 수 있다고 주장한다.

그 말은 옳았을까? 퀀터스 등 퀀트 소프트웨어를 활용하면 그가 책을 쓴 2003년 이후부터 현재까지 이 지표를 활용할 전략이 통했는지 백테스트를 해볼 수 있다. 참고로 윌리엄스는 "파산해서 살아남지 못한 소형주 기업이 매우 많다"고 우려했는데, 이런 망한 기업들도 퀀터스가 활용하는 DB에 포함되어 있다.

래리 윌리엄스 전략

1. 한국 시장에서
2. PER, PBR, PCR, PSR, 배당수익률, ROE, 최근 12개월 상승률 7개 지표의 순위를 구한 후
3. 7개 지표의 평균 순위가 우수한 20개 기업 매수
4. 분기 1회 리밸런싱
5. 거래비용: 0.5%

결과는 어떨까?

2003~2023년 한국 시장에 래리 윌리엄스의 전략을 적용했다면 연복리 수익률은 29.46%, 총수익률은 18,417%였다!

만약 20년 전에 이 책을 사서 그가 추천한 대로 똑같이 투자했다면 원금이 184배가 되었을 것이라는 뜻이다. 2002년에 책을 쓴 윌리엄스의 전략이 미래에도 통했다는 사실이 입증된 것이다.

이 책이 한국에서 출간되는 2023년 이후에는 어떨까? 전략이 책을 통해 공개된 후 20년 동안이나 잘 통했는데, 갑자기 2023년부터 통하지 않을 가능성이 과연 클까?

요약하면, 이 책의 핵심은 다음과 같다.

1. 언제 주식에 투자해야 할지, 언제 투자에서 빠져나와야 할지 매우 명확한 계절성 마켓타이밍 가이드라인을 제시한다.

계절성이 유리한 시기에는 주식 비중을 높이고, 불리한 시기에는 줄이거나 없애면 된다.

2. 어떤 주식을 사야 할지 매우 명확한 가이드라인을 제시한다.

퀀트 소프트웨어를 통하면 몇 분만에 윌리엄스가 제시한 지표가 유리한 기업이 과거에 높은 수익을 냈는지 분석해 볼 수 있을 뿐 아니라 현재 지표가 유리한 기업들을 뽑아낼 수 있다.

인정한다. 나는 내 투자 이론의 상당 부분을 래리 윌리엄스 책에서 배웠다. 실제로 나는 계절성을 보며 타이밍을 정하고 퀀트 지표를 통해 무엇을 살지 정한다. 그냥 강환국은 저 책의 내용을 실전에서 그대로 적용하는 사람이라고 봐도 무방하다.

나만 알고 싶었던 비급서, 『래리 윌리엄스 좋은 주식은 때가 있다』가 드디어 번역되어 나왔다. 마지막으로 독자 여러분에게 신신당부하고 싶은 이야기는 이것이다. 그냥 만사 다 제치고 윌리엄스의 가이드라인을 따르면 부자가 된다. 무엇을 기다리는가? 당장 읽고, 투자를 시작하라!

파이어족 퀀트 투자자

강환국

들어가는 글

투자의 핵심, 무엇을 언제 사야 하는가

이 이야기는 내가 처음으로 주식을 공부하기 시작한 1962년에 시작된다. 나는 그해에 주가가 폭락한 이유를 알지 못했다. 내가 아는 것이라고는 신문에 나온 내용뿐이었다. 뉴스에 따르면 케네디 대통령이 철강 가격의 인상을 금지하여 제철 산업에 타격을 입혔고, 이 부정적인 기업계 소식 때문에 주가가 수백 포인트나 빠졌다. 당시 신문은 사람들이 얼마나 많은 돈을 잃었는지, 경기가 얼마나 나쁜지에 대한 무서운 이야기들로 가득했다. 많은 사람들이 다시 1929년 같은 시대가 시작된다고 울부짖었다.

하지만 돌이켜 보면 그때는 주식을 팔 때가 아니었다. 오히려 사야 할 때였다. 1962년 10월에 거대한 반등이 시작되었고 이 반등은 1966년 2월이 되어서야 고점을 찍었다. 그때 다우산업지수는 역사상 처음으로 1,000포인트를 넘어섰다. 일각에서는 '천문학적'이라고 여기던 수준이었다. 솔직히 그렇게 오래전 일을 떠올리기는 어렵다. 하지만 내가 기억하는 건 1962년 가을에 누구도 사람들에게 주식을 사라거나, 과감한 시도를 하라고 조언하지 않았다는 것이다. 이제 와서 보면 모두 그렇게 했어야 했다. 그때는 내가 운 좋게 접할 수 있었던 최고의 매수 기회 중 하나였다.

그로부터 10년 후인 1972년에도 비슷한 상황이 펼쳐졌다. 주가는 낮았고 경기는 나빴다. 상황이 암울해 보였다. 그러다가 어느 날 갑자기 다우산업지수로 대표되는 주가가 랠리를 시작했다. 자주 그렇듯 월가의 석학과 현자들은 이 매수 지점을 짚어내지 못했다. 하지만 1972년은 모든 투자자가 기억해야 할 해인 1962년과 달랐다. 과거와 정확하게 같은 랠리가 나오는 경우는 드물다. 1972년 가을에 엄청난 랠리가 나왔지만, 이 랠리는 1973년과 1974년에 빠르게 하락세로 돌아섰다. 그다음 다시 상당한 강세장이 시작되었다.

나는 1962년부터 주식시장의 진실을 탐구하기 시작했다. 내가 공부한 자료에는 흥미로운 책들이 포함되어 있었다. 그중에 앤서니 가비스Anthony Gaubis와 에드거 로런스 스미스Edgar Lawrence Smith가 쓴 『인간 활동의 조류Tides in the Affairs of Men』가 있었다. 두 사람이 말한 요점은 미국 주식시장과 경기에 10년 주기 패턴이 있다는 것이었다. 그들의 주장에 따르면 대다수 주식시장의 고점은 매 10년의 후반에 나타난다. 다시 말해, 1966년이나 1929년처럼 끝자리가 6에서 9로 끝나는 해에 주식시장의 고점이 나올 가능성이 높다는 것이다. 가비스와 스미스는 1900년대 초반까지 거슬러 올라가는 주기를 살핀 후 이런 주장을 제기했다.

당시 나이가 어렸던 나는 아무런 관점이 없었다. 이 장기 패턴 또는 주기가 실제로 통할 거라는 확신도 거의 없었다. 나는 미래에도 두 사람이 말한 패턴이 유지될지 궁금했다. 그때는 몰랐지만 지금은 확실히 안다. 10년 패턴이 모든 주요 고점과 저점을 정확하게 맞추지는 못했다. 하지만 주식시장이 상승하거나 하락하는 때를 가장 그럴듯하고 논리적으로 알려주는 일은 대단히 잘 해낸다.

그 후 내가 시장과 경기 주기를 공부하는 동안 생각할 거리가 많이 생겼다. 한 예로, 20세기 후반에 우리가 목격한 주식시장의 붕괴는 가비스와 스미스가 말한 양상대로 일어났다. 즉, 1987년과 1989년에 폭락이 나왔다. 그리고 누구도 잊지 못할 해인 1999년은 나스닥 급등의 고점이자, 기술 종목이 겪을 76퍼센트 조정의 시작이었다. 이 조정으로 수많은 개인 투자자, 전문 투자자, 뮤추얼 펀드가 쓸려나갔다.

10년 패턴이 1962년 이후의 경제적 등락을 어느 정도 포착했다고 볼 수 있을까? 이는 흥미로운 질문이다. 나는 이 책에서 그 답을 찾을 것이다. 또한 여러분도 데이터를 확인하고 나면 이 패턴이 엄청난 매수 기회를 알려준다는 데 동의할 것이다. 내가 주식시장의 주기를 찾는 여정을 시작하게 된 데는 가비스와 스미스가 큰 역할을 했다. 하지만 나는 시장 주기를 공부하는 다른 많은 사람과 달리, 솔직히 대부분의 주기에 큰 가치를 부여하지 않는다. 나는 그것들이 정확하다고 생각하지 않는다. 18일 주기, 200일 주기 같은 대다수 시장 주기는 트레이딩이나 투자에 활용하기 어렵다. 하지만 나름대로 타당성을 지니며, 미래에도 유효할 것으로 보이는 아주 중요한 지배적 주기들이 있다. 이 책에서는 주로 그 주기들을 다룰 것이다.

거기에 더하여 일반인이 투자에 성공하는 데 필요한 몇 가지 방법과 아이디어 그리고 기술들을 알려줄 것이다. 이 모두는 투자 시 쉽게 활용하고 따라 할 수 있으며, 시장의 핵심과 진실에 맞닿아 있다. 어떤 기업이 제품과 서비스 측면에서 어떤 일을 하는지는 수익성이나 성장 전망만큼 중요치 않다. 급등하던 기술주가 지닌 문제점이 그것이었다. 해당 기업들은 펀더멘털이 탄탄하지 않았다. 부수적인 이야기 덕분에 놀라울 정도로 올랐던 가격은 그 수준을 유지하지 못했고 폭락은 불가피했다.

내가 여러분에게 보여주려는 것은 회사가 어떤 일을 하든 과거에 주가를 움직였던 것은 펀더멘털이고, 미래에도 그럴 것이라는 사실이다. 궁극적으로 모든 것은 언제나 펀더멘털, 가치로 귀결된다. 뛰어난 야구 감독인 토미 라소다Tommy Lasorda가 말한 대로 "신의 뜻은 지연될 수 있어도 취소되는 일은 없다." 투자라는 일에서 성장과 수익성이라는 형태의 가치는 한동안 간과될 수 있어도 결국에는 결정적으로 작용한다.

나는 1982년에 『다가오는 호기를 위한 성공 투자법How to Prosper in the Coming Good Years』이라는 책을 썼다. 당시 비관적인 사람들이 전국적으로 퍼트리던 부정적인 전망을 반박하는 내용이었다. 나는 두 가지 이유로 미래에 대해 상당히 낙관적인 태도를 취했다. 첫째, 레이건과 공급 중시 경제학이 부상하고 있었다. 과거의 자료를 연구한 결과, 경제적 유인incentive에 기반한 경제 제도와 경제 체제가 나올 때마다 주가는 항상 상승했다.

두 번째 이유는 1962년 이후로 내 머릿속에 각인된 단순한 사실이었다. '2'로 끝나는 해는 대개 강세장의 시작이었으며, 전반적인 경기 상승으로 이어졌다는 것이다. 이 책 역시 상당 부분 1982년에 쓴 책의 연장선이다. 우리의 경제체제가 지닌 우수성은 끝난 것이 아니라 앞으로 드러날 것이다. 호기가 다가오고 있으며, 미래에도 이어질 것이다. 이 책은 투자의 호기가 찾아올 가능성이 가장 높은 시기를 파악하는 데 도움을 줄 것이다.

여러분을 내가 보는 투자의 세계로 초대한다. 우리는 '지금, 여기'를 중시하는 오늘날의 세계에서 미래를 내다보는 기술, 즉 과거가 아니라 내일을 사는 기술을 배우게 될 것이다.

캘리포니아주 랜초 산타페에서

래리 윌리엄스

목 차

Larry R. Williams

THE RIGHT STOCK AT THE RIGHT TIME

래리 윌리엄스

좋은 주식은 때가 있다

1

미국 주식시장의 10년 패턴

"때가 되었습니다."

- 나의 상원의원 유세 구호, 1978.

2002년 가을의 매수 기회가 지니는 진정한 의미는 무엇이었을까? 큰돈을 벌 매수 지점이 2005년, 2006년, 2007년, 2008년에도 나올까?

지금부터 내가 예상하는 향후 10년 동안 나올 최고의 매수 지점에 대해 자세히 설명할 것이다. 이는 대담한 주장이다. 과연 그런 예측이 가능할까? 가능하다면 어떻게 가능할까?

먼저 여러분의 주의를 잡아끄는 사실부터 제시하고자 한다. 20세기에 나온 최고의 매수 지점들을 살펴보면 1903년, 1912년, 1913년,

1920년, 1921년, 1922년, 1923년에 탁월한 기회들이 있었다는 사실을 알게 된다. 궁극적인 최고의 매수 지점이 나온 때는 1932년이었다. 뒤이어 1942년, 1952년, 1962년에도 좋은 매수 지점들이 나왔다. 1972년도 나쁘지 않았으며(1973년이 더 나았지만), 1982년은 20세기에 걸쳐 두 번째로 좋은 매수 지점이었다. 그 이후에도 1992년에 또 다른 대단한 매수 지점이 나왔다. 보다시피 지난 100년 동안 이상적인 매수 지점은 '2'나 '3'으로 끝나는 해에 나왔다.

이 해에만 투자했다면 계속 주식을 매수하는 쪽을 택한 사람들보다 훨씬 나은 수익률을 올렸을 것이다. 내게 이 사실은 대단히 놀라운 한편, 미국 주식시장에 어떤 경향이 있다는 확고한 증거이기도 하다. 최고의 매수 기회가 발생하는 시기를 말해주는 경향 말이다. 그런 시기는 대개 10년 단위의 초반, 즉 '2'나 '3'으로 끝나는 해에 나타난다.

그림 1.1부터 1.6까지는 주식시장의 역사를 보여주는 차트로서 공부할 만한 가치가 있다. 첫 번째 차트는 내가 개인적으로 갖고 있는 자료로 1854년부터 1935년까지의 액스호턴 산업지수Axe-Houghton Index를 보여준다. 그다음에 나오는 차트들은 무어 리서치 센터Moore Research Centers에서 제공한 것으로서 1900년부터 2001년까지 101년에 걸친 주가 동향을 보여준다.

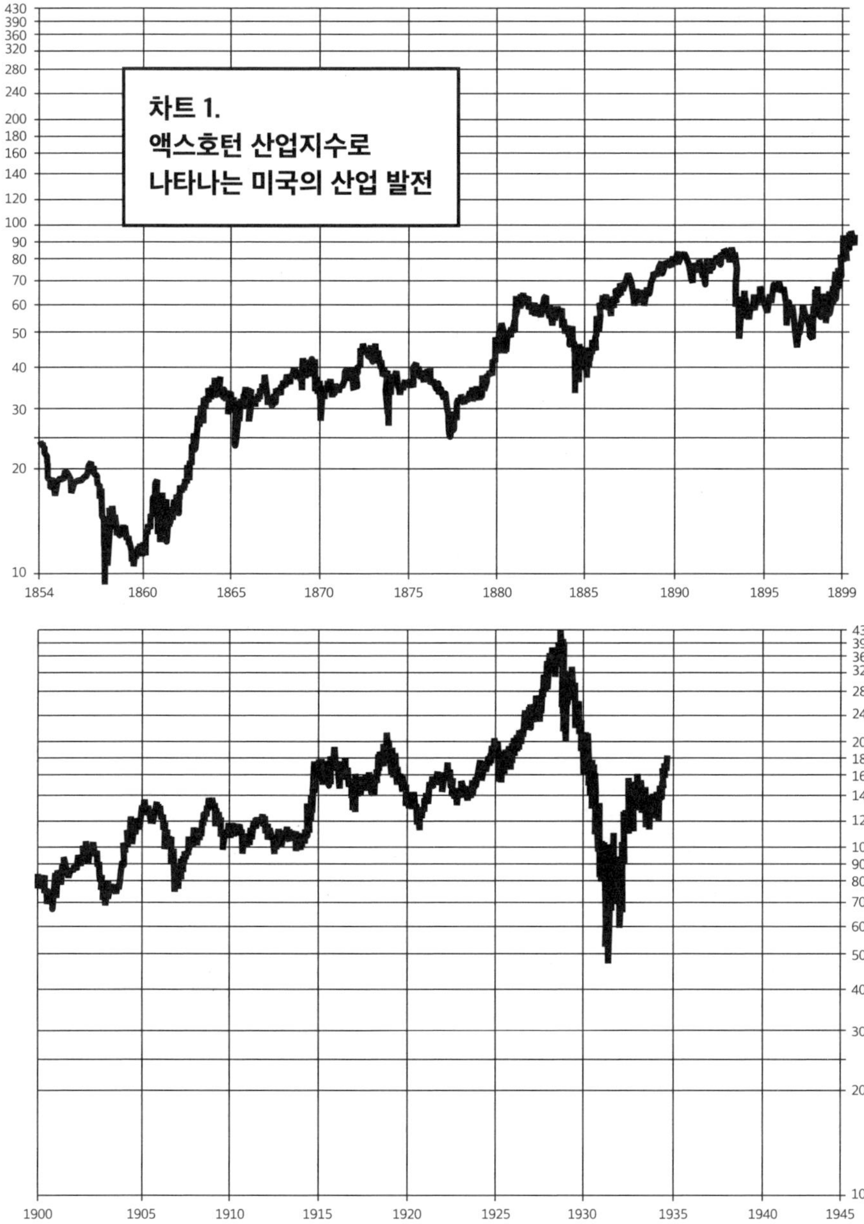

그림 1.1 주가지수, 1854~1935

출처: 액스호턴

다우지수(1900~1925)

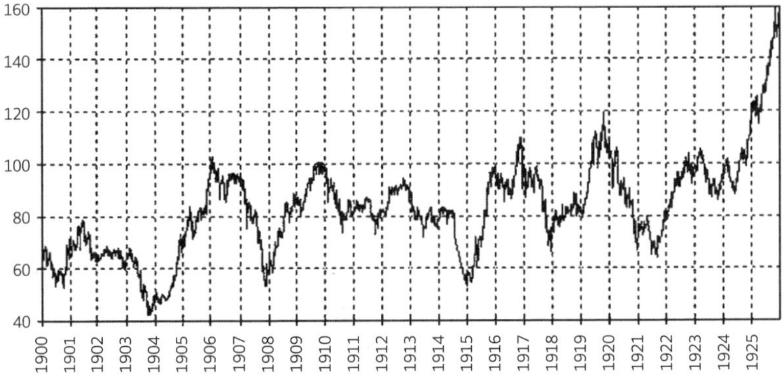

그림 1.2 **다우존스 산업평균지수, 1900~1925**

출처: 무어 리서치 센터

다우지수(1920~1945)

그림 1.3 **다우존스 산업평균지수, 1920~1945**

출처: 무어 리서치 센터

다우지수(1940~1965)

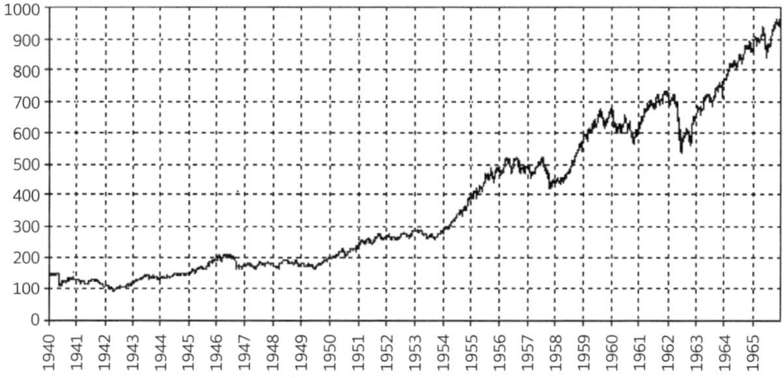

그림 1.4 **다우존스 산업평균지수, 1940~1965**

출처: 무어 리서치 센터

다우지수(1960~1985)

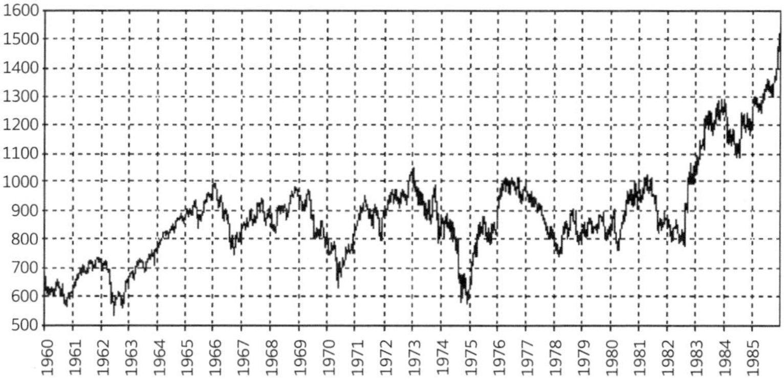

그림 1.5 **다우존스 산업평균지수, 1960~1985**

출처: 무어 리서치 센터

다우지수(1980~2001)

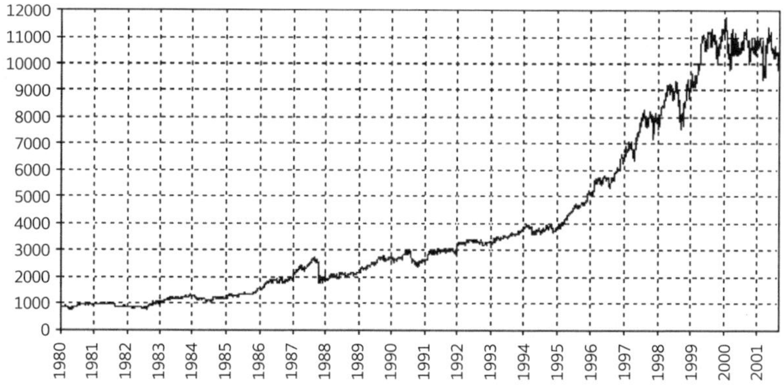

그림 1.6 **다우존스 산업평균지수, 1980~2001**

출처: 무어 리서치 센터

과거는 곧 미래다

1800년대는 1900년대와 다르지 않았으며, 아주 비슷한 양상을 드러냈다. 주가는 1862년과 1872년에 급등했다. 1883년은 1884년 초반에 나타난 놀라운 매수 지점과 아주 가까웠다. 1893년도 또 다른 좋은 매수 기회였다. 매 10년마다 주식을 사기만 하면 된다는 말은 아니다. 투자가 그렇게 쉽다면 얼마나 좋겠는가! 그래도 주식시장에서 크게 투자해야 할 시기에 대한 개념을 아는 것은 분명 도움이 된다. 그에 대한 나의 생각은 '2'나 '3'으로 끝나는 해에 엄청난 매수 지점이 나올 가능성이 높다는 것이다. 알고 보면 이렇게 단순하다.

성공 투자로 가는 길

나는 아주 젊었을 때 《발견과 예측Finding and Forecasts》이라는 투자지를 펴낸 에드슨 굴드Edson Gould의 지침을 따랐다. 그때 굴드가 한 말에 더 주의를 기울였다면 얼마나 좋았을까. 그가 수수께끼 같은 예측을 많이 하기는 했다. 그래도 그는 연준 이사회의 동향과 자신이 말한 주가의 10년 패턴에 꾸준하게 의존했다.

그때는 몰랐지만 나는 주식시장 예측의 왕국으로 들어가는 열쇠를 건네받았던 셈이다. 아이러니한 점은 내가 이후 7년 동안 미래의 주가를 예측하는 방법을 알아내려고 애썼다는 것이다.

나는 R. N. 엘리어트R. N. Elliott와 W. D. 간W. D. Gann 그리고 주요 예측자 몇 명의 이론을 공부했다. 모든 건 결국 시간 낭비로 끝나고 말았지만, 그 과정에서 운 좋게 간의 아들을 만날 수 있었다. 뉴욕에서 주식중개인으로 일하던 그는 자신의 아버지가 '차트꾼chartist'이었을 뿐이라고 말했다. 그는 자신의 아버지가 모든 사람이 말하는 것처럼 뛰어나다면 아들이 여전히 '전화 영업을 해야 하는' 이유가 뭐냐고 물었다. 아버지의 홍보 활동이 다소 불편한 기색이었다. 많은 사람이 그를 찾아와 아버지의 비결을 물어봤기 때문이다. 만약 비결이라는 게 있다면 아들에게 전수되지 않은 게 확실했다.

같은 시기에 나는 간의 홍보 담당자인 F. B. 대처F. B. Thatcher도 만났다. 그는 생의 마지막 5년 동안 나와 서신을 교환했다. 거기서 그는 사실 간이 뛰어난 트레이더가 아니라 홍보를 잘했을 뿐이라고 확고하게 말했다. 대처도 나름의 예측을 했다. 그 예측들은 나쁘지 않았지만 분명 뛰어나지는 않았다.

그는 뛰어난 예측자 간의 전설이 시작된 계기를 내게 들려주었다. 그의 말에 따르면 모든 것은《티커 앤드 인베스트먼트 다이제스트 Ticker and Investment Digest》에 실린 기사로부터 시작되었다. 몇 번이나 인용된 이 기사는 간이 밀을 그날의 높은 틱tick, 즉 가격에 매도했다고 보도했다. 대처는 그들이 유능한 홍보 대행사를 통해 잡지에 그 이야기가 실리도록 만들었다고 말했다. 그 과정에서 거나하게 술에 취한 가운데 테이블 밑으로 돈 봉투가 오가며 대형 광고비까지 지불하는 저녁 자리가 있었다.

미래를 예측하는 방법을 조사하기 시작했을 때 나는 이런 실상을 전혀 몰랐다. 그저 다른 사람들처럼 여러 뛰어난 예측자들에 대한 이야기를 사실로 믿었다. 지금은 그때 굴드가 고안한 예측 기법을 고수했으면 좋았을 것이라고 생각한다. 굴드의 기법은 간의 기법보다 정확할 뿐 아니라 훨씬 따라하기 쉬웠다.

그림 1.7은 굴드가 제시한 표로서 예일 허시의 책,『월요일에는 주식을 팔지 마세요Don't Sell Stock on Monday』에도 실렸다. 차트의 아래쪽 선은 1881년부터 1960년까지 80년 동안의 평균 지수를 나타낸다.

굴드는 월 기준으로 1881년부터 1960년까지 주가 평균을 일일이 계산했다. 요즘은 컴퓨터로 거의 눈 깜박할 사이에 할 수 있는 일이지만 굴드는 분명 1년 가까이 작업했을 것이다. 그가 한 일은 1881년부터 1960년까지 모든 달의 평균을 구한 것이었다. 이 말은 80년 동

(1950년대와 1960년대 vs. 80년 동안의 평균)

월 기준 로그 척도

그림 1.7 산업주 주가의 10년 패턴

출처: 콜스 커미션 산업지수Cowles Commission Industrials(1881~1917), 스탠더드 앤드 푸어스 425 산업지수(1918~1969). 예일 허시, 『월요일에는 주식을 팔지 마세요』에서 발췌.

안 모든 1월의 주가 변동을 다른 모든 1월과 비교했다는 뜻이다. 그 결과 하나의 패턴이 만들어졌다. 굴드는 주식시장이 이 패턴을 따를 것으로 예상하고 이를 이정표로 삼았다. 그의 작업은 1960년에 마무리되었는데, 흥미로운 점은 1960년대의 왕성한 강세장이 거의 그대로 그의 패턴과 맞아떨어졌다는 것이다. 뒤이어 부진한 1970년대가 찾아왔다. 이번에도 시장은 대부분 이정표대로 움직였다. 1980년대 역시 굴드가 그린 이정표를 소름 끼칠 정도로 따랐다. 1987년의 폭락도 굴드가 예측한 바로 그 지점에서 일어났다. 1987년 말과 1988년

초의 엄청난 매수 지점도 그가 1960년에 만든 차트에 제시되었다. 내게는 이 점이 가장 놀랍다.

더욱 놀라운 사실은 20세기의 마지막 몇 주 동안 이뤄진 나스닥 상승의 끝도 굴드가 시장의 고점이 나올 것으로 가정한 10년의 10년 차에 나왔다는 것이다.

그림 1.7은 1881년부터 1917년에 걸쳐 콜스 커미션 산업지수를 활용하여 굴드의 작업을 나타낸 것이다. 이후 해당 주가지수는 1918년부터 1969년까지 스탠더드 앤드 푸어스 지수와 합쳐졌다. 보다시피, 그의 작업은 1981년, 1991년, 2001년처럼 각 10년의 1년 차에는 혼조장이나 하락장이 나올 것임을 말해준다. 시장은 1982년이나 1932년처럼 '2'로 끝나는 해에 상승한다. 또한 1983년이나 1993년 같은 3년 차에는 반등하여 강세장이 시작된다. 나는 이 주가의 이정표를 금고에 넣어두고 자녀들에게 유산 대신 물려줄 것을 권한다. 이 이정표는 유산보다 큰 가치를 지닌다. 나는 앞으로 다가올 인플레이션 시대에도 그 가치가 줄어들 것이라고 생각하지 않는다.

무어 리서치가 제공한 그림 1.8은 소위 '외표본out-of-sample' 데이터를 보여준다. 이는 원래의 조사 기간에 속하지 않는 정보를 말한다. 요컨대 특정한 기간을 관찰하여 어떤 아이디어나 결론을 도출한 다음 이 이론을 다른 기간에 속하는 데이터에 적용한다. 해당 기간은 테스트 기간이나 발견 기간 이전일 수도 있고, 이후일 수도 있다. 참고로, 이런 외표본 정보에도 해당 아이디어가 유효한 경우는 드물다.

다우지수 10년 패턴(1900~1999)

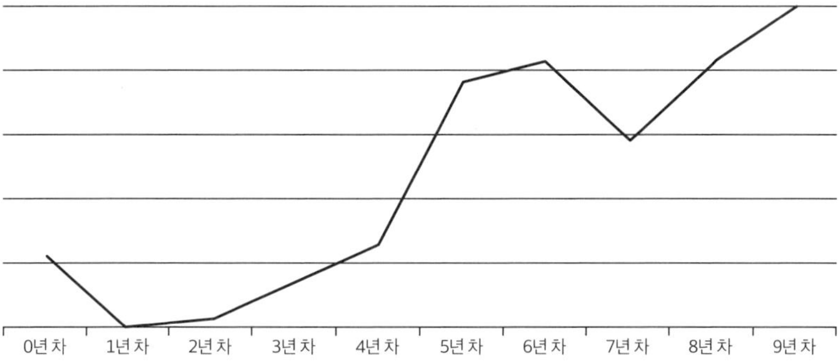

그림 1.8 **다우존스 산업평균지수 10년 패턴**(1900~1999)
출처: 무어 리서치 센터

이는 굴드가 앞선 데이터에서 활용한 절차를 거쳐서 1980년대와 1990년대의 주가 평균을 구한 것이다. 보다시피 패턴이 그대로 유지된다. 이는 굴드가 제시한 개념에 일관성이 있음을 말해준다. 미래라는 카드 게임에서 과거와 거의 같은 카드가 돌려진 양상이 보인다.

이것이 얼마나 특이한 일인지 말해주겠다. 나는 약 40년 동안 투자를 하면서 많은 매매 시스템과 전략을 만들었다. 그중 대다수는 테스트 후에도 40퍼센트 정도의 유효성을 기록했다. 다시 말해서 반복적인 성과가 자주 나올 것이라고 기대할 수 없었다. 실제로 어떤 시스템이나 기법을 알려지지 않은 데이터에 적용하면 처음에 얻었던 결과를 유지하거나 그 근처까지 가는 일이 드물다.

나는 2001년 여름에 이 책을 쓰기 시작했다. 당시 나는 이 이정표를 보고 2002년 중반과 말 그리고 2003년 말에 매수 지점이 나올 것이 분명하다고 생각했다. 나는 전국으로 강연을 다니면서 투자자들에게 주식을 살 드문 기회가 올 것이라고 말했다.

그림 1.9는 굴드의 차트가 나온 이후의 주가를 보여준다. 보다시피 1881년부터 1960년까지의 주가 패턴이 그대로 이어진다. 그림 1.7은 1950년대와 1960년대의 강세장이 해당 패턴과 거의 맞아떨어진다는 것을 보여주었고, 그림 1.8은 40여 년 전에 나온 기본 예측에 1980년대와 1990년대의 주가 패턴을 그대로 겹쳐놓은 모습이다.

다우지수 10년 패턴(1970~1999)

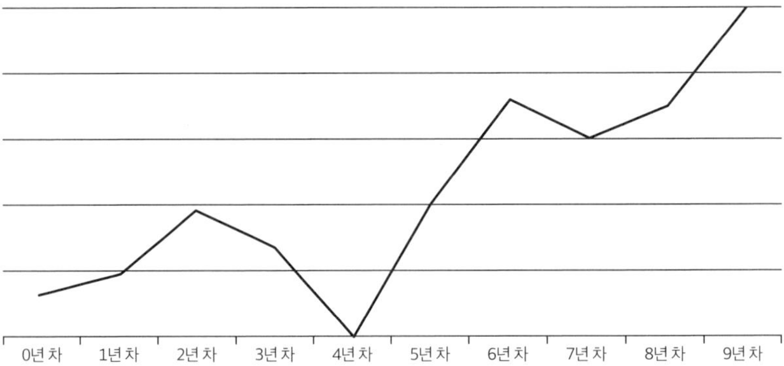

그림 1.9 **다우존스 산업평균지수 10년 패턴**(1970~1999)
출처: 무어 리서치 센터

당신이 시장을 30년 동안 관찰했든, 30분 동안 관찰했든 상관없다. 앞선 그림들을 통해 굴드의 패턴이 '단순히 흥미로운' 수준이 아님을 알 수 있다. 굴드의 패턴은 그보다 훨씬 큰 의미를 지닌다. 거기에는 주가가 전개되는 경향에 대한 궁극적인 통찰이 담겨 있다. 실제로 150여 년 동안 주가는 각 10년의 시작과 끝을 기준으로 꾸준하게 오르내렸다. 참고로 이는 10년 전체에 대한 패턴이 아니다. 이 패턴의 토대는 각 10년의 시작과 끝이다. 그래서 10년에 걸친 데이터를 관찰하지만 10년에 걸친 주기를 말하는 것은 아니다.

시장 동향을 오랫동안 관찰한 사람으로서 이것만은 자신 있게 말할 수 있다. 각 10년마다 평균적으로 주가가 꾸준하게 상승 경로를 그린 이 양상보다 전반적인 상승과 하락 국면을 더 잘 말해주는 것은 이 세상에 없다.

'탁월한' 5년 차

나는 오랜 친구인 예일 허시로부터 시장에 대해 많은 것을 배웠다 (그가 내게 배운 것이라고는 송어 낚시뿐이다). 예일은 전반적인 주가 등락 패턴 안에서 두 번째로 중요한 사실도 발견했다. 그는 저서 『월요일에는 주식을 팔지 마세요』에서 10년 패턴의 중반에 실로 화끈한 상승장이 나오는 경향이 있다고 밝혔다. 표 1.1은 10년의 각 년 차에 나온 평균 상승률을 보여준다. 그의 책이 출간될 무렵 우리가 조사한 기간은 110년이었다. 이 11번의 10년 중에서 11번 모두 5년 차에 급등장이나 상승장이 나왔다. 즉, 5년 차가 10년 패턴에서 가장 강한 해였다. 또한 '8'로 끝나는 해도 10번 중 8번은 상승 추세를 보였다. 수익률이 저조했던 해는 에드거 로런스 스미스의 연구가 보여준 대로 끝이 '7'이나 '0'으로 끝나는 해였다.

표 1.1 **10년 주식시장 주기: 지난 100년 동안의 스탠더드 앤드 푸어스 종합지수에 나타난 연 수익률 변화**

	10년									
년차	1년 차	2년 차	3년 차	4년 차	5년 차	6년 차	7년 차	8년 차	9년 차	10년 차
1881~1890	-	-	-	-	20	9	-7	-2	3	-14
1891~1900	18	1	-20	-3	1	-2	13	19	7	14
1901~1910	16	1	-19	25	16	3	-33	37	14	-12
1911~1920	1	3	-14	-9	32	3	-31	16	13	-24
1921~1930	7	20	-3	19	23	5	26	36	-15	-29
1931~1940	-47	-18	48	-2	39	28	-34	13	0	-12
1941~1950	-15	6	21	14	33	-10	-2	-2	11	20
1951~1960	15	7	-3	39	23	4	-13	33	11	-4
1961~1970	27	-13	18	13	9	-11	17	12	-14	-1
1971~1980	10	12	-19	-32	32	18	-10	2	11	26
1981~1990	-7	13	18	0	26	-	-	-	-	-
상승한 해(개)	7	8	4	6	11	7	3	8	8	3
하락한 해(개)	3	2	6	4	0	3	7	2	2	7
수익률 누계	25%	32%	27%	64%	254%	47%	-74%	164%	41%	-36%

12월 평균 주가 기준

이런 내용은 나름대로 가치가 있다. 하지만 투자자에게 더 중요한 것은 단지 어떤 해에 주가가 상승했는지 또는 하락했는지가 아니라 **한 해에 얼마나 많은 돈을 벌었는지다.** 분명히 10년 중 5년 차는 대부분의 부가 만들어진 때다. 예일의 연구는 5년 차에 주가가 총 254퍼센트 상승했음을 보여준다. 이는 164퍼센트 상승으로 2위를 기록한 8년 차보다 훨씬 높은 상승률이다.

예일이 알 수 없었던 것은 1990년대에 일어날 일이었다. 그때는

1995년의 주가가 어떨지 알 수 없었다. 1995년의 주가도 전통을 따를까? 아니면 '5'로 끝나는 해가 11번 연속으로 상승한 기록이 중단될까? 8년 차는 또 어떨까? 1998년 역시 과거와 비슷한 상승률을 기록할까?

1885년부터 1985년까지 '5'로 끝난 해의 평균 상승률은 23퍼센트, '8'로 끝난 해의 평균 상승률은 14.9퍼센트였다. 또한 1881년에서 1990년까지의 데이터는 5년 차에 총 254퍼센트, 평균으로는 각 해에 19.5퍼센트 상승했음을 보여준다.

1995년은 다우존스 산업평균지수 기준으로 33.5퍼센트라는 놀라운 상승률을 기록했다. 1998년의 상승률은 14.9퍼센트였다. 이 두 해는 1990년대 안에서 가장 높은 상승률을 기록했다. 1995년과 1998년의 상승은 수 세대 전에 감지된 패턴에 따라 이뤄졌다. 1960년에 확립되었음에도 이 예측은 1990년에서 2000년에 걸친 강세장에서 가장 수익률이 높았던 두 해를 정확하게 알려주었다. 어쩌면 주식시장은 생각보다 이해하기 쉬운지도 모른다.

여러분이 많은 시간을 들여서 이 책에 제시된 장기 차트를 들여다보고 공부할 것을 권한다. 그러면 이 현상에 대한 감을 잡고 어쩌면 시장이 움직이는 리듬을 파악할 수 있을 것이다.

'확실한' 7년 차

명백히 어떤 해는 다른 해보다 주식을 매수하기에 더 낫다. 나의 연구는 최고의 해, 가장 폭발적인 상승이 나오는 해, 상당한 상방 움직임이 나올 가능성이 가장 높은 해를 찾아내는 데 초점을 맞췄다. 물론 20년 동안 장기 보유를 해서 돈을 벌 수도 있다. 하지만 이는 명민한 전략이 아니다. 나는 확률이 유리할 때 베팅하고 싶다.

10년 패턴에 대한 지식을 추가로 얻는다는 것은 주식을 살 때 살필 점이 하나 더 생긴다는 것을 뜻한다. 1960년에 굴드가 제시한 이 정표는 '7'로 끝나는 해가 주요 매수 지점임을 알려주었다. 실제로 1977년, 1987년, 1997년에 주가가 크게 상승했다. 이는 우연에 불과한 것일까? 이 해들은 각각 투자자들에게 탁월한 연말 매수 지점을 제공했다. 내가 보기에 이는 단순한 우연이 아니다. 나는 전반적인 경기 주기나 경기 순환과 관련하여 무언가(명칭은 무엇이든 상관없다) 있다고 생각한다. 단지 무작위적인 수치 변동이라고 보기에는 이 패턴이 너무 많이 반복되었기 때문이다.

1854년 이후의 액스호턴 산업지수(그림 1.1)를 다시 살펴보자. 거기서 같은 현상을 발견할 수 있다. 1857년 말에 주가가 바닥을 친 후 거의 2배나 올랐다. 1867년 가을에도 마찬가지로 엄청난 급등이 나왔다. 이 랠리는 1869년의 고점까지 계속 이어졌다.

1877년에도 주가는 중반 무렵 다시 바닥을 쳤고, 이후 2년에 걸친 강세장이 시작되었다. 1887년도 마찬가지였다. 이 해에는 가을에 주가가 바닥을 친 후 2년 반에 걸친 상승세로 접어들었다.

1897년에도 거의 같은 일이 일어났다. 주가는 연초에 바닥을 친 후 여름에 상승했다. 이후 가을에 후퇴했다가(7년 차 매수 구간) 다시 2년에 걸친 강세장을 연출했다. 1907년의 바닥은 연말인 12월 무렵에 형성되었다. 그 직후에 또 다른 2년에 걸친 강세장이 이어졌다. 1917년은 거의 1907년의 복사본이었다. 주가는 연말에 급락한 후 다시 2년에 걸친 강세장에 올라탔다.

1927년도 마찬가지였다. 더 말할 게 있을까? 이 해에는 큰 저점 없이 주가가 일직선으로 상승한 것처럼 보인다. 하지만 자세히 들여다보면 가을에 주가가 잠깐 안정되면서 고점에서 후퇴한다. 물론 그러다가 다시 2년에 걸친 강세장으로 돌입하여 1929년의 고점을 형성한다.

이제 무어 리서치 데이터를 살펴보자. 1937년에는 주가가 크게 하락하면서 1938년 1분기에 바닥에 이르렀다. 그다음에 2년에 걸친 강세장이 시작되었다(이번에는 7년 차 현상이 약 3개월 엇나갔다). 사실 10년 후인 1947년에도 거의 같은 일이 일어났다. 이 해에 주가지수는 대부분의 기간 동안 횡보하다가 가을에 하락했다. 바닥이 형성된 것은 1948년 2월 중순이었다. 하지만 이번에는 2년에 걸친 강세장이 뒤따르지 않았다. 대신 1948년에 1년 동안 크게 상승했다.

1957년은 굴드의 모형을 완벽하게 따랐다. 초반에 상승장이 나왔다. 뒤이어 주가가 하락하여 10월에 저점 또는 바닥을 찍은 후 한 번 더 상당한 상승세를 시작했다. 이는 7년 차 가격 패턴에 완벽하게 부합하는 움직임이었다.

10년 후에 멋진 매수 지점이 한 번 더 나타났다. 주가는 1967년 초반에 상승하다가 가을에 무너지면서 1968년 2월에 바닥을 쳤다. 이후 2년이 아니라 1968년의 남은 기간 동안 강한 급등세가 나왔다. 역사는 1967년 말과 1968년 초에 아주 좋은 매수 지점이 나왔음을 분명하게 보여준다.

이 현상에 뭔가가 있는 것처럼 보이는가? 내게는 그렇게 보인다. 이 현상을 설명할 수 있을까? 몇 가지 설명을 떠올릴 수 있다. 하지만 역사적 전례의 측면에서 '5'로 끝나는 해와 '7'로 끝나는 해 그리고 '2'로 끝나는 해와 '3'으로 끝나는 해에 대한 연구보다 더 설득력 있게 증명할 수 있을지 확실치 않다. 차트는 거짓말을 하지 않는다. 현상은 분명히 존재한다. 우리가 할 일은 과거를 활용하여 앞으로 투자를 더 잘할 수 있는 방법을 배우는 것이다.

물론 여기서 이야기하는 것은 타이밍뿐이다. 선택의 문제, 어느 주식을 살 것인지에 대한 문제는 여전히 파고들어야 한다. 하지만 대다수 투자자는 사고 싶은 주식을 대체로 알고 있다. 단지 언제가 적기인지 모를 뿐이다. 적기에 매수하거나 매도하는 것은 큰 차이를 만든다. 가령, 모든 것을 감안할 때 6년 차 초에 주식을 매수한 경우 8년 차까지만 기다리면 돈을 벌 수 있었다. 반면 **'9'로 끝나는 해에 매수했다면 평균적으로 거의 5년을 기다려야 이익을 낼 수 있었다.** 이처럼 주식시장에서 진입과 탈출의 타이밍은 대단히 중요하다. 나는 10년 주가 패턴을 따르는 것이 투자에서 우위를 획득하는 한 가지 방법이라고 믿는다.

1960년대에 관찰된 속설 같고, 약간은 신비롭기까지 한 이 이정표를 주가가 영원히 따를 것이라는 기대는 비합리적으로 보인다. 하지만 대체로 그런 일이 일어났다. 그래서 이런 의문이 생긴다. 21세기의 시장도 이 이정표를 따를까? 이는 해당 시기가 끝날 때까지 대답할 수 없는 질문이다. 다만 2001년부터 2010년까지 첫 10년 동안을 살펴서 이 패턴이 얼마나 밀접하게 반복되는지 확인할 수 있다. 나는 이것이 생각보다 밀접하게 반복될 것이라고 추측한다. 중요한 테스트는 2005년 이후에 이뤄진다. 2005년에도 다시 활기찬 상승장이 나오고, 전반적인 주가 패턴이 10년 이정표를 따른다면 이 개념의 타당성이 더욱 강화될 것이다. 그러면 투자자들은 보다 자신 있게 이 개념을 앞으로 수십 년 동안 투자의 전반적인 지침으로 삼을 수 있을 것이다.

시장은 장기적인 전개에 있어서 반복적인 경향을 지니는 듯 보인다. 그 기준틀은 10년 패턴에 해당한다. 이 틀 안에는 최적의 매수 및 매도 지점을 찾아야 할 특정한 시기들이 있다.

첫 번째 지점은 '2'나 '3'으로 끝나는 해이고, 그다음은 엄청난 강세를 보이는 5년 차다. 매수 지점을 찾아야 할 다음 기회는 '7'로 끝나는 해의 가을이다.

끝으로 장기 투자자는 대부분의 주요 시장 고점이 1929년, 1969년, 1999년 그리고 2000년처럼 '9'나 '0'으로 끝나는 해에 나온다는 점을 결코 잊어서는 안 된다.

내가 보기에 이 10년 패턴은 주가가 따르는 가장 논리적인 이정표다. 물론 해마다 또는 매 10년마다 주가가 이 패턴과 정확하게 맞아떨어질 것이라고 기대하지는 않는다. 투자가 그렇게 쉽다면 아무 재미가 없을 것이다. 그래도 여기서 제시하는 것은 앞으로 길이 어떻게, 그리고 언제 꺾일지 말해주는 탁월한 지침이다.

2

4년 현상

미래의 부는 과거에 대한 분석을 통해 얻어진다.

우리는 에드슨 굴드, 에드거 로런스 스미스, 앤서니 가비스, 예일 허시의 연구 덕분에 10년 패턴 안에서 주식시장의 주요 고점과 저점이 언제 나올지 알게 되었다. 이는 미래에 일어날 가능성이 높은 일, 그리고 각 10년의 5년 차와 7년 차에 나오는 매수 기회를 알려주는 놀라운 이정표다. 하지만 우리에게는 보다 구체적인 것이 필요하다. 결국은 주식을 사거나 팔아야 할 정확한 주 또는 날뿐 아니라 정확한 시간도 알아야 하기 때문이다. 이 모든 것을 100% 완벽히 알아내는 것은 무리지만, 그래도 **다양한 도구를 활용하면 최선의 시간을 파악하는 일에 훨씬 더 가까이 다가가는 일은 가능하다.**

내가 여러분과 나누고 싶은 또 다른 정보는 1970년에 우연히 접한 것이다. 이 정보는 2002년을 예측하는 핵심 요소이기도 하다. 1970년의 약세장은 내게 아주 좋았다. 나는 약 30만 달러를 벌어서 최초의 소위 '대박'을 쳤다. 지금은 큰돈이 아니지만 당시 28살이던 내게는 우쭐대기에 충분한 금액이었다.

나는 약세장을 찾아내서 공매도를 치는 나의 똑똑함이 대단하다고 생각했다. 이런 태도는 저점이 지난 후에도 계속 숏 포지션을 유지하게 만들었고, 나는 결국 수익의 일부를 토해내야 했다. 그런데도 나는 주가가 천정부지로 치솟은 10월까지 계속 숏 포지션을 건드렸다. 이 일은 계좌뿐 아니라 자존심에도 큰 상처를 입혔다.

이후 나는 정신을 차리고 롱 포지션으로 나갔다. 어느 날 밤, 나는 상처를 달래며 과거의 차트를 보고 있었다. 그때 장기적 타이밍에 대한 나의 관점을 바꿔놓은 것이 눈에 들어왔다.

내가 차트에서 파악한 사실은 1962년, 1966년, 1970년의 고점 사이에 4년의 간극이 있다는 것이었다. 혹시 누구도 말해주지 않은 반복적 패턴이 작동하는 것은 아닌지 궁금해졌다. 아버지는 언제나 내가 삶에서 이룰 성공은 지능보다 노력과 운 덕분일 거라고 말했다. 나는 그 말을 염두에 두고 그때까지 수집한 모든 차트를 들여다보기 시작했다.

실제로 뭔가가 있었다. 1962년부터 거슬러 올라가 보니 4년 전인 1958년에도 주요 저점이 나왔다! 이 사실은 나를 흥분시켰다. 그다음으로 나는 4년을 더 거슬러 올라가 1954년의 차트를 살펴보았다. 거기에도 또 다른 강세장의 시작점이 있었다. 그때부터 심장이 두근거렸다. 내가 뭔가 대단한 발견을 한 게 아닐까? 1950년에는 어땠지? 차트를 보니 역시 또 다른 강세장이 거기서 시작되고 있었다.

실로 인상적인 발견이었다! 하지만 이처럼 시장의 저점이 정확하게 반복된다는 사실이 타당해 보이지 않았다. 게다가 왜 대학에서는 이런 사실을 가르쳐주지 않고, 책에서 읽은 적도 없는 걸까? 그날 밤, 나는 잠을 이루지 못했다. 4년마다 시장 저점이 나온다는 것이 얼마나 강력한 효과를 미치는지 계속 떠올랐기 때문이다. 사실이라고 믿기 힘들 만큼 대단한 일이었다. 이 현상이 미래에도 작용할까?

차트를 통해 두려움을 극복하다

이런 성격의 시장 정보는 생각에 농간을 부린다. 나는 4년 현상의 힘을 만족스러운 수준까지 증명했다. 하지만 내가 알고 나면 이 현상이 앞으로 다가올 미래에는 통하지 않을 것이라는 생각이 들었다. 나는 소극적인 태도로, 충분한 검증을 위해 알려지지 않은 미래의 표본을 더 많이 모으기로 했다.

그래서 나는 누구도 나의 '은밀한 비밀'을 모르기를 바라면서 불안과 두려움 속에 기다렸다. '뭐라고 부르든' 이 4년짜리 현상이 미래에도 전개될지 확인하고 싶었다. 뒤이어 1974년의 저점이 나타났다. 그리고 다시 1978년에 지지부진한 시장 상황을 고려했을 때 준수한 매수 지점이 나왔다.

그렇게 나는 4년 현상을 뒷받침하는 2개의 외표본을 확인했다. 알 수 없는 묘한 방식으로 주가는 4년 주기에 맞춰서 계속 바닥을 쳤다.

그게 1978년에 주식시장에 대해 아는 모든 것이었다면, 4년 후인 1982년에 다음 매수 지점이 나오기를 기다렸을 것이다. 실제로 그때 역사상 최장 기간의 강세장이 시작되었다. 1982년에 4년을 더하면 1986년이 다음 목표가 된다. 차트를 대충 훑어보기만 해도 그해 가을에 또 다른 멋진 매수 지점이 나왔음을 알 수 있다.

이 현상에 대한 나의 자신감은 뚜렷하게 높아졌다. 1970년에 관찰된 현상이 16년 후에도 엄청난 성공으로 이어졌다. 이는 그날 밤 너무 오랜 낙관으로 입은 상처를 핥다가 발견했던 현상이 타당하다는 증거였다. 필요는 분명 발명의 어머니다.

무어 리서치가 제공한 그림 2.1A와 2.1B는 시장의 동향을 간소화하여 1900년 이후로 전개된 양상을 잘 보여준다. 나는 차트에 4년 현상과 저점을 표시했다. 나는《플레이보이》잡지를 처음 보는 14살짜리 소년처럼 이 차트들을 뚫어져라 바라봤다. 이 차트들은 주요한 주기적 변동을 이해하는 데 큰 보탬이 된다. 또한 자신감을 키워서 적기에 행동을 취하는 데 도움을 준다.

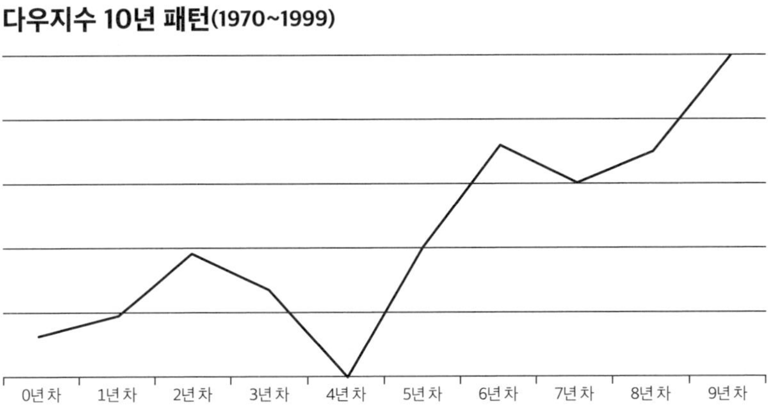

그림 2.1A 다우존스 산업평균지수 10년 패턴 1970~1999

출처: 무어 리서치 센터

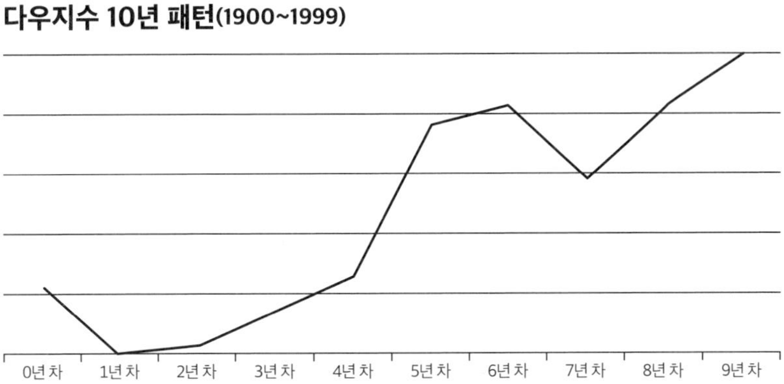

그림 2.1B 다우존스 산업평균지수 10년 패턴 1900~1999

출처: 무어 리서치 센터

아이도 이해할 수 있을 만큼 쉽다

4년 현상은 너무나 단순해서 아이도 이해할 수 있다! 예를 들어 매수 지점이 나온 1986년 10월에 4년을 더하기만 하면 된다. 그러면 14살짜리 아이도 1990년 가을에 시장의 저점이 나올 것이라고 예측할 수 있다. 그때 우리의 아이는 18살이라는 한창 나이가 되어 1년 반 동안 강세장이 시작되는 것을 지켜보게 된다. 상상해 보라. 아이들도 프로를 이길 수 있다. 손가락 4개만 있으면 쉽게 따를 수 있는 매매 타이밍 시스템이 있기 때문이다. 복잡한 수학은 치워라. 노트북은 집에 두어라. 컴퓨터도 필요 없으니까!

우리의 소년 투자자는 이제 저점이 나온 1990년에 4년을 더한다. 1994년 가을에 주가가 저점을 찍을 것이라는 과감한 예측과 함께. 이제 그는 더 이상 소년이 아니라 22세의 청년이다. 그는 1994년에 월가 전문가들의 코를 납작하게 만든다. 그해 가을에 역사상 가장 극적인 주가 상승이 시작된다. 그리고 1929년의 고점에 이르던 시기와 비슷한 기하급수적 랠리가 나온다. 다우지수만 상승한 것이 아니라 잡주, 기술주, 블루칩, 소형주 등 사실상 모든 주식이 급등한다. 1994년에 주식을 매수해야 한다는 소년 투자자의 예측에 따라 모두가 돈을 번다.

우리의 청년 투자자는 26살이라는 한창 나이가 되었다. 그는 1994년에서 4년이 지난 후 또 다른 저점이 나올 것이라고 예측한다. 그는 앞선 랠리에서 대박을 쳤다. 이제 그는 매수 기회가 나오면 크게 베팅할 수 있는 충분한 현금을 갖고 있다. 다행히 그는 하버드 경영대학원이나 와튼 스쿨에 들어가지 않았다. 그는 애널리스트의 말을 듣거나, 증권 방송을 보거나, 《월스트리트저널The Wall Street Journal》을 읽지 않아도 될 만큼 똑똑하다. 그는 단지 약 4년마다 시장이 저점을 찍는다는 것 하나만 안다.

우리의 청년 투자자는 1998년으로 접어들 무렵 약간 혼란스러워한다. 대다수 애널리스트는 주가 대폭락이 발생할 것이라고 말한다. 그는 그런 일이 일어날 수도 있다고 생각한다(4년마다 저점으로 이어지는 초중반의 약세가 나왔기 때문이다). 그해 여름에 주가가 심하게 무너진다. 많은 투자자는 그 하락이 2년 후까지 이어질 것이라고 생각한다. 시장의 분위기는 비관으로 가득하다. 1998년 10월에는 그런 분위기가 더욱 깊어졌다. 그때 우리의 청년 투자자는 과감하게 한 번 더 주식을 매수하기로 결정한다. 진입 지점을 찾는 일은 간단하다. 시장에서 큰돈을 번 1994년으로부터 4년이 지난 후로 잡는 것이다.

그는 시장에 대한 이해도 부족하고, 대학 학위도 없다. 덕분에 주가가 18개월 동안 거의 수직에 가까운 급등세를 보이는 동안 엄청난 수익을 올린다. 그의 타이밍은 더없이 절묘했다! 우리의 청년 투자자는 경험과 학벌이 없지만 이제 엄청난 부자가 되었다. 다시 한번 정확한 때에 투자했기 때문이다.

그는 펀드 매니저, 주식 중개인, 투자 자문 같은 프로들이 할 수 없는 일을 했다. 그는 4년 예측으로 그들 모두를 이겼다.

2002년 매수 지점의 의미

이제 4년마다 시장의 저점이 형성된다는 사실을 확정할 수 있는지 알아보자. 앞서 마지막으로 살펴본 해는 1998년이었다. 따라서 거기에 그냥 4년을 더하기만 하면 다음 매수 기회를 예측할 수 있다. 나의 계산이 정확하다면 1998에 '4'를 더한 2002년에 주요 매수 기회가 나온다는 뜻이 된다. 1998년 저점은 10월에 나왔기 때문에 같은 시기인 2002년 가을 무렵에 저점이 나올 것이라고 예측할 수 있다.

이는 2001년 가을에 썼던 초고의 내용이다. 당연하다는 듯 2002년에 매수 지점이 나왔다. 하지만 그게 단순히 약세장에서 나온 랠리였을까? 역사는 2002년이 더 낮은 주가 수준으로 폭락하기 전에 잠깐 상승하는 구간이 아니라 주요 매수 구간이었음을 말해준다.

다른 한편으로 2006년, 2010년, 2014년, 2018년, 2022년, 2026년, 2030년, 2034년, 2038년, 2042년, 2046년, 2050년에도 중대한 시장의 저점이 나오는지 살펴야 한다.

이것이 향후 50년의 시장 동향에 대한 나의 예측이다. 앞으로 많은 일이 일어날 것이다. 사회, 기업계, 언론, 심지어 종교와 정치에도 거대한 변화가 일어날 것이다. 그래도 나는 4년 현상이 계속 시장의 시계 장치처럼 돌아갈 것이라고 생각한다.

그 이유는 단지 4년 현상이 1962년 이후로 탁월한 예측력을 보였기 때문이 아니다. 그 이전의 주가도 아주 잘 예측했기 때문이다.

나는 연구의 일환으로 1858년 이후의 모든 해에 걸쳐 4년 주기를 따져보았다. 그 결과 86퍼센트의 경우, 반복되는 4년 패턴과 완벽하게 들어맞도록 주가가 바닥을 쳤다는 사실을 확인했다. 이런 정확도는 주식시장에서 접하기 대단히 어렵다. 이는 명백히 무작위성을 넘어선 뭔가가 관련되어 있음을 암시한다. 4년 현상은 너무나 오랫동안 대단한 영향을 미쳤다. 이 사실은 앞으로도 오랜 기간에 걸쳐 4년 현상이 계속 발동될 것임을 강력하게 시사한다. 이처럼 단순한 패턴이 정교한 수학과 계량경제학 모형을 토대로 고안한 모든 화려한 지표와 투자 전략보다 사실상 주요 시장 저점을 더 잘 예측한 것은 아이러니한 일이다.

어떤 사람들은 이 패턴이 대선 주기와 관련이 있을지 모른다고 생각한다. 실제로 대선 주기는 4년 현상과 딱 맞아떨어진다. 내게서 이 현상에 대한 이야기를 들은 다른 사람들은 그것이 화성과 관련이 있을지 모른다고 생각한다(내 친구들 중에는 별난 사람들이 있다). 또 다른 사람들은 그것이 10년 패턴의 일부라고 말한다. 그리고 이 패턴을 아는 소수의 사람들은 그것이 인간 활동에 따른 자연스러운 주기적 반응이거나 연준의 활동에 영향을 받았을지 모른다고 생각한다.

사실 나는 그 원인을 모른다. 이 현상이 발생하는 원인에 대해 몇 가지 추론을 제시할 수는 있다. 하지만 그런다고 해서 달라질 게 있을까? 일어나는 일 자체를 아는 것으로 충분하다. 시장은 너무나 자주 정확한 때에 너무나 많은 바닥을 형성했다. 굳이 데이터를 복잡하게 주무를 필요가 없다. 나는 그냥 있는 사실을 그대로 받아들일 것이다. 있는 건 있는 거니까. 내게는 아주 간단한 문제다.

142년의 성공 비결

나는 1854년까지 거슬러 올라가 주가를 확인했다(1장 차트 참고). 이 4년 현상은 1858년부터 발동된 것으로 보인다. 당시 시장은 주요 저점에 가까워진 상태였다(실제 저점은 1859년에 나옴). 다음 사례는 4년 후인 1862년에 나왔다. 그때는 19세기를 통틀어 가장 강한 강세장의 초반이었다. 그다음 1866년으로 가보면, 그해 가을에 2년 반에 걸친 강세장의 시작을 알리는 저점이 나왔다.

이제 방법을 알았을 것이다. 1866년에 4년을 더하면 1870년이 매수 지점이 된다. 이 방법은 실제로 정확하게 맞아떨어졌다(마이클 조던도 이보다 정확하지 않았다). 4년 후인 1874년에는 1875년으로 이어지는 양호한 상승이 시작되었다. 이 추세는 결과적으로 투자자들이 꿈꾸는 가장 긴 강세장 중 하나로 이어졌다. 우리의 다음 매수 구간은 당연히 1878년에 나왔다. 이 매수 구간은 시장이 4년 현상과 완벽하게 보조를 맞춰서 강세를 보였다는 점에서 탁월했다.

이는 다음 매수 기회를 1882년에 찾아야 한다는 것을 뜻한다. 다만 이번에는 우리의 방식이 전혀 통하지 않았다. 주가는 1884년까지 계속 하락했다. 투자자들은 당연히 손절했을 것이다. 하지만 이 매수 지점에서 잃은 모든 돈은 4년 후인 1886년에 되찾을 수 있었다. 그해에 시작된 또 다른 강세장은 1893년이 되어서야 마무리되었다.

4년 현상에 따라 예정된 우리의 다음 매수 지점은 1890년이었다. 흥미롭게도 그해 가을에 놀라운 매수 지점이 나왔다. 여기서 시작된 강세장은 1893년 겨울까지 이어졌다. 이번에도 4년 현상은 대승을 거두었다. 주가지수는 급등했다.

다음 차례는 1894년의 저점이었다. 이 예측은 조금 성급했다. 주가는 1894년의 저점에서 반등하기는 했지만, 실제 저점은 1896년에 나왔다. 인내심 많은 투자자들은 1898년에 찾아올 다음 매수 기회를 기다렸다. 그들의 인내는 상당한 수익으로 보상받았다. 시장은 다시 한번 4년 현상에 발맞춰 상승했다.

이제 세기가 바뀌었다! 이 유용한 패턴이 두 세기에 걸쳐 통할까? 우리의 예측에 따르면 1898년으로부터 4년 후인 1902년에 주식을 매수해야 한다. 안타깝게도 이 전환점은 그다지 특별하지 않았다. 주가는 그해 말에 상승했지만 1903년에 급락했다. 그래서 우리는 4년 후인 1906년에 다시 매수를 노려야 했을 것이다. 그 결과는? 실패였다.

1910년은 주가가 4년 현상과 발맞춰 움직이는지 확인할 다음 기회였을 것이다. 앞선 예측이 두 번 빗나갔다는 점을 감안할 때 분명 손이 떨렸을 것이다. 4년 현상이 시장과 어긋나기 시작한 건 아닌지 의심했을 것이다. 이번에도 주가가 상승하기는 했지만 시간이 걸렸고, 딱히 대단한 상승도 아니었기 때문이다.

그러나 그다음부터 4년 현상은 화끈한 반전을 일으키며 디지털

시계처럼 정확하게 맞아떨어지기 시작했다. 실제로 1914년, 1918년, 1922년, 1926년에 시장의 저점이 나왔다. 1930년에는 저점이 나오지 않았다. 하지만 1934년, 1938년, 1942년, 1946년, 1950년, 1954년, 1958년, 1962년 그리고 현재까지 저점이 다시 나왔다. 4년마다 거의 로봇처럼 이 현상이 작동한 것이다. 즉, 이전 100년 동안 그랬던 것처럼 이 현상은 두 번째 100년 동안에도 통하고 있다.

분명 우리는 과거에서 많은 것을 배울 수 있다. 내가 얻은 교훈은 4년 현상을 토대로 시장의 저점을 예상할 수 있다는 것이다. 마침 2002년(1998년+4)의 저점도 10년의 이정표에 따른 예측대로 나왔다. 그 예측에 따르면 2002~2003년에 주요 시장 저점이 나온다.

다시 말해서 우리는 일종의 이중 검증을 거쳤다. 장기적 주기에 기반한 두 가지 주요 기준틀은 이 시기에 주가가 상승할 것이라고 예측했다. 10년 패턴은 다소 포괄적이다. 하지만 4년 패턴에 맞추면 초점을 크게 좁혀서 가장 좋은 기회를 골라낼 수 있다.

참고로, 같은 맥락에서 2002년의 4년 후인 2006년에 저점이 나올 것이라고 예측할 수 있다. 이는 10년 패턴의 5년 차 시나리오와 맞아떨어진다. 내가 보기에는 2005년에 주가가 급등할 뿐 아니라 2006년에 매수 지점이 나올 것이다. 따라서 상당한 급등을 노릴 기회가 있다.

4년 현상에 따라 예측할 수 있는 2014년 저점은 더 나은 기회일지도 모른다. 이 지점은 2015년에 예상되는 5년 차 급등으로 이어진다. 운이 좋아서 그때 투자를 할 수 있다면 내가 시장의 어느 쪽에 설지 알 수 있을 것이다. 물론 나는 때맞춰 공매도 포지션을 청산할 것이다.

10년 패턴과 4년 현상의 효력은 나의 추정에 따른 것이 아니다. 주가에 일종의 숫자점을 적용한 것이 아니라는 말이다. 나는 20년 전에 냈던 책에서 이 내용을 언급했다. 1981년의 어느 날, 마트 계산대 앞에 서 있었던 내 눈에 당시 베스트셀러였던 하워드 러프Howard Ruff의 『다가오는 어려운 시기를 위한 성공 투자법How to Prosper in the Coming Bad Years』이 눈에 띄었다. 이를 보자 문득 투자자들에게 필요한 건 전통적 가치를 지닌 낙관론이라는 생각이 들었다. 새 책, 경기에 대한 새로운 관점이 나와야 할 때였다. 『다가오는 호기를 위한 성공 투자법』 집필은 비관론을 퍼트리는 사람들에 대한 나의 대응책이었다.

낙관적 관점을 담은 그 책은 대체로 지금까지 내가 한 이야기에 토대를 두었다. 나는 10년 패턴에 따라 1982년이나 1983년에 저점이 나올 것임을 알았다. 또한 4년 현상 역시 같은 시기에 저점을 예고한다는 사실도 알았다.

1982년 겨울에 책에 대한 홍보가 시작되었다. 당시 상황은 암울해 보였다. 나를 인터뷰한 대다수 사람들은 나의 낙관론, 호기가 올 것이라는 예측, 비관론자들에 대한 나의 비난에 놀랍다는 반응을 보였다.

그중 디트로이트 지역에서 절대 잊히지 않을 라디오 토크쇼, 「머브 그리핀 쇼Merv Griffin Show」와의 인터뷰가 가장 인상적이었다. 나를 인터뷰한 사람은 댄 도프먼Dan Dorfman이었다.

원래 예정된 시간은 30분이었다. 인터뷰는 간단한 소개로 시작되었다. 나는 호기가 아주 빠르게 올 것이라는 극단적인 낙관론을 펼쳤다. 다음 순서는 청취자와의 전화 연결 시간이었다. 그야말로 전화통에 불이 날 지경이었다. 전화를 건 사람들은 내가 지나치게 낙관적이라며 화를 냈다. 그들은 정치적, 경제적 상황에 대한 논쟁이나 토론을 원치 않았다. 사정이 나아질 이유를 알고 싶어하지도 않았다. 그저 목청 높여 소리를 지르면서 나의 낙관론에 대한 분노를 쏟아낼 뿐이었다. 투자자들은 1970년대에 큰돈을 잃었다. 그럴 수밖에 없었다. 주가는 몇 년 동안 하락과 횡보를 이어갔다. 카터 대통령이 재직하는 동안 물가상승률이 치솟았다. 투자자들, 심지어 금을 사서 보유한 투자자들도 거의 수익을 올리지 못했다.

장기 투자자들은 노력을 기울이고 위험을 감수했음에도 오랫동안 손실만 경험했다. 이런 여건은 강세장에 대한 불신과 경멸을 낳았다. 하지만 오히려 바로 그런 때에 주요 매수 지점을 위한 발판이 마련된다. 왜 그럴까? 대부분의 투자자는 다가오는 6개월에서 1년이, 지난 6개월에서 1년과 거의 같을 것이라고 생각한다. 그들은 현재 추세에 과도한 영향을 받는다. 그들은 앞을 내다보는 게 아니라 뒤를 돌아본다.

30분으로 예정됐던 인터뷰는 3시간에 걸친 마라톤 전화 연결로 이어졌다. 제리 루이스Jerry Lewis(미국의 코미디언 겸 배우로서 노동절에 근육 질환 환자를 위해 장시간에 걸친 전화 모금 활동을 펼침 - 옮긴이 주)가 대견해 할 만한 일이었다. 사람들은 사정이 나아질 거라는 생각, 미국의 미래가 어둡지 않고 밝다는 생각을 받아들이지 못했다.

돌이켜 보면 그것은 역대 최고의 시장 예측 중 하나였다. 나는 총 28일 동안 미국 전역의 32개 도시를 돌아다녔다. 도시마다 내가 전한 메시지는 분명했다. "집을 담보로 대출을 받아서 주식을 사고, 추가 대출을 받아서 더 사세요!"

이제 그로부터 20년이 지났다. 지금은 '2'와 '3'으로 끝나는 해로 접어드는 시점에 4년 현상까지 발동하고 있다.

'일직선' 8년 차

앞서 7년 차에 저점이 나오는 현상을 지적했다. 거기에 더하여 이 주기 또는 패턴에서 중요한 또 다른 사항이 있다.

간단하게 말하자면 이렇다. '2'나 '8'로 끝나는 해는 대규모 상승을 시작하는 고유한 능력을 드러낸다. 이는 1987년에 나온 것과 같은 7년 차 저점의 과매도 또는 저평가 때문에 주가가 다음 해, 즉 '8'로 끝나는 해에 순항하는 것으로 보인다.

이번에도 역시 이런 현상이 존재하는 이유는 잘 모른다. 태양 흑점이 원인이라는 사람도 있고, 기압이 원인이라는 사람도 있다. 나는 연준의 활동이 원인이라고 본다. 이 현상의 원인에 대해서는 논의해 볼 만하다. 다만 현상의 존재 여부에는 반론의 여지가 없다.

나는 1850년까지 거슬러 올라가 주가를 분석했다. 내가 확인한 바로 이 패턴은 15번에 걸쳐 등장했다. 이는 150년 동안 8년 차마다 흥미로운 기회가 나타났음을 뜻한다. 이에 해당하는 해는 월등한 매수 기회를 제공한다.

증시 역사상 가장 큰 규모의 급등이 나온 때는 1888년, 1928년, 1938년처럼 '8'로 끝나는 해였다. 또한 누구도 1998년을 잊을 수 없을 것이다. 그해에는 상승세가 너무나 강력해서 모두가 좋든 나쁘든 가리지 않고 모든 종목을 사들이기 시작했다. 그러다가 근래의 하락장에 직면했다. 1999년과 2000년의 하락 역시 당연한 시기에 나온 것이었다!

1940년대는 8년 차에 엄청난 강세장이 나오지 않은 유일한 시기였다. 1948년은 주식을 매수하기에 나쁘지 않았다. 다만 대단한 기회는 아니었다. 그해 3월의 저점에서 대규모 상승이 이뤄졌다. 당시 다우 산업지수는 165포인트였다. 이 지점은 남은 기간 동안 지수가 195포인트까지 18퍼센트 상승하는 발판이 되었다(연말 지수는 약 177포인트였다).

8년 패턴을 활용할 때, 8년 차의 8번째 주에 주식을 사야 하는 것으로 보인다. 이 방식은 1928년, 1938년, 1948년, 1958년, 1968년에 놀라운 성과를 안겼다. 또한 1978년에 8번째 주까지 기다렸다면 그해의 최저점이 나오기 일주일 전에 주식을 매수할 수 있었을 것이다. 다른 한편, 1988년과 1998년에는 저점이 몇 주 빠른 1월에 나왔다.

이 8년 차 패턴을 분석해 보면 '8'로 끝나는 해의 초반에 나올 매수 지점에 집중하게 된다. 현명한 투자자는 2008년, 2018년 그리고 심지어 2028년에 특별한 주의를 기울여야 한다. 나는 이 시기에 주가가 크게 상승할 것으로 예측한다.

표 2.1은 1878년부터 1998년까지 '8'로 끝나는 해의 3월에 주식을 매수한 결과를 보여준다. 탈출 지점은 12월 마지막 거래일의 종가다. 이 시점이 모든 해에 이상적인 매수 지점은 아니다. 하지만 이 표는 해당 년도에 이른 매수 지점을 찾는 것이 중요하다는 사실을 말해줄 것이다.

표 2.1 **8년 차 3월 매수 실적**(1878~1998)

년도	3월 주가	12월 주가	수익률
1878	3.24	3.45	6.0
1888	5.08	5.24	16.0
1898	4.65	5.26	21.0
1908	6.87	9.03	21.0
1918	7.28	7.90	9.0
1928	18.25	24.80	26.0
1938	10.31	12.69	23.0
1948	14.30	15.10	7.0
1958	42.11	53.49	27.0
1968	89.09	106.50	19.0
1978	88.82	96.11	8.0
1988	265.70	276.50	4.0
1998	1,023.70	1,190.00	16.0
평균 수익률			15.6

출처: 로버트 실러

이 표는 로버트 실러Robert J. Shiller의 데이터를 활용한 것으로서, 1871년 이후의 S&P종합주가지수를 기준으로 시장을 반영한다.

이 표는 인상적인 수익률을 보여준다. 특히 아주 먼 과거까지 거슬러 올라간다는 점을 고려하면 더욱 그렇다. 이 표는 10년 패턴 안에 투자자가 활용할 수 있는 흐름이 있음을 보여준다.

내 생각에는 7년 차 후반의 저점을 노린 다음 9년 차 말까지 보유하는 방식을 시도해야 한다. 표 2.2는 같은 진입 지점에 들어가 9월에 탈출한 경우의 수익률을 보여준다.

표 2.2 **9년 차 9월 매도 실적**(1879~1999)

년도	9월 주가	수익률
1879	4.22	33.0
1889	5.50	8.6
1899	6.37	36.0
1909	10.19	48.0
1919	9.01	23.0
1929	31.30	71.0
1939	12.77	23.0
1949	15.49	9.8
1959	57.05	35.0
1969	94.51	6.0
1979	108.60	22.2
1989	347.30	30.7
1999	1,318.70	22.4
평균 수익률		28.3

출처: 로버트 실러

해당 시기는 주가가 반복적으로 급등한 아주 중요한 때다. 나는 1858~1895년과 1868~1869년의 월간 수치는 갖고 있지 않다. 그래도 앞서 나온 장기 차트들(그림 1.1부터 1.5까지)을 훑어보면 유추가 가능하다. 거의 150년 전까지 거슬러 올라가는 이 결과들은 표 2.1과 2.2에서 확실하게 제시된 결과와 아주 비슷하다.

이 데이터는 어떻게 재단하거나 주무르든 간에 아주 명확하다. 어떤 해들은 다른 해들보다 투자하기에 더 낫다. 그 점과 관련하여 '3'으로 끝나는 해는 대개 투자자들에게 불친절하거나, 최소한 태만한 추세를 보였다. 이런 양상은 근래에 들어서 과거만큼 뚜렷하지 않았다. 그래도 여러분이 미래의 시장 동향을 더욱 잘 이해할 수 있도록 언급할 필요는 있다.

3
놀라운 10월 효과

10월은 주식에 투자하기 특히 위험한 달 중 하나다.
위험한 다른 달로는
7월, 1월, 9월, 4월, 11월, 5월, 3월, 6월, 12월, 8월, 2월이 있다.

- 마크 트웨인, 『얼간이 윌슨Pudd'nhead Wilson』

마크 트웨인이 몰랐던 사실은 그의 농담이 실제로 대부분의 시장 저점이 나오는 때를 정확하게 지적했다는 것이다. 제너시스 파이낸셜 데이터 서비스Genesis Financial Data Service에서 제공한 다음 장의 그림 3.1 하단을 보면, 1970년 이후로 다우산업지수로 측정한 주가의 계절적 패턴이 나온다. 작게 반복되는 차트는 전체 달의 평균을 냈다는 점에서 흥미롭다(앞서 우리는 연 단위 평균을 확인했다. 지금은 월 단위에 초점을 맞춘다). 이 차트는 이런 방식으로 주가가 과거에 형성된 계절적 패턴을 만든다. 전반적인 추세는 월별 변동을 확인할 수 있도록 데이터에서 제거했다. 이 차트를 보면 주가가 연중 특정한 시점에 상승하거나 하락하

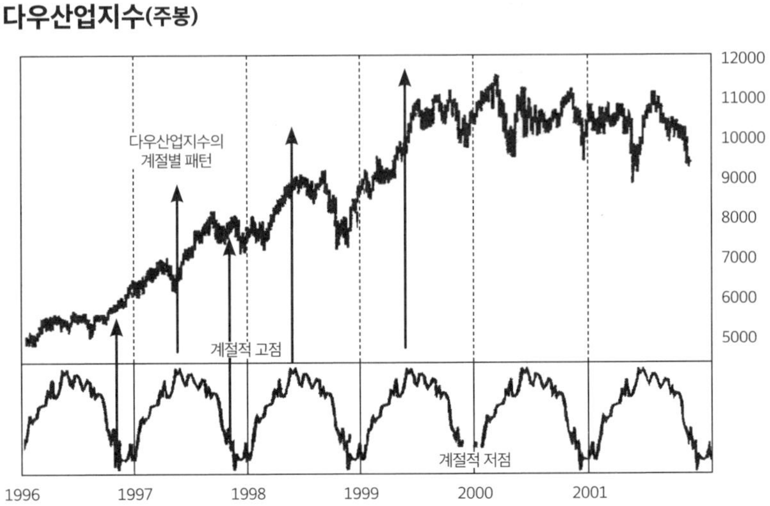

그림 3.1 **다우산업지수의 계절적 패턴**

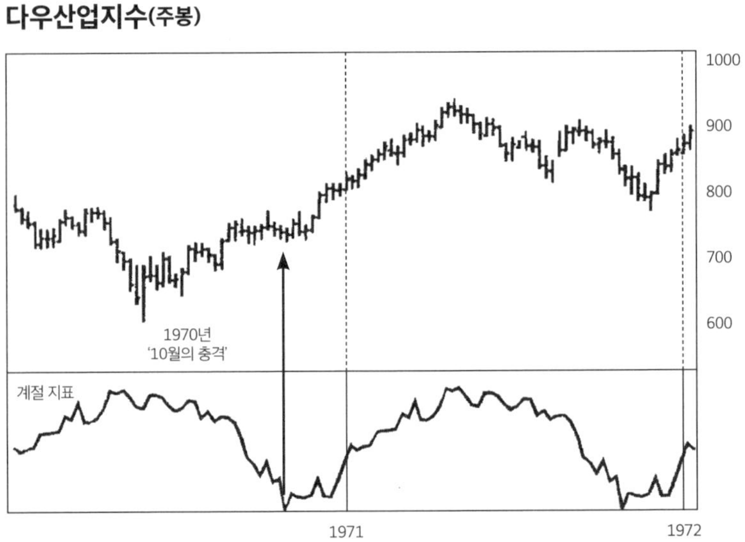

그림 3.2 **10월 효과**

는 뚜렷한 경향이 있음을 알 수 있다.

그림 3.2가 보여주듯이 지난 30년 동안 주요 매수 지점은 대부분 10월에 시작되었다. 이 지점은 평균적으로 4~5월까지 연장되는 상승으로 이어졌다. 뒤이어 주가는 대개 정체나 횡보하고, 심지어 하락했다. 일부 경우에는 교착 상태에 빠지거나 다음 10월 저점까지 큰 폭으로 하락했다. 이는 시장이 몇 번이고, 해를 거듭하면서 드러낸 상당히 강력한 경향이다. 거기에는 논쟁의 여지가 없다. 주가는 적어도 30년 동안 이런 양상으로 형성되었다. 물론 문제는 그 양상이 앞으로도 계속될지 여부다.

다시 말하지만 나는 미래가 반드시 과거와 똑같이 전개될 것이라고는 생각하지 않는다. 그래도 과거를 살펴서 10월 효과의 영향이 얼마나 강할지 파악하는 것이 좋다. 그것은 인간의 본성이자 가장 유익한 일이다. 10월 효과는 1970년 이전의 데이터에 존재했고, 강하게 드러났다. 이 점은 적어도 내게는 10월 효과에 뭔가가 있음을 시사한다. 그래서 실제로 타이밍 도구로 활용할 수 있을지도 모른다. 게다가 이 도구는 정확한 속성을 지니고 있다.

예일 허시도 비슷한 연구를 했다. 그는 어느 달에 바닥이 형성될 가능성이 가장 높은지 살폈다. 그가 조사했던 기간은 1949년부터 1975년까지였다. 그는 단순히 각 달에 중요한 전환점이 얼마나 많이 나왔는지 확인했다. 그의 계산에 따르면 26년에 걸쳐 65번의 바닥이 형성되었다. 바닥 형성에 이은 반등 또는 상승이 가장 적은 달은 4월이었다. 반등이 가장 많이 나온 달은 10월이었다. 65번의 바닥 중 10번이 10월에 나왔다. 그다음으로 많이 나온 달은 6월이었다.

예일은 "10월은 곰을 죽인다. 1970년을 제외하고 전후 모든 주요 약세장(1946년, 1957년, 1960년, 1962년, 1966년, 1974년)이 10월에 끝났다"라고 결론지었다. 거기에 덧붙이고 싶은 점이 있다. 1970년 여름에 주가가 바닥을 형성하기는 했지만 상승 후 횡보했다. 교착 상태에 있던 주가는 10월이 되어서야 전속력으로 질주하여 신고점에 올랐다. 즉, 1970년 10월은 저점으로 이어지는 하락을 끝낸 것은 아니다. 그래도 중요한 매수 지점을 촉발하는 기제로 작용했다. 이 경우 역시 전형적인 10월의 양상대로 엄청난 상승을 위한 도약대 내지 인큐베이터가 된 것이다.

우리가 주의를 기울여야 할 예일의 또 다른 연구가 있다. 이 연구에서 예일은 각 달의 30일, 60일, 90일 후에 S&P지수가 어떻게 되었는지 기록했다. 표 3.1이 그 결과를 보여준다. 참고로 이 연구는 1949년부터 1975년까지의 데이터를 대상으로 삼았다. 따라서 1975년 이후의 데이터는 외표본 데이터다. 다시 말해서, 우리는 이번에도 과거를 통해 알게 된 사실을 토대로 미래에 일이 어떻게 전개되는지 파악하는 데 관심이 있다.

연구의 핵심 내용은 30일, 60일, 90일 후 변동률 측면에서 10월이 전반적으로 1위를 기록했다는 것이다. 실제로 10월로부터 6개월 후의 평균 상승률은 7.2퍼센트였다. 그다음으로 주식을 매수하기 좋은 달은 9월로, 6개월 후 평균 수익률은 6.3퍼센트였다. 6개월 후 상승률 측면에서 최악의 달은 4월이었다. 4월에 주식을 매수했다고 가정한

표 3.1 **1개월, 2개월, 3개월, 6개월 후의 주가 변동률**(조사 기간: 26년, 1949~1975)

	30일 후		60일 후		90일 후		6개월 후	
	변동률	순위	변동률	순위	변동률	순위	변동률	순위
1월	0.3	9	1.3	6	2.4	5	1.8	10
2월	1.0	5	2.1	4	1.7	6	2.2	8
3월	1.1	4	0.8	8	0.7	10	1.8	10
4월	-0.3	11	-1.0	12	-0.3	12	1.1	12
5월	-0.8	12	-0.1	11	0.4	11	2.2	8
6월	0.8	8	1.2	7	1.4	8	4.4	6
7월	0.4	8	0.6	8	1.0	9	5.3	3
8월	0.2	10	0.8	10	1.8	7	5.3	3
9월	0.5	7	1.8	5	2.8	4	6.3	2
10월	1.2	2	2.4	2	4.2	1	7.2	1
11월	1.2	2	3.0	1	3.6	2	5.0	5
12월	1.8	1	2.3	3	3.4	3	2.9	7
평균 변동률	0.6	-	1.2	-	1.8	-	3.7	-

월 평균 S&P종합주가지수 기준. 예일 허시, 『월요일에는 주식을 팔지 마세요』에서 발췌.

경우, 6개월 후 상승률은 1.1퍼센트였다. 3월과 1월도 그보다 크게 낫지 않은 수준으로, 둘 다 1.6퍼센트의 상승률을 기록했다.

평균적으로 6개월 후 모든 달의 상승률은 3.7퍼센트였다. 이는 근본적으로 1949년부터 1975년까지 10월에 주식을 매수하면 월 평균 수익률의 거의 2배를 달성할 수 있었음을 뜻한다. 나는 1975년 이후의 데이터를 같은 방식으로 분석하여 결과가 어떻게 나오는지 확인했다. 표 3.2는 이 전반적인 기법에 대한 추가적인 통찰과 자신감을

표 3.2 **1975년 이후 수치**

년도	10월/4월 변동률(%)	4월/10월 변동률(%)
1976	-4	-3
1977	+2	-11
1978	+8	-5
1979	0	-4
1980	+8	+13
1981	0	-14
1982	+23	+16
1983	-5.5	0
1984	+4	+3
1985	+29	+9
1986	+21	+5
1987	+2	-13
1988	+13	+5
1989	+0.05	-0.5
1990	+18	-8
1991	+9	-6
1992	+3	-4
1993	0	+10
1994	+10.5	+6
1995	+15	+10
1996	+16	+8
1997	+21	+6
1998	+25	-5
1999	0	-0.5
2000	-2	+2.2
평균 변동률	9.05	1.1

부여한다. 적용된 조건은 10월 마지막 거래일에 다우지수를 매수하고 4월 마지막 거래일에 매도하는 것이다.

기본적으로 예일이 제시한 이 전략의 연평균 수익률은 9.05퍼센트였다. 보유 기간이 12개월이 아니라 6개월이라는 점에 주목해야 한다. 보다시피, 단 6개월만 투자한 사람이 장기 보유 전략에 전액을 투자하고, 위험에 전적으로 노출된 사람만큼 좋은 수익률을 올린다.

이 방정식의 반대편은 4월 마지막 거래일에 다우지수를 매수하고 10월 마지막 거래일에 매도하는 것이다. 앞선 연구는 4월이 6개월 보유 전략을 시작하기에 최악의 시기임을 보여주었다. 실제로도 이 전략은 1975년 이후의 데이터에 적용하면 결과가 좋지 않았다. 주가가 전반적으로 상당한 상승 추세를 보였는데도 수익률은 겨우 1.1퍼센트에 그쳤다. 이는 이전 26년에 걸친 연구에서 나온 평균 수익률과 똑같다!

주식시장에서 매수와 매도의 타이밍을 맞추는 게 차이를 만들까? 분명히 그렇다. 우리는 타이밍을 맞출 수 있고, 맞춰야 한다. 데이터는 씨를 뿌려야 할 때와 수확해야 할 때가 있음을 분명하게 보여준다. 장기 투자 전략, 의사결정, 진입 타이밍에 있어서 무엇보다 10월 매수의 중요성을 명심해야 한다. 또한 포지션에서 빠져나올 때는 4월에 해야 한다.

10월에 매수하고 4월에 매도하는 현명한 투자자는 지난 25년 동안 4월에 매수하고 10월에 매도하는 투자자보다 9배나 많은 수익을 올렸다. 나는 확률을 거스르고 싶은 마음이 전혀 없다. 나는 확률이 내게 맞서는 게 아니라 내 편에서, 내게 유리하게 작용하기를 원한다. 미래에는 시장이 지금까지와 같은 양상으로 전개되지 않을 수도 있다. 하지만 지난 51년 동안에는 그렇게 전개되었다. 나는 그 추세에 맞설 생각이 없다. 시기별 차이가 너무 크기 때문에 통계적 오류로는 이를 설명할 수 없다.

더욱 중요한 점은 앞선 연구 방식을 외표본에 적용했는데도 결과에서 같은 편향이 드러났다는 것이다. 다시 말해서 이전 연구들도 투자에 활용할 수 있다. 이는 뒷북이 아니다. 표 3.2는 예일의 연구 이후에 일어난 일을 보여준다.

10월 효과의 원인

항상 그렇듯이 주식시장 데이터에서 중대한 편향이 발견되면 그 원인이 궁금해지기 마련이다. 그런 편향이 생기는 이유가 있을까?

나는 주가가 10월에 바닥을 형성하는 데는 매우 강력한 원인이 있다고 믿는다. 그 주된 원인은 두 가지 영향의 결합이다. 첫째, 기업들은 분기 실적을 발표하는데 이 무렵에 다소 부진한 경향이 있다. 요컨대 그들은 악재를 내던지고, 시장은 이를 10월의 하락으로 소화한다. 악재는 매도자들을 불러낸다. 그에 따라 과매도가 발생한다. 시장은 언제나 매수자가 너무 많은 한쪽 극단에서 매도자가 너무 많은 다른 극단으로 움직인다. 악재는 매도자가 너무 많은 한쪽 극단을 초래한다.

하지만 뒤이어 호재가 나온다! 한없이 지혜로운 연준은 크리스마스 세일을 앞두고 금리를 낮추거나 통화 공급량을 늘린다. 이런 조치는 경기를 크게 일으킨다. 이처럼 강력한 처방은 투자자에게 영향을 미치며, 그들의 정서와 매수 활동에 반영된다. 주가에 가장 큰 영향을 미치는 것 중 하나는 채권시장의 동향이다. 채권 가격이 상승하고 금리가 하락하면 주가는 전력으로 상승한다. 그게 전부다!

이 내용은 행크 윌리엄스 주니어Hank Williams Jr.의 노래, 「시골 소년은 살아남을 수 있어A Country Boy Can Survive」에 잘 요약되어 있다. 가사는 다음과 같다. "금리가 오르고 주가는 떨어져. 시내에 나가면 강도를 당해." 이 노래를 들어라. 하버드 경영대학원에 가지 않아도 경제를 이해할 수 있다. 모든 게 이 노래에 담겨 있다! 금리가 오르면 주가가 급락하고 사회가 불안해진다. 금리가 내리면 주가가 상승하고 사람들은 밖에 나가서 집이나 차를 산다. 또한 미래에도 투자할 수 있다. 모두가 행복해한다. 이런 시기에 사회적 진보와 평화가 찾아온다. 번영은 사람들에게 실로 놀라운 일을 해줄 수 있다.

진정한 핵심은 이것이다. 연준이 경기를 진작하면 주가가 상승한다. 연준은 10월에 그렇게 한 역사가 있으며, 그렇게 할 이유도 있다.

채권시장의 계절적 경향을 통해 이 점을 가장 잘 확인할 수 있다. 그림 3.3은 1997년부터 2001년 여름까지 국채시장의 매매 패턴을 보여준다.

단기 국채(주봉)

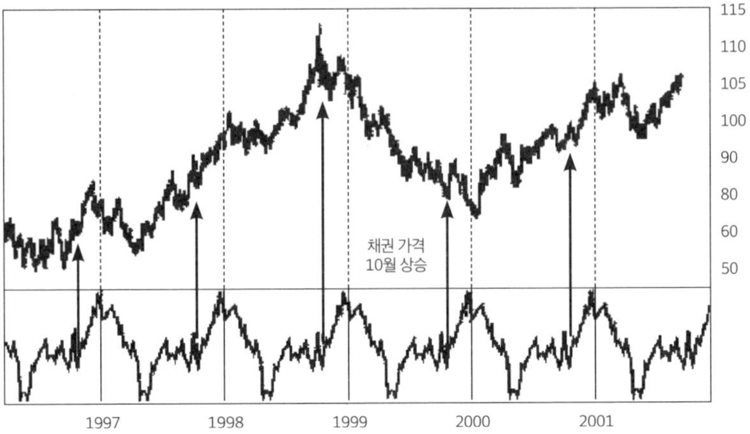

그림 3.3 **채권 가격 10월 상승**

보다시피, 채권 가격은 대개 10월 20일 무렵부터 크리스마스 주간까지 상승했다(이는 금리가 낮아졌음을 뜻한다). 물론 해마다 그런 것은 아니다. 하지만 그런 경우가 아주 많았다. 이는 "가장 힘 좋고 빠른 말이 경주에서 우승하지 못할 수 있지만, 돈은 그 말에 걸어야 한다"라는 오랜 조언과 같다. 해마다 이 시기에 매우 중요한 상승이 나온 것은 뚜렷하고도 예측 가능한 경향이다.

금리가 하락하면 주가가 상승한다는 점에 더해 10월의 투자 결정에 참고할 추가적인 요소가 있다. 바로 채권 가격의 동향이다. 10월 동안 채권 가격이 바닥을 다진다면(연준이 긍정적인 행동을 취함) 보다 낙관적인 관점을 취할 수 있다. 즉, 주식시장에 진입할 단서로 활용할 수 있다.

채권시장의 계절적 패턴을 보면 연초에 주식이 고전하는 이유를 알 수 있다. 계절적 경향은 1월부터 4월까지 연초 4개월 동안 채권 가격이 하락하는 양상을 보여준다. 주식시장이 그렇게 움직이는 데는 그럴 만한 심리적, 논리적 이유가 있다. 또한 채권시장의 동향과 주식시장의 동향 사이에는 가변적인 지체효과가 작용한다. 대개 채권 가격이 한 달 정도 상승한 후에야 그에 따른 낙관적 분위기가 주가를 견인한다.

같은 맥락에서 주식시장의 고점은 채권시장의 고점과 일치하지 않으며, 어느 정도 시차가 존재한다. 대체로 주식시장이 고점을 찍을 가능성에 대한 채권시장의 경고는 6주에서 6달 전에 나온다. 이는 나쁜 소식이다. 금리 상승에 따른 주가 하락이 정확히 언제 나올지 알 수 없기 때문이다. 다만 내가 1960년대 이후로 경험한 모든 약세장은 금리 상승과 채권 가격 하락에 뒤이어 나왔다는 점은 말할 수 있다.

일반적으로 주식시장은 채권시장을 뒤따른다. 그리고 역사는 채권 가격이 10월에 가장 많이 상승했다는 사실을 명확하게 보여준다. 따라서 주식시장의 가장 좋은 매수 기회가 그 무렵에 나오는 것은 놀랄 일이 아니다.

복습과 정리

지금까지 배운 내용을 잠시 정리해 보자. 장기적으로 볼 때 주요 매수 기회의 대다수는 '2'나 '3'으로 끝나는 해에 나온다. 이 점을 4년 현상과 결합하면 더욱 유리한 확률을 만들 수 있다. 즉, 이상적인 매수 지점은 '2'로 끝나는 동시에 4년 주기에 따른 매수 지점과 겹치는 해다. 과거에 그런 경우에 해당하는 해가 1942년이었다. 평생에 한 번 올 엄청난 매수 기회였다.

다음 기회는 1952년에 나왔다. 또 다른 상승세는 1953년 초까지 이어진 후퇴와 함께 시작되었다. 이후 주가는 1953년의 남은 기간과 1954년, 1955년까지 일직선으로 상승했다! 1962년 무렵에는 투자자들이 4년 현상과 10년 패턴의 더블 펀치 조합을 간파했을 것이라고 생각하기 쉽다. 하지만 안타깝게도 그런 사람은 드물었다. 1962년은 또 한 번의 일직선 상승을 위한 도약대였다. 이 상승세는 다우산업지수가 1,000포인트를 넘어서게 된 기념비적인 1966년 고점까지 이어졌다. 정말로 대단한 상승세가 아닐 수 없었다!

1972년은 주식을 매수하기에 최적의 시기가 아니었다. **4년 패턴과 맞물리지 않았기 때문**이다. 4년 패턴에 따르면 1970년과 1974년에 저점이 나오게 되어 있었다. 그래서 이상적인 다음 매수 기회를 만나려면 1982년까지 기다려야 했다. 4년 현상과 10년 패턴의 조합은 주가에 엄청난 영향을 미치는 것으로 보인다. 1999년까지 거의 일직선으로 상승하는 최고의 강세장이 1982년에 시작되었기 때문이다. 역사학자들은 이것이 역대 최고의 강세장이었다고 말한다. 하지만 그들은 당시에 주식을 매수하라고 말하지 않았다. 그래도 역사적 기록은 대단히 명확하다. 1982년은 곰을 녹다운 시킬 더블 펀치를 제공했다.

다시 말하지만 내가 『다가오는 호기를 위한 성공 투자법』을 쓴 이유가 거기에 있다. 나는 위험을 무릅쓰고 평판을 건 모험을 했다.

이제 우리는 2002년의 주식시장이 어떻게 전개되었는지 안다. 그 양상은 4년 현상과 일치했다. 따라서 낙관적인 관점을 취하는 것이 마땅하다.

끝으로 10월 효과도 활용할 수 있다. 대부분의 약세장은 10월에 끝났기 때문이다. 중요한 사실은 약세장이 끝나면 강세장이 시작된다는 것이다. 따라서 2002년이 투자자들에게 주식을 매수할 멋진 기회를 제공했다고 보아도 무방하다.

나는 2001년 여름에 이 책을 쓰기 시작했다. 그 무렵 나는 미래에 대한 또 다른 논리적 결론을 내려도 될 것 같다고 생각했다. 그때부터 2002년 10월까지 주가가 하락세를 보이는 구간으로 접어들 것이라는 내용이었다. 얼마나 심한 약세장이 전개될지는 알 수 없었다. 하지만 큰 상승이 나올 것이라고 기대하기는 힘들었다. 10월 효과에다 4년 현상, '2'로 끝나는 해가 겹치는 삼중고 매수 구간이 2002년 10월이었기 때문이다. 과거에 대한 역사적 기록은 2001년과 우리의 매수 지점 사이에 상당한 매도세가 나올 것임을 시사한다. 그것은 패턴에 어긋난 일이 아니다. 하지만 그렇다고 반드시 그런 일이 일어난다는 법은 없었다. 과거에 대한 나의 연구는 이중고 조합이 무엇보다 대단한 강세장의 전조임을 확인해 준다. 그 여건은 상당한 하락인 경우도 있었고, 그렇지 않은 경우도 있었다.

이제부터 해야 할 일

새로운 사실을 알게 된 지금, 투자자는 여러 가지 과제에 직면한다. 첫 번째는 당연히 다음 매수 지점에 대비하는 것이다. 그리고 어떤 종목을 사야 할지 알아내는 것이다.

이 예측 기법에 따르면 2005년과 2006년에 상당한 상승이 나온다는 사실을 잊지 말도록 하자. 이 시기에는 아주 좋은 조합이 나오고, 큰 상승이 있을 것으로 보인다. 이 시기는 2002년 이후 주요 매수 기회가 될 최고의 잠재력을 지니고 있다.

이 사실을 미리 알았기 때문에 지금부터 쇼핑 목록에 넣을 종목을 찾기 시작해야 한다. 앞으로의 내용은 종목 선정 기법과 함께 이 탁월한 장기적 매수 지점에 최적화된 투자 전략에 할애될 것이다. 물론 이 기법들은 다른 시기에도 활용할 수 있다. 그러나 내가 보기에 최적이 아닌 시기에 기법을 활용하는 것은 어리석다. 궁극적으로 투기는 카지노에서의 도박과 같다. 카지노는 거대한 호텔과 골프장을 짓는다. 그렇게 할 수 있는 이유는 게임에서 작은 우위를 누리기 때문이다. 그 확률은 2퍼센트 포인트에서 최대 5퍼센트 포인트 정도다. 카지노는 이렇게 작은 우위만으로도 큰돈을 번다.

그들은 최적화된 게임을 한다. 또한 오래된 방식으로 돈을 번다. 즉, 게임에서 우위를 차지하고 절대로 봐주지 않는다(공짜 호텔방은 내줄지 모르지만 절대 게임에서 우위를 누리도록 허용하지 않는다).

우리도 그렇게 해야 하지 않을까? 나는 그래야 한다고 확신한다.

매일 또는 매년 매매할 필요는 없다. 투자자는 자신에게 가장 유리한 때를 찾아야 한다. 비행기 조종사인 내 친구는 이런 말을 한 적이 있다. "땅에서 하늘을 날기를 바라는 게 하늘에서 땅에 있었으면 하고 바라는 것보다 훨씬 낫다."

4

지금이 바닥임을 확실하게 아는 방법

타우룸 페르 세르누아 프레헨데Taurum per cernua prehende

(Take the bull by the horns: 정면으로 돌파하라)

앞서 다음 주요 시장 저점이 나올 것이라고 예상되는 시기를 파악했다. 바로 2002~2003년과 2005년(10년 패턴 5년 차), 2006년(4년 현상)이다. 2007년 후반에 매수 지점이 나올 수 있다는 점도 잊지 말도록 하자. 이때는 전반적으로 10년 패턴의 마지막 상승 구간이 나올 것으로 예상되는 시기다. 이 시기는 이번 세기에서 하락이 나올 9년 차 그리고 '0'으로 끝나는 해로 이어질 것이다.

이제 우리는 잠재적 저점이 나올 시기를 명확하게 파악했다. 하지만 이 정보만으로는 그때가 왔을 때 당장 매수할 확신을 얻기 충분하지 않다. 이때 과거의 매수 지점에 대한 연구가 도움이 된다. 이를 통해 잠재적 매수 기회가 전개될 때 무엇을 예상해야 할지, 그리고 무엇을 살펴야 할지 더 잘 알 수 있을 것이다.

주가가 저평가되었는지 확인하는 법

주요 시장 저점을 파악할 수 있는 대단히 유용한 몇 가지 지표가 있다. 시장의 바닥을 확인하는 여러 지표 중 하나는 펀더멘털 지표다. 다우산업지수의 배당수익률은 대단히 큰 중요성을 지닌다. 배당수익률은 배당금의 형태로 투자자들이 얻는 수익률을 말한다.

과거 주식시장의 고점은 다우지수 배당수익률이 3퍼센트 미만일 때 주로 형성되었다. 이는 1980년대와 1990년대까지 대단히 유용한 규칙이었다. 이유가 무엇이든 간에 그때는 배당수익률이 아주 낮았는데도 주가가 계속 상승했다. 배당수익률은 가치 또는 질의 척도다. 배당을 하지 않는 것은 대개(항상 그런 것은 아님) 실적이 저조하거나 나쁘다는 신호다.

배당수익률이 6퍼센트를 넘었을 때 다우산업지수의 주요 바닥이 형성되었다. 3퍼센트 미만의 배당수익률은 더 이상 상향하는 시장의 움직임을 막지 못하는 것으로 보인다(이제 저평가는 1퍼센트에서 2퍼센트 영역에 더 가까운 것으로 보인다). 이 점에 비춰볼 때, 배당수익률이 6퍼센트에 이르는 경우는 근래보다 더 드물어질 것이며, 어쩌면 아예 나오지 않을지도 모른다.

6퍼센트의 배당수익률은 지난 100여 년 동안 명백히 최고의 주요 매수 기회를 알려주었다. 이런 장기 데이터는 간과할 수 없다. 그럼에도 다음 시장 저점에서는 그렇게 높은 배당수익률을 보지 못할 수도 있다. 지금까지 배당수익률이 그렇게 높지 않아도 저점들이 나왔다. 투자의 확고한 규칙은 다우지수의 배당수익률이 6퍼센트를 넘어서면 집을 담보로 대출을 받고, 최대한 현금을 끌어모아서 주식을 사야 한다는 것이다. 주가가 다음 날 또는 다음 주에 오르지 않을지도 모른다. 그러나 배당수익률이 그렇게 높으면 여지없이 엄청난 강세장이 따라온다. 그런 조건에 해당하는 경우는 많지 않았다. 하지만 몇 번 되지 않아도 그때마다 언제나 거대한 상승으로 이어졌다.

주식 배당수익률을 참고하는 최선의 방법은 경쟁관계인 채권 배당수익률과의 차이를 비교하는 것이다. 주식은 언제나 다른 투자 수단과 경쟁한다. 주식의 배당수익률이 6퍼센트인데 채권의 배당수익률이 12퍼센트라면, 주식은 배당수익률이 높더라도 명백히 고평가된 것이다. **시장에서 모든 것은 상대적이다**.

내가 보기에는 다우의 배당수익률이 전고점보다 두 배로 높아지면 상대적 가치를 지니는 구간에 있다고 봐도 무방하다.

다우의 배당수익률이 고점에서 3퍼센트였다고 가정하자. 그걸 두 배로 높이면 6퍼센트가 된다. 그러면 투자자들은 가치를 토대로 시장의 바닥을 찾을 것이다. 이것이 과거 높은 배당수익률과 낮은 배당수익률의 일반적인 관계였다. 3퍼센트 미만의 배당수익률은 시장의 고점을 초래하고, 6퍼센트 이상의 배당수익률은 시장의 저점을 초래하는 것으로 보였다.

2001년 7월 31일 기준으로 다우의 배당수익률은 1.69퍼센트였다. 그 두 배는 3.3퍼센트다. 대략 그 근처에서 다음 저평가 지점이 발생할 것이다. 3.5퍼센트와 4.0퍼센트 사이의 어느 지점에서 다음 시장 저점에 대한 신호가 나올 가능성이 가장 높다. 이는 지난 20년에 걸쳐 가장 높은 수준이다! 다우는 가치 측면에서 1982년 이후로 그런 수준에 이른 적이 없었다. 따라서 나는 그만큼 높은 배당수익률이 다시 나온다면 장기 투자자들을 끌어들일 것으로 본다. 현재 예금 금리가 그 정도 수준이나, 예금은 가치를 불릴 기회를 제공하지 않는다.

연준 체제 따라가기

연준 이사회는 우리만큼 주가를 신경 쓴다. 연준 의장이 아서 번스Arthur Burns든, 폴 볼커Paul Volcker든, 앨런 그린스펀Alan Greenspan이든, 모두 주가가 지나치게 높거나 낮은 것을 크게 우려했다. 번스의 제자들은 내게 그가 연준에 있을 때 개발하고 활용한 모형들을 보여주었다.

주식시장은 언제나 신뢰도를 가장 즉각적으로 알려주는 척도였다. 신뢰는 모든 은행 시스템의 근간이다.

연준에게는 주가 수준을 평가하는 척도가 있는 듯하다. 통화정책을 결정하는 데 오랫동안 활용된 그 척도는 S&P500과 공정가치fair value 비율로 구한다. 구체적으로는 기대 주당 영업이익에 대한 12개월 선행 컨센서스를 국채 10년물 수익률로 나눈 다음 '100'을 뺀다.

S&P의 적정가 =

(기대 주당 영업이익의 12개월 컨센서스/미국 국채 10년 수익률) - 100

에드 야데니Ed Yardeni의 홈페이지에 가면 그 수치를 쉽게 확인할 수 있다. 야데니는 가끔 좀 극단적인 비관론을 펼친다. 특히 Y2K 위기와 관련해서는 더욱 그랬다. 하지만 그는 2002년 저점에서 강세 의견을 낸 소수 중 한 명이기도 했다. 이 지수는 우리와 연준에게 주가가 너무 높은지 또는 낮은지를 아주 잘 알려준다.

그림 4.1은 2001년 9월의 지수로서 아주 해석하기 쉽다. 역사적으로 볼 때 지수가 '20'을 넘어서면 주가가 고평가된 것이다. 그래서 뒤

연준의 주식 가치평가 모형

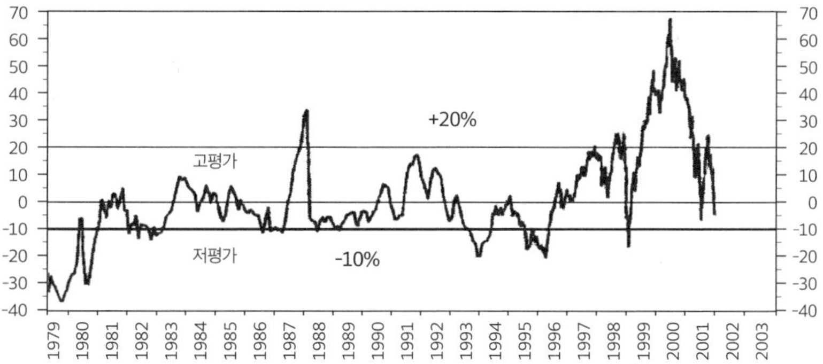

그림 4.1 **연준의 주식 가치평가 모형**

S&P500지수와 공정가치(S&P500의 기대 주당 영업이익에 대한 52주 선행 컨센서스를 미 국채 10년물 수익률로 나눔)의 비율-100.
출처: 톰슨 파이낸셜Thomson Financial

이어 일정한 규모의 하락이 발생했다.

이 지수가 '-10' 미만이면 주가가 장기 매수 구간에 있는 것이다.

이 지수는 1999년에 '65'를 넘어 고점을 찍었고, 2001년과 2002년에는 중립 구간에 머물렀다. 다음에 나타날 양상에 대한 가장 논리적인 판단은 주가가 저평가되었다는 것이다. 시장은 저평가에서 고평가로, 거기서 다시 저평가로 나아가기 때문이다. 이전에는 주가가 고평가 영역에 있었다. 따라서 시장이 그다지 멀지 않은 미래에 저평가 영역으로 향할 것임을 알 수 있다.

2003년에 이 지수가 '-10' 밑으로 내려간다면 주가의 저점이 당면했다고 보면 된다. 그때가 되면 투자자들은 연준 체제의 힘에 도움을 받을 것이다. 연준은 이 수치를 주가가 낮다는 강력한 지표로 보고, 증시 부양이 필요하다고 판단할 것이다.

이는 또한 주식시장에서 실적이 얼마나 중요한지 말해주며, 시장의 성공에 필요한 핵심 요소임을 선명하게 보여준다.

돈에는 언제나 여러 선택지가 있다는 점을 명심하라. 돈은 예금이나 적금 같은 보수적이고 안전한 투자처로 갈 수 있다. 그러면 확정된 수익률을 얻지만 가치 상승을 통한 증식은 불가능하다. 이런 선택지를 선택하는 것은 미래에 대한 불안을 일으킨다. 비슷한 수익률을 안전하게 올릴 수 있을 뿐 아니라, 가치가 상승할 잠재력까지 갖춘 상품이 있다면 선택은 아주 간단해진다. 돈은 양쪽의 장점을 다 누릴 수 있는 곳으로 갈 것이다. 즉, 비슷한 수익률에 더하여 성장과 상승의 잠재력까지 갖춘 투자 대상을 선택할 것이다.

돈은 언제나 인간에게 동기를 부여하는 기본적인 법칙을 따른다. 즉, 사익이 우선시된다. 또한 양쪽의 장점을 모두 누릴 수 있다면, 똑똑한 투자자들은 국가나 인종과 무관하게 가장 논리적인 선택을 할 것이다.

이제 2002년에 나온 같은 차트를 보여주는 그림 4.2를 살펴보자. 보다시피 주가가 바닥을 치기 전에 지수는 내가 2001년에 예견한 매수 구간으로 들어간다.

그림 4.2 **주식 가치평가 모형 및 자산 배분 모형: 채권/주식**

S&P500지수와 공정가치(S&P500의 기대 주당 영업이익에 대한 52주 선행 컨센서스를 미 국채 10년물 수익률로 나눔)의 비율-100.
출처: 톰슨 파이낸셜

주가 상승의 연료

돈, 우리가 힘들게 번 현금은 주가 상승의 젖줄이다. 돈은 모든 상승의 단일한 자극제이자 궁극적인 연료다. 연료통이 가득 차면 차는 영원히 달릴 수 있다. 연료는 주로 다음 출처에서 나온다.

- **뮤추얼 펀드**: 펀드사는 우리 같은 사람들, 온갖 영역에 속한 빈자와 부자, 대부호의 돈을 끌어들인다. 근래에는 연기금이 가장 큰손이 되었다.
- **개인 투자자**: 개인 투자자들은 자기 돈을 투자하거나 증권사를 통한 신용거래로 더 큰 수익을 노린다. 돈을 빌려서 하는 신용거래는 주가 상승의 연료가 될 잠재력을 지닌다. 다만 한도가 차면 연료통이 비게 된다. 반대로 한도가 남아 있으면 더 큰 수익을 노릴 수 있다.

지난 10년 동안 펀드 자금의 대량 유입이 주가를 부양했다. 현금이 주가 상승의 엔진에 연료를 넣었다고 말해도 무방하다. 이 현금의 출처는 개인 투자자나 펀드사 또는 정부기관 및 금융기관이다. 현재 펀드는 주식시장의 큰손으로, 거래량에서 차지하는 비중이 60퍼센트에 달할 때도 있다. 이 비중은 1999년의 폭락이 발생하기 전과 후 모두 꾸준했다. 따라서 펀드사들이 얼마나 많은 자금을 갖고 있는지 확인하는 것이 대단히 중요하다.

펀드사가 상당한 자금을 갖고 있다는 것은 그만큼 매수 여력이 있다는 뜻이다. 즉, 주가 상승을 이끌 연료를 더할 수 있다. 반면 상대적으로 보유 자금이 적다면 주가가 상승하기 어렵다. 연료통이 비었기 때문이다.

1982년 이후, 펀드사의 현금 보유 비중이 8퍼센트를 넘으면 주가가 상승하는 뚜렷한 경향이 나타났다. 실제로 해당 비중이 10퍼센트를 넘었을 때 최고의 매수 기회들이 나왔다. 1985년, 1986년, 1987년, 1990년의 매수 지점에서도 해당 비중이 높았다.

따라서 펀드사의 현금 보유 비중이 10퍼센트를 넘는 것은 좋은 일이다. 사실 그만큼 높을 필요도 없다. 3, 4년 단위로 살펴보면 대개 8퍼센트 이상이 최대치다. 이 경우 주가 상승을 낙관해도 된다. 현금 보유 비중이 늘어날수록 강세를 시사한다. 주가를 띄울 연료가 더 많기 때문이다.

펀드사들의 현금 보유 비중은 대단히 중요한 지표로서 주의 깊게 살펴야 한다. 《배런스Barron's》나 《인베스터스 비즈니스 데일리Investor's Business Daily》를 보면 된다. 매일 볼 필요는 없다. 이 정보는 한 달에 한 번 제공된다. 어차피 장기 지표이기 때문에 그 정도 간격이 적당하다. 이 지표는 주가 등락의 구조와 인과성에 근본적인 영향을 미치므로 주요 지표 목록에 반드시 넣어둬야 한다.

상승을 부채질하는 신용잔고

증권사 직원들은 종종 고객에게 신용매매를 권한다. 투자자가 빌릴 수 있는 금액은 계좌 잔액과 대출 비율에 따라 달라진다. 솔직히 말해서 나는 투자 기간과 무관하게 신용매매를 하는 것은 현명하지 않다고 생각한다. 물론 제대로 투자하거나 증권사를 이기면, 즉 증권사의 이율보다 더 높은 수익을 올리면 현금으로만 매매할 때보다 더 많은 돈을 벌 수 있다.

하지만 잘못 투자하면 두 배의 타격을 입는다. 빌린 돈까지 잃었기 때문이다. 나는 빚을 늘리지 않고 돈을 버는 것에 만족한다. 사실 나는 빚을 싫어한다. 빚으로 투자해 본 적이 있기 때문이다. 막상 빚 투자를 해보면 생각했던 것과 전혀 다르다.

그림 4.3은 37년 동안의 S&P500지수에 신용잔고(투자자들이 빌린 금액)를 겹친 것이다. 신용잔고와 관련해서는 두 가지 요인이 작용한다. 주가가 오르면 고객의 자산이 늘어나 더 많은 돈을 빌릴 수 있다. 또한 투자자들은 주가가 오를수록 더 많은 돈을 빌리는 경향이 있다. 이는 보는 바와 같이 주가 상승을 부채질한다. 신용잔고가 급증하는 것은 주가 상승의 전조다.

이제 개인 투자자가 신용매매를 통해 얼마나 많은 주식을 추가로 살 수 있는지 알아보자. 그림 4.4는 뉴욕증권거래소 회원사들이 제공한 신용잔고의 12개월 변동률을 보여준다. 1년 전보다 신용잔고가 약 40퍼센트 이상 늘어나면 '주가 상승의 연료'가 거의 소진된다. 기

뉴욕증권거래소 회원사의 신용잔고와 S&P500지수

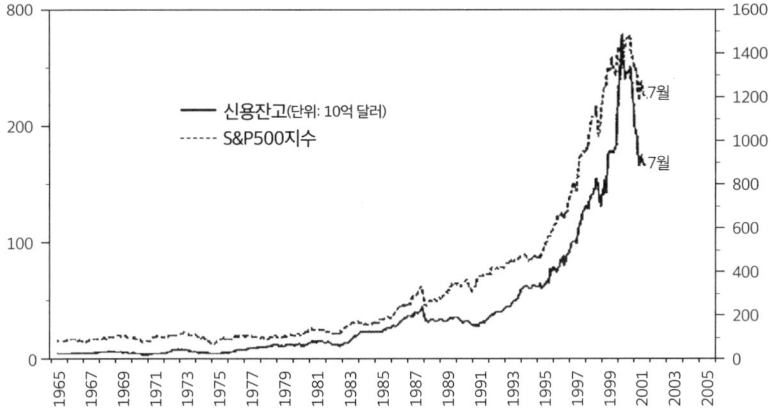

그림 4.3 **37년 동안의 신용잔고 및 S&P500지수 및 신용잔고**

뉴욕증권거래소 회원사의 신용잔고(연 변동률)

그림 4.4 **뉴욕증권거래소 회원사의 신용잔고**

민한 투자자는 이 지표를 통해 1970년 이후로 사실상 모든 주요 고점을 예견할 수 있다. 다만 정확한 고점을 알 수 있는 것은 아니다. 단지 파티가 끝나가고 있으며, 마지막 춤이 시작되었음을 알릴 뿐이다.

반대의 경우도 마찬가지다. 신용잔고가 크게 줄었다면, 즉 **개인 투자자들이 돈을 빌려서 주식을 사지 않았다면 매수를 시작할 여력이 있는 셈이다.** 그래서 1960년대 말 이후로 대다수 시장 저점은 신용잔고의 연 변동률이 -20퍼센트 이상일 때 나왔다.

다시 말하지만 이는 족집게처럼 정확한 수단이 아니다. 그래도 주요 시장 저점이 임박했음을 알린 과거 기록은 실로 탁월하다. 판단은 당신의 몫이다. 이 지표는 2001년 가을에 시장 저점이 나올 것이라고 분명하게 알렸다. 또한 2002년 말에도 여전히 마이너스에 머물러 있어서 주가 상승을 예고한다.

나는 이 지표가 앞서 나열한 다른 매수 지점 근처에서 -20퍼센트가 되는 것을 보고 싶다. 그러면 확실한 매수 기회임을 알 수 있을 것이다.

투자 심리가 곧 생존 비법

투자에서 한 가지 생존 비법이 있다면, 바로 주식시장의 등락은 상당 부분 투자 심리에 대한 반응이라는 사실을 이해하는 것이다. 장기적으로 보면 주가는 상승한다. 그러나 그 과정에서 나오는 고점과 저점은 투자자들이 극도로 낙관하거나 비관하는 데 따른 것이다. 내가 보기에는 대다수 투자자들의 행동에 대한 연구 결과보다 나은 단기 및 중기 지표는 없다. 흥미롭게도 그 대상은 펀드일 수도 있고, 개인일 수도 있다. 무엇보다 최고의 지표는, 아니 무엇보다 최악의 지표는 투자 자문들이 하는 말이다.

대다수 투자 자문들이 과도하게 시장을 낙관할 때 주가가 하락한다는 것은 아이러니하지만 분명한 사실이다.

같은 맥락에서 대다수 투자 자문들이 과도하게 시장을 비관할 때 주가는 상승한다.

이 점을 이해하는 것은 대단히 중요하다. 사실상 모든 저점에서 투자 자문, 신문, 증권사 등은 시장을 비관할 것이기 때문이다. 그들은 매수를 주저할 것이다. 매수해야 할 때에 오히려 하지 말라고 말릴 것이다. 이는 우리가 지금까지 배운 교훈과 상반된다. 우리는 시장이 아닌 다른 영역에서는 어떻게 하면 좋을지 알고 싶을 때 언제나 전문가의 조언을 구했다.

그래서 우리는 전문가가 매수하지 말라고 하면 하지 않는다. 하지만 주식시장은 우리가 일상을 살아가는 곳과는 완전히 다른 세계다. 거기서는 모든 게 뒤집힌다. 좋아 보이는 것이 나쁜 것이고, 나빠 보이는 것이 아주, 아주 좋은 것이다.

거기에는 이유가 있다. 투자 자문이든, 펀드든, 우리 같은 개인이든 간에 투자자들은 주로 추세에 영향을 받는다. 그래서 주가가 오를수록 점점 낙관적인 태도를 취하고 주가가 내릴수록 점점 비관적인 태도를 취한다. 이는 불변의 심리 법칙이다. 인간의 마음은 그런 식으로 움직이도록 되어 있다. 투자자들은 거의 판사나 배심원처럼 결론을 내리기 위해 계속 더 많은 정보를 얻으려 한다. 하지만 모든 투자자가 같은 결론에 이르면 게임은 끝난다.

투자자들이 주가 상승의 엔진을 계속 돌릴 더 이상의 연료가 없기 때문이다. 펀드의 연료나 개인 투자자의 연료가 모두 떨어져 버린 것이다.

나의 친구인 톰 디마크Tom DeMark는 이렇게 말했다. "시장은 매도자들이 시장에 들어와서 고점을 찍는 게 아니다. 시장이 고점을 찍는 이유는 더 이상의 매수자가 없기 때문이다." 바로 이것이다! 이제 알겠는가? 더 이상 주식을 살 사람이 없으면 주가를 밀어올린 돈도 사라진다. 모든 투자자나 투자 자문이 이미 낙관적이라면 시장에서 추가로 들어올 매수세가 많이 남아 있지 않다. 결국 주가는 하락할 수밖에 없다.

시장의 심리를 살피는 방식에는 여러 가지가 있다. 지금부터 하나씩 간략하게 살펴보자. 아마도 개인의 투자 심리를 가장 잘 반영하는 시장 활동 지표는 '단주 공매도 비율Odd Lot Short Sales'일 것이다. 이 지표는 100주 미만으로 거래된 공매도의 비율을 말해준다. 그 의미는 다음과 같다. 100주 미만의 주문은 개인이 넣을 가능성이 높다. 수수료를 많이 아낄 수 있는데도 100주를 거래할 돈이 없다는 뜻이기 때문이다. 즉, 이 지표는 개인(즉, 돈이 많지 않은 투자자)의 자금을 반영한다. 그들은 항상 정보가 부족하다. 단주 공매도 비율에 대한 기록은 1920년대까지 거슬러 올라간다. 그림 4.5는 근래의 데이터다. 보다시피, 시장 저점에서 공매도가 늘어났음을 알 수 있다.

전체 매매 중 단주 공매도 비율

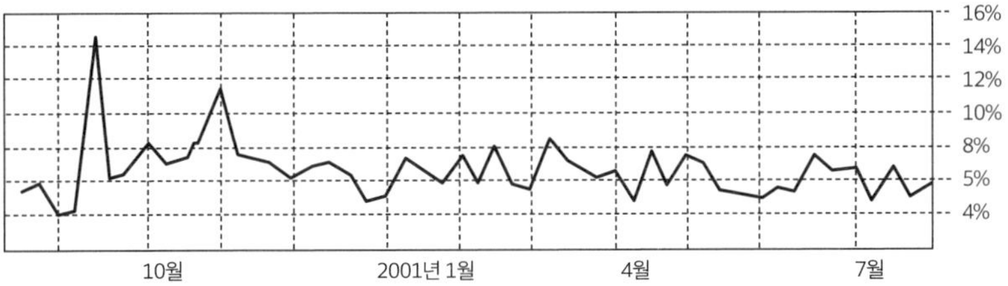

그림 4.5 **단주 공매도 비율**

예를 들어 2000년 10월 매수 지점 직전의 비율을 보라. 단주로 이루어진 전체 매매, 즉 매수와 공매도 중에서 14퍼센트가 공매도였다. 다시 말해서 매수해야 할 시장 저점에서 공격적으로 공매도에 나선 것이다!

2001년 1월 무렵, 단주 공매도 비율은 약 4.5퍼센트까지 떨어진다. 그리고 그때는 바로 시장 고점이었다! 근래의 데이터를 분석해 보면 단주 공매도 비율이 10퍼센트를 넘어서야 한다. 이 경우 주요 시장 저점이 임박했다고 예측할 수 있다.

애널리스트와 기술적 분석가들은 지금까지 한동안 단주 매매 내역을 살피지 않았다. 하지만 나의 의견은 다르다. 아마 그 이유는 내가 투자자들을 연구하는 일에 깊이 몰두했기 때문일 것이다. 나는 그들이 잘못된 일을 하는 모습을 너무나 오랫동안 지켜보았다. 그들은 바람직한 행동과 정반대로 행동한다. 게다가 나는 시장이 항상 같은 방식으로 바닥을 친다고 생각하지 않는다. 내가 살피는 것은 개인이 과도하게 비관적이라는 증거다. 2003년 봄, 그리고 앞으로 기대할 수 있는 다른 매수 지점에서 바로 그 증거를 살펴야 한다. 내게는 투자 심리 지표 중 하나라도 정확한 구간에 있으면, 예상하는 매수 기회가 실제로 당면했다고 확신하기에 충분하다.

투자 자문들의 오판

투자 자문들의 동향을 관찰하는 여러 방법이 있다. 그 모든 지표에 주의를 기울여야 한다. 투자 자문들은 잘못된 때에 잘못된 일을 한 놀라운 기록을 갖고 있기 때문이다. 그들은 종종 개인들보다 못한 실적을 낸다.

투자 자문 서비스 업체인 인베스터스 인텔리전스Investors Intelligence는 낙관적이거나 비관적인 정보지 및 투자 자문의 수를 모니터링한다. (그림 4.6 참조) 이 기록에 따르면 투자 자문들 중 55퍼센트 이상이 낙관적인 관점을 취할 때 주가가 하락할 가능성이 아주 높다. 인베스터스 인텔리전스는 지표를 세분화하여 낙관적인 투자 자문과 비관적인 투자 자문을 분석한다.

낙관적인 투자 자문의 비율이 35퍼센트 이하이면 대다수가 비관적이라는 뜻이다. 이 경우 주가가 상승할 가능성이 아주 높다.

낙관론자와 비관론자의 비율

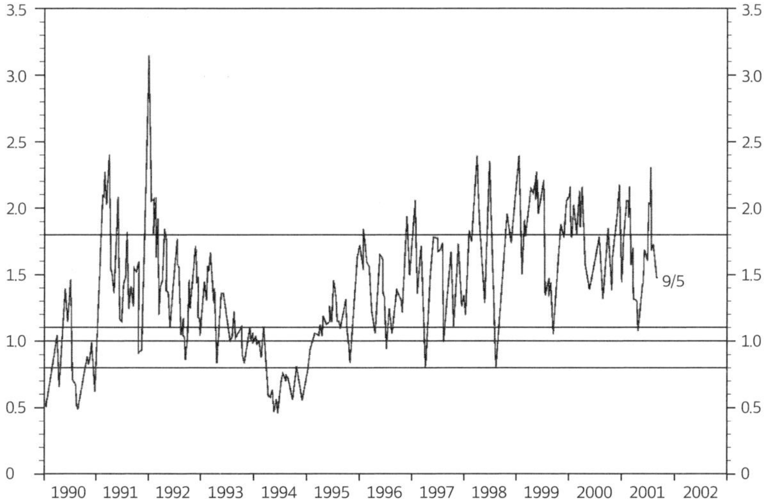

그림 4.6 **낙관론자와 비관론자의 비율**

출처: 인베스터스 인텔리전스

2001년 1월에 나타난 시장 고점에서 이 사실을 말해주는 확실한 증거를 확인할 수 있다. 당시 60퍼센트가 넘는 투자 자문들이 2월 중순에도 낙관적인 관점을 취했다. 그러나 그 직후에 다우산업지수가 급락했다. 아쉽게도 투자 자문들이 과도하게 비관적인 관점을 취한 지가 꽤 되었다. 그러나 주가가 우리의 예상 매수 구간까지 계속 떨어지거나 횡보하면 낙관적인 투자 자문들의 비율이 다시 한번 35퍼센트 밑으로 떨어질 것이다.

이 지표는 《인베스터스 비즈니스 데일리》에서 볼 수 있다. 주 단위로 게재되는 이 지표는 시장 동향을 더욱 깊이 이해할 수 있도록 도와준다.

개인의 투자 동향을 가늠할 때도 같은 접근법을 쓸 수 있다. 9장에서 내가 쓰는 심리 지표를 소개할 것이다. 이 지표는 전체 시장 대비 개별 종목에 대한 투자자들의 태도를 측정한다. 그 결과는 앞서와 같은 것을 말해준다. 즉, 지표가 과도하게 낙관적인 관점을 보여주면 해당 종목의 주가가 하락할 가능성이 높다. 반대로 대다수 투자 자문들의 태도가 과도하게 비관적이면 대부분의 경우 해당 종목의 주가가 상승한다. 물론 항상 그런 것은 아니다. 그래도 매수하려는 종목이 펀더멘털 측면에서 건전하다면 더 나은 베팅이자 거의 이상적인 베팅을 할 수 있다. 종목 선정과 관련해서는 뒤에서 더 많은 이야기를 들려주겠다.

채권시장을 활용한 주가 예측

채권시장, 즉 금리와 주식시장의 관계를 장기적으로 분석해 본 진지한 연구자들은 한 가지 결론에 이르게 된다. 금리 인상, 즉 채권 가격 하락은 주식시장의 약세를 초래한다는 것이다. 거기에는 아주 타당한 이유가 있다. 금리가 오르면 기업은 주주에게 보상하기 전에 은행에 먼저 보상해야 한다. 이런 시기에는 여러 가지 이유로 배당과 실적이 줄어들 수 있다.

금리가 낮을 때보다 많은 돈을 은행에 갚아야 한다면, 연구개발이나 주요한 사업 확장에 쓸 자금이 남지 않는다. 거기서 끝나는 게 아니다. 기업의 고객도 같은 어려움을 겪는다는 사실 때문에 문제가 더욱 확대된다. 소비자들은 가처분 소득이 줄어든다. 그래서 자연스럽게 소비를 줄인다. 결국 제품과 서비스의 매출이 줄어든다. 금리 인상이 생산적으로 순환되는 돈을 이자로 가져가기 때문이다.

그에 따라 눈덩이 효과가 발생한다. 뒤이어 불안이 조성되면서 소비가 더욱 줄어들고, 투자자들은 시장에서 돈을 빼게 된다.

기업이 배당을 지급하지 못하거나 연구개발 및 생산 증대로 사업을 확장하지 못하면, 그 주식은 상승 탄력을 잃는다. 실적은 줄어들고 곧 주가도 떨어진다.

반대로 금리가 인하되면 기업들은 사업을 추진할 자금이 늘어난다. 대출도 쉬워지기 때문에 사업 목적을 달성하기 위한 자금을 확충할 수 있다. 통화 공급량이 늘어나는 것은 금리가 인하되는 것과 거의 같다. 둘 다 경기에 긍정적인 영향을 미친다. 성장과 번영을 추구하는 기업의 능력도 개선된다.

이는 이론적인 이야기이며, 1850년대 중반부터 2001년까지 금리를 연구한 결과로 명확하게 도출되었다. 문제는 이 이론을 현실에 적용하는 것이다. 주식과 채권의 관계를 활용하여 매매 신호를 얻기 위한 매우 정교한 수학적 모형들이 있다. 하지만 대개는 계산이 복잡할 뿐 아니라 모형을 돌리기 어렵다. 또한 일부 데이터는 일반 투자자가 쉽게 얻을 수 없다. 어떤 애널리스트들은 지방채나 단기 국채 또는 10년물 등에 더 신경을 쓴다. 다른 애널리스트들은 필라델피아 주식거래소의 발전사업지수에 더 신경을 쓴다. 정말로 그렇다!

추가적인 문제는 주식시장이 바닥을 치기 직전에 채권시장이 바닥을 치는 때도 있고, 그 간격이 몇 주가 아니라 몇 달인 때도 있다는 데서 생긴다. 일부 애널리스트들, 특히 내가 이 일을 하면서 만난 가장 진실된 사람 중 한 명인 질 할러Gil Haller(『할러 이론The Haller Theory』, 1968)는 단기 국채의 변동률을 살펴서 주가 상승을 예측한다. 그의 주장은 금리가 1퍼센트 하락하면 하락장을 상승장으로 바꾸기에 충분하다는 것이다.

나는 기계적으로 주식시장의 바닥을 예측하는 이 접근법을 크게 단순화할 수 있다. 그 방법은 웰스 와일더Welles Wilder와 그레셤 노스콧Gresham Northcott이 만든 지수를 활용하는 것이다. 이 지수는 1978년에 와일더가 펴낸 『기술적 트레이딩의 새로운 개념들New Concepts in Technical Trading』이라는 책에서 처음 소개되었다. 이 책에는 좋은 지표들이 많다. 그중에서 내가 가장 좋아하는 지표는 변동성 스톱volatility stop 또는 변동성 시스템으로 불리는 것이다.

이 추세추종 메커니즘은 지난 7일 동안의 변동 구간을 구한 다음(각 거래일의 고점-저점), 그 평균 구간에 대개 2.0에서 3.0의 인수를 곱하는 것이다. 그 값이 변동성의 정도로서 다시 상승 추세의 최고 종가에서 그 값을 뺀다. 그러면 현재 가격의 위, 아래로 필터 구간이 형성된다. 주가가 이 구간 아래로 떨어지면 하락 추세로 가정한다.

주가가 이 변동성 필터 아래로 내려갔다가 다시 그 위에서 마감하면 상승 추세로 간주된다. 이 지표는 일봉 차트나 주봉 차트에서 활용할 수 있다.

채권과 변동성 스톱을 활용한 주식 매매 타이밍

내가 관찰한 바로는 이 변동성 지수를 채권시장에 적용하면 금리가 바닥을 쳤는지 알 수 있다. 나는 금리 추세가 바닥을 치면, 즉 채권시장이 상승하기 시작하면 그 직후에 주식시장도 뒤따를 것이라고 가정한다.

그림 4.7은 채권시장의 주봉 차트에 변동성 스톱을 더한 것이다. 우리의 트레이딩 규칙은 채권시장의 주간 종가가 변동성 스톱 위에

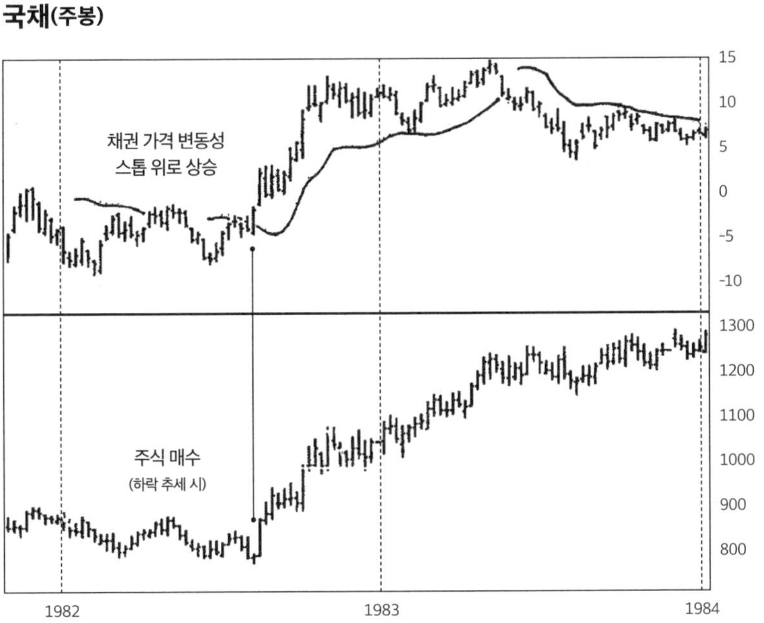

그림 4.7 **변동성 스톱과 채권 가격**(1982~1983)

있을 때 주식 매수 지점을 찾는 것이다. 다만 주가가 하락하고 있거나 약세장일 때 해당 조건을 충족해야 한다. 이는 채권시장의 추세를 활용하여 주식을 매수하는 방법이다. **채권시장의 주간 종가가 변동성 스톱보다 높으면 주식을 매수할 지점으로 표시한다**.

다음 그림은 여러분이 직접 확인할 수 있도록 1982년 이후 이 시스템에 따른 다음부터의 양상을 보여준다. **다만 이 시스템은 시장에 진입하는 용도로만 활용되었다는 점을 알아둘 필요가 있다.** 즉, 공매도 지표가 아니다.

금요일인 1982년 8월 13일, 채권 가격은 변동성 스톱 위에서 마

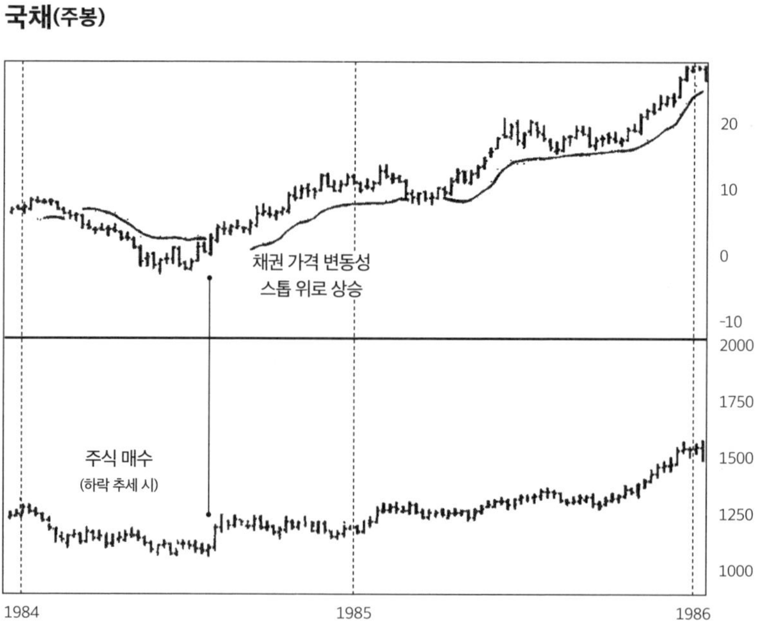

그림 4.8 **변동성 스톱과 채권 가격**(1984~1985)

감했다. 이는 주가가 오를 것임을 시사했다. 문제는 실제로 주가 상승이 시작될지 여부였다. 그 결과는 이미 나와 있다. 보다시피, 같은 주에 주식시장은 바닥을 형성한 후 엄청난 상승을 시작했다. 이 상승은 지금까지 역사상 최대 규모로 알려져 있다.

그림 4.8에서 보듯이 약세가 시작된 것은 1984년이었다. 주가는 그해 8월까지 하락했다. 투자자들은 새로운 약세장이 시작된 건 아닌지, 지금이 계속 이어질 주가 하락의 초입은 아닌지 걱정했다.

이 의문은 월가의 이사회와 술집, 그리고 일반 가정의 침실에서도 논쟁을 일으켰다. 하지만 주가가 계속 하락하는 가운데, 채권시장이

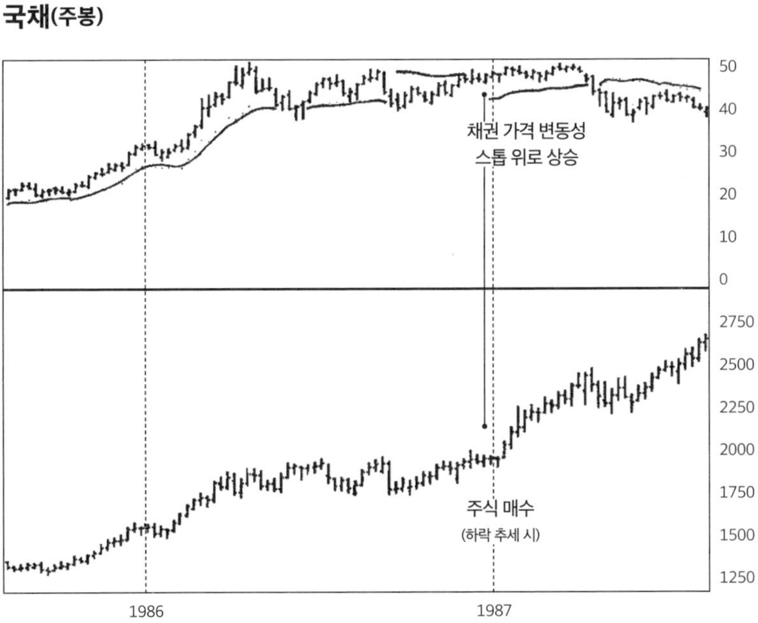

그림 4.9 **변동성 스톱과 채권 가격**(1986~1987)

어떤 동향을 보이는지만 살펴도 논쟁을 끝낼 수 있었다. 1984년 여름에 채권시장은 상승하기 시작했다. 그러다가 8월 3일에 변동성 스톱 위에서 한 주를 마감했다. 이는 약세장의 최저점이 나오기 일주일 전이었다! 변동성 스톱 규칙은 주요 강세장의 재개를 알렸다. 단순한 지수임에도 나쁘지 않은 예측력이었다. 이 규칙이 다음에도 통할까?

1986년 말에는 주식시장이 난관에 처할 것처럼 보였다(그림 4.9 참고). 주가는 크게 하락하지 않았지만 정체되어 있었다. 투자자들은 앞으로 어떻게 될지 궁금해 했다. 지금 주식을 사야 할까, 팔아야 할까?

뒤이어 그해의 폭락이 나왔다. 어떤 나라의 어떤 시장에서도 나온

국채(주봉)

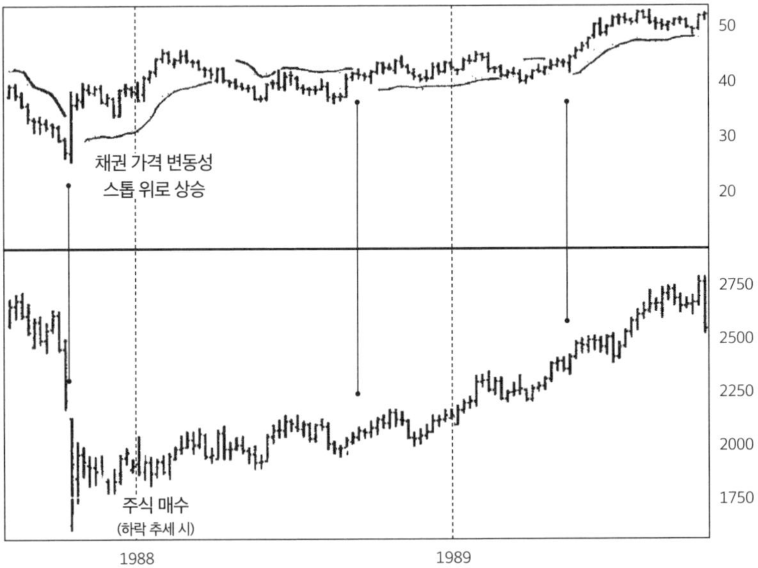

그림 4.10 **변동성 스톱과 채권 가격**(1988~1989)

적이 없는 최대 일간 하락이었다(그림 4.10 참고). 진정한 패닉 상황이었다. 증권사들은 파산했고, 투자자들은 돈을 다 잃었으며, 펀드사가 보유한 자산의 가치가 30억 달러에서 갑자기 20억 달러로 줄었다. 이 모든 일이 눈 깜박할 사이에 일어났다. 그 운명의 10월에 월가에서는 참극이 벌어졌다. 투자자들은 패닉 상태에 빠졌다. 어떻게 해야 할지 몰랐던 그들은 투매에 나섰다. 그에 따라 대규모 청산과 함께 개별 종목의 주가가 무너졌다. 엄청난 파장을 일으키는 재난이었다.

폭락이 나온 주에 나는 아프리카에 있었다. 주가가 하루에 600포인트나 폭락했다는 뉴스가 내가 머물던 마운트 케냐 사파리 클럽Mount Kenya Safari Club까지 전해졌다. 그 무렵 시장은 1929년의 역사적 폭락을 다룬 글에서나 접했던 패닉 상황에 휘말려 있었다. 고급 리조트에 머물던 사람들 중 3분의 2 이상이 몇 시간 만에 짐을 싸고 일정을 변경한 뒤 피해 수습을 위해 집으로 돌아갔다. 식당에서 우는 여자들의 모습도 보였다. 남편들의 얼굴은 잿빛이었다. 보기 좋은 광경은 아니었다. 돈을 잃었는데 기분이 좋을 리 없었다.

그들이 시간을 들여서 채권시장을 공부했다면 믿기 힘든 강세장을 예측할 수 있었을 것이다. 금요일이었던 1987년 10월 23일, 소위 '블랙 프라이데이Black Friday'에 채권 가격은 다시 한번 변동성 스톱 위에서 마감했다. 주가 폭락은 거의 시작할 때처럼 빠르게 끝났다. 시장은 보합세로 돌아선 후 새로운 강세장의 시작과 함께 통제력과 활기를 되찾았다. 새로운 강세장을 불러온 실제 요인이 무엇인지는 오랫동안 논쟁의 대상이 될 것이다. 다만 한 가지는 확실하다. 바로 정확한 저점에서 채권시장의 매수 신호가 나왔다는 것이다! 이 사실을 아는 투자자들은 원하는 대로 주식을 사들여서 다른 투자자들이 타격을 입을 때 큰돈을 벌 수 있었다.

이후 1990년까지 주식 보유자들에게 좋은 상황이 지속되었다. 이 시기는 우리의 10년 패턴에 따라 하락이 예상되는 때였다. 결국 '0'으로 끝나는 해에는 하락이 예비되어 있었다. 이 사실을 아는 것은 도움이 된다. 하지만 언제 사야 할지 아는 것은 더 큰 도움이 된다. 이를 위해 채권시장을 토대로 매수 신호를 얻는 우리의 방법을 활용할 수 있다. 채권 가격은 변동성 스톱 아래에 머물다가 1990년 11월 9일에

국채(주봉)

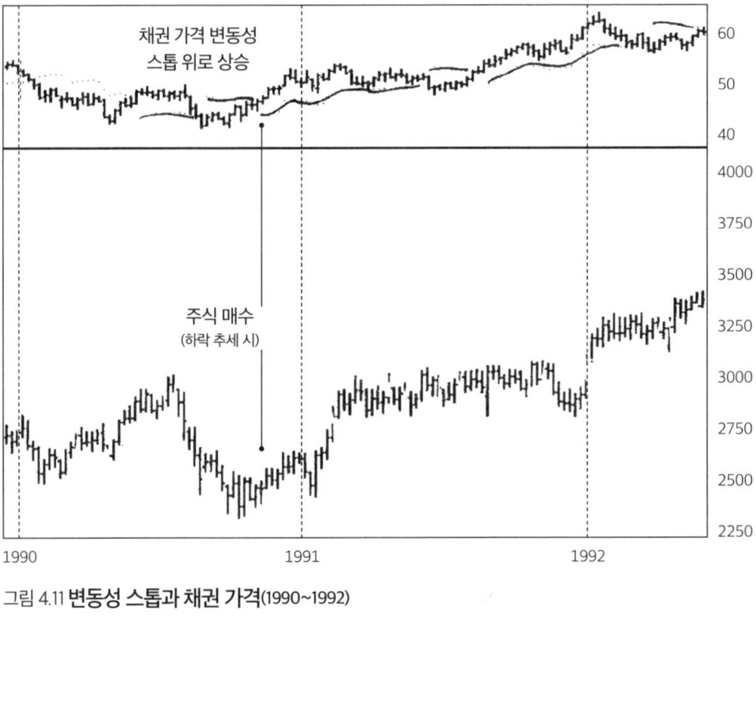

그림 4.11 **변동성 스톱과 채권 가격**(1990~1992)

상승했다. 이때는 주식시장이 바닥을 친 지 4주가 채 지나지 않았고, 저점에 아주 가까운 때였다(그림 4.11 참고). 주가는 아직 반등을 시작하지 않았다. 이 무렵에 매수한 투자자들은 또 한 번의 상승이 나오면서 빠르게 보상을 받았다. 이제 이 모든 게 어떻게 돌아가는지 알겠는가?

1994년까지는 모든 것이 좋았다. 그러다가 주가가 정체되면서 방향성 없이 등락을 반복했다(그림 4.12 참고). 더 이상 주식 투자로 즉시 돈을 버는 일방통행로는 없었다. 다시 약세장이 고개를 들었다. 투자자들은 겁에 질려서 1987년 같은 폭락이 다시 나오지 않을까 걱정했

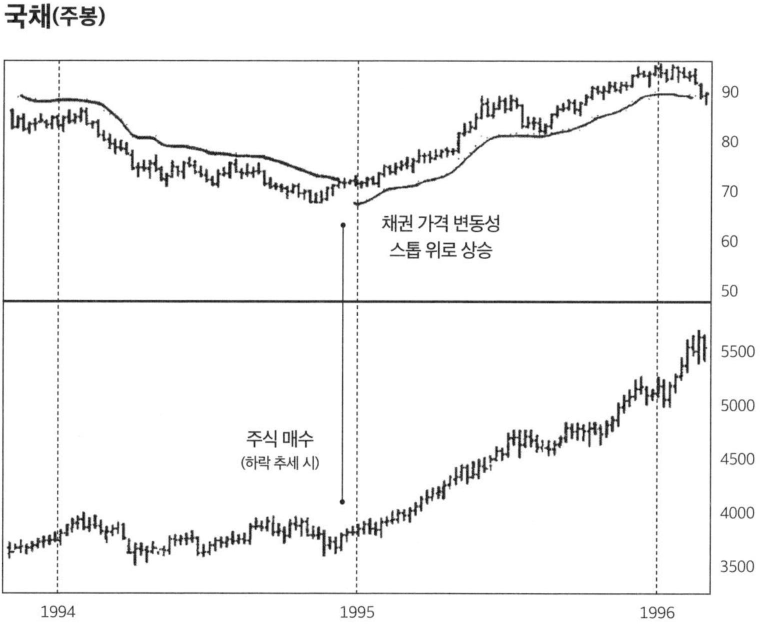

그림 4.12 **변동성 스톱과 채권 가격**(1993~1996)

다. '어디로도 가지 못하는' 이 비참한 시장은 활력을 되찾을까, 아니면 무너질까?

1994년 12월 23일, 주가는 3주 동안 짧게 상승했다. 하지만 과거에도 비슷하게 상승하다가 더 크게 하락하는 경우는 많았다. 그런데 이번에는 다른 구석이 있었다. 국채의 주간 종가가 변동성 스톱을 넘어선 것이다. 그에 따라 매수 신호가 주어졌다. 투자자들은 금리가 인하되고 주가가 오를 가능성이 높다는 말을 들었다.

흥미로운 점은 '5'로 끝나는 해의 초반에 나온 이 매수 신호가 1982~1999년 강세장에서 가장 빠른 상승을 이끌어냈다는 것이다. 이는 채권시장을 통한 우리의 추세 변화 신호가 강세장 매수 지점을 알려준다는 명확한 증거다.

2000년 중반에는 기술주 폭락 사태가 일어났다. 그 여파로 누구도 예상치 못한 수준으로 주식 가치가 떨어졌다. 주당 100달러가 넘던 종목이 80달러에 이어 50달러, 30달러를 넘어 10달러까지 떨어졌다. 상상도 하지 못했던 일이다. 심지어 5달러까지 떨어지는 종목도 있었다. 1987년의 폭락은 규모가 크기는 했지만 한 달 안에 끝났고, 주식시장은 더 밝고 건강하게 되살아났다. 하지만 2000년의 폭락은 그렇지 않았다. 주가가 회복되지 않았다. 게다가 나의 판단으로는 (뒤에서 개별 종목에 대해 논의할 때 나올 내용임) 대부분은 결코 또는 적어도 향후 6년에서 12년 동안은 회복되지 않을 것이다.

앞서 살핀 대로 1982년부터 2001년까지, 모든 주요 매수 지점은 채권 가격이 변동성 스톱을 관통하는지 확인하는 단순한 방법으로 파악되었다. 이 접근법에는 어떤 마법도 없다. 변동성 스톱의 정확한 가치 때문에 이 방법이 통하는 게 아니다. 요점은 이 방법으로 채권시장이 바닥을 칠 가능성이 높은 때를 객관적으로 파악할 수 있다는 것이다. 이 점은 중요하다. 채권시장에서 바닥이 나오면 주식시장도 바닥 또는 그 근처임을 말해주기 때문이다.

주식과 채권의 관계는 시장을 분석하는 데 필요한 근본적인 고려사항이다. 기술적 분석으로 이 지점에서 저 지점까지 혼란스레 선을 긋는 것과는 다르다. 또한 검증되지 않은 기법이나 사이비 과학으로 시장을 예측하는 접근법도 아니다. 우리가 말하는 바는 경기를 이끄는 요인, 바로 금리에 대한 것이다. 금리가 경기를 이끈다. 차트는 경기를 이끌지 않는다. 여건이 경기를 이끌고, 주식시장을 이끈다. 나는 여건을 측정하는 측면에서 변동성 지수 접근법보다 더 간단하고 나은 접근법을 알지 못한다.

마지막 차트인 그림 4.13은 1999~2002년의 힘겨운 하락장에서 이 간단한 지표가 작동하는 양상을 보여준다. 이 기간 동안 매수 신호는 딱 두 번 있었다. 첫 번째 신호는 연 저점과의 간격이 4주도 채 되지 않는 2001년 8월 24일에 나왔다. 두 번째 신호는 연 저점이 찍히기 5주 전인 2002년 6월 21일 무렵에 나왔다.

국채(주봉)

그림 4.13 **변동성 스톱과 채권 가격**(1999~2002)

앞으로의 전망

다가오는 호기에는 약세장도 있고, 강세장도 있을 것이다. 우리의 목적은 언제 조류가 바뀌는지, 언제 매수 지점이 나오는지, 언제 하락이 끝나는지 파악하는 것이다. 이제 우리에게는 도움을 줄 뛰어난 펀더멘털 지표가 두 가지 있다. 하나는 다우산업지수의 배당수익률을 참고하는 것이고, 다른 하나는 금리와 채권시장의 추세 방향을 참고하는 것이다. 이 방법들은 투자 심리 지표와 같이 활용할 수 있다. 즉, 단주 공매도 비율과 투자 자문들의 태도 그리고 펀드 동향을 주요한 타이밍 측정 도구로 삼을 수 있다.

그중 하나만 골라야 한다면 나는 채권시장의 추세를 고를 것이다. 정확하고, 쉽게 확인할 수 있고, 간단하기 때문이다. 역사적으로 채권시장이 상승한 후에 주식시장이 상승하지 않은 경우는 드물다.

월가에는 "추세는 당신의 친구다"라는 격언이 있다. 맞는 말이다. '적어도 추세가 끝나기 전까지는' 말이다. 문제는 그 시작과 끝이 언제인지 파악하는 것이다. 앞서 우리는 대다수 약세장의 마지막에 나타나는 양상을 확인했다. 여러분이 이 귀중한 지표들에 주목하여 앞으로 투자에 성공하기를 바란다. 이 지표들은 2003년과 2005년에 나올 매수 지점을 알려줄 것이다. 또한 2006년에 4년 현상이 매수 기회를 제공할 때 다시 한번 크게 외칠 것이다. 그리고 약세장이 전개될 때마다 채권시장에 주목하라. 특히 채권시장에서 중대한 방향 전환이 이루어지는지 눈여겨봐야 한다.

금에 대한 열광, 황금률 깨기

인생의 황금률은 시장의 황금률과 다르다. 오랫동안 투자자, 투자 자문, 금융 부문 저술가 등은 금과 주식 사이에 상관관계가 있다고 주장했다. 트레이딩 세미나에서 내가 즐겨 던지는 질문 중 하나는 "주가가 폭락하면 금값은 어떻게 될까요?"이다.

청중의 대답은 늘 같다. 모두 "상승할 겁니다!"라고 외친다.

나스닥 100(주봉)

그림 4.14 **나스닥 폭락 vs. 금값**(2000)

나는 "그런가요? 그런데 2000년에 주가가 폭락할 때는 어떻게 된 건가요? 그때는 금값이 어땠습니까?"라고 묻는다. 그러면 청중들은 서로 눈치만 본다. 내가 친 덫에 걸린 것이다. 차트를 확인한 사람들은 입을 크게 벌리며 몸서리를 친다. 그리고 현실을 깨닫는다. 2000년에 주가가 폭락할 때 금값은 오히려 떨어졌다(그림 4.14 참고).

뒤이어 나는 1987년의 폭락에 대해 묻는다. 그때 금값은 어떻게 되었을까? 그림 4.15에 나오는 대로 당시 금값은 횡보했다. 아이러니하게도 금값은 폭락이 끝나고, 바닥이 나온 지 한참 후인 1987년 12월에 최대 폭으로 상승했다.

다음 단계는 1929년의 폭락 때는 어땠는지 청중들이 스스로 확인

다우산업지수(주봉)

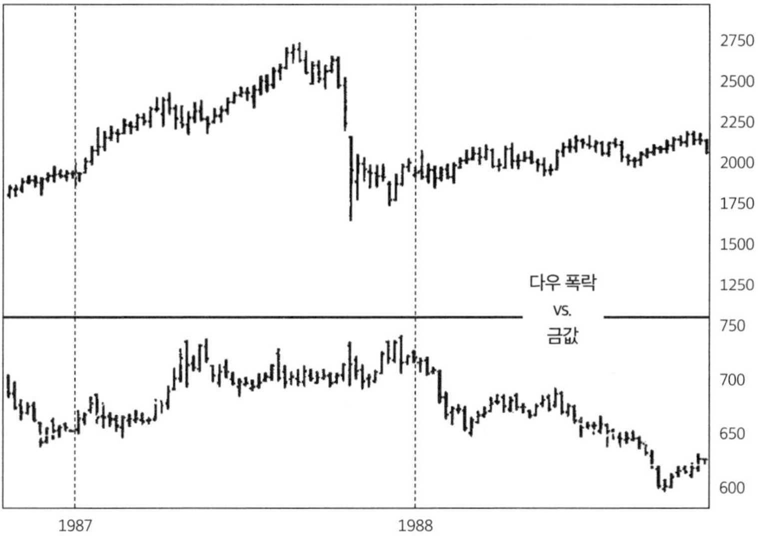

그림 4.15 **다우 폭락 vs. 금값(1987)**

하게 만드는 것이다. 그들은 금값이 크게 상승했을 것이라고 예상한다. 하지만 차트에는 그런 모습이 보이지 않는다. 그런 일이 일어나지 않았기 때문이다. 금값은 주식시장이 폭락할 때 크게 상승한 적이 한 번도 없었다.

재미있지 않은가? 금값과 주가 사이에는 상관관계가 있다는 말은 근거 없는 오랜 속설일 뿐이다.

투자 대상으로 금을 선호한다면 올바른 이유로 선호해야 한다. 불황은 금값을 올리지 않는다. 금값 상승을 초래하는 요인은 두 가지뿐이다. 첫 번째 요인은 인플레이션이고, 두 번째 요인은 금을 상업적 용도로 소비하거나 생산하는 사람들의 동향이다. 상업적 용도를 위한 대규모 매수세 없이 금값이 크게 상승하는 경우는 드물다.

차트와 역사를 간략하게 살펴보면 대부분 불황기가 아니라 물가 상승기에 금값이 올랐다는 사실을 알 수 있다. 주가 폭락은 주식시장뿐 아니라 경제 전반을 암울하게 만든다. 금시장도 예외는 아니다. 투자에는 파종할 때가 있고, 수확할 때가 있다. 금시장 역시 자연스러운 주기를 지닌다. 이는 상업적 수요와 인플레이션 압력의 산물이다. 따라서 그 부분에 주목해야 한다. 이제 금시장에 대한 나의 황금률이 무엇인지 알았을 것이다. 금을 갖는 자가 세상을 다스리는 것이 아니다. 똑똑한 사람이 적기에 금을 사는 것이다.

그림 4.16은 상업적 수요가 금시장에 미치는 엄청난 영향력을 보여준다. 구체적으로는 상업용 투자자들이 취한 순매수 포지션의 비중을 표시한 것이다. 즉, 그들이 어떻게 금에 투자하는지 실질적으로 측정한다. 종종 그들이 공격적으로 매수할 때, 즉 순매수 포지션의 비중이 높을 때 금값이 상승한다. 그들이 1999년 가을에 대규모로 금을 매도한 후에는 금값이 폭락했고, 2001년 초반에 매수한 후에는 금값이 상승했다는 점에 주목하라.

같은 맥락에서 그들이 공격적으로 공매도 포지션을 잡거나 별로 매수를 하지 않을 때(낮은 지수로 나타남) 금값은 뚜렷한 하락세를 보였다.

금 투자자들이 상업적 사용자들의 동향에 주목한다면 언제 시장에 들어가고 나와야 하는지 훨씬 잘 알 수 있을 것이다. 나는 상업적 투자자들이 대규모 매수에 나서지 않아도 금값이 크게 상승할 수 있

코멕스COMEX 금(주봉)

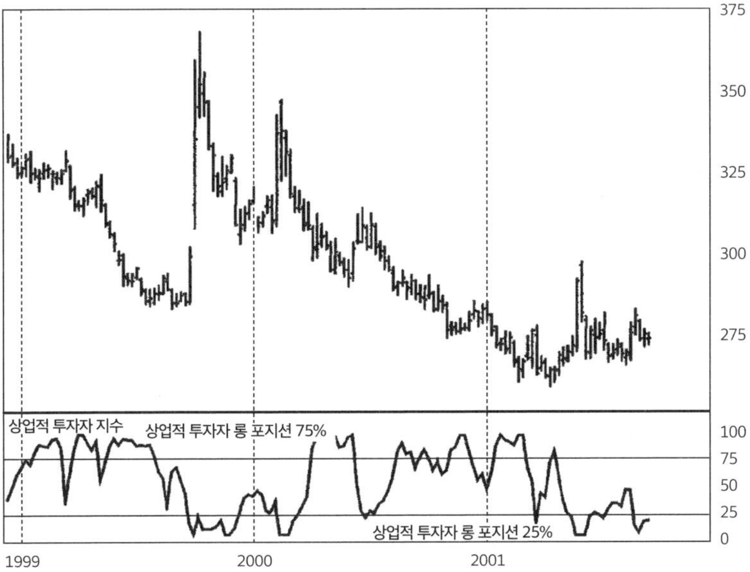

그림 4.16 **상업적 투자자 동향 vs. 금값**

다고는 생각할 수 없다. 따라서 금을 선호한다면 상업적 투자자들을 따라가라. 헛된 망상이나 자칭 시장 전문가들의 감정적 반응을 따르지 마라. 그들이 투자한 것이라고는 우표값와 말뿐이다. 반면 금을 소비하거나 생산하는 상업적 투자자들은 수백만 달러를 투자한다.

5

다음의 상승이 거대할 이유

라틴어를 배우는 것보다

싫다고 말하는 법을 배우는 게 낫다.

주식시장은 다양한 이유로 다양한 양상을 보인다. 그러나 모든 시장의 움직임 뒤에는 인간의 감정이라는 공통의 요소가 있다. 인간의 감정은 탐욕과 공포에 좌우된다.

현재의 투자 환경을 살피는 일은 중요하다. 미래가 어떻게 전개될지 파악하는 데 도움이 될지도 모르기 때문이다. 다음에 무엇이 주가를 끌어올릴지 아주 조금이라도 엿볼 수 있다면 이미 어느 정도 게임을 이긴 것과 같다. 다른 투자자들보다 똑똑하게, 앞서서 투자할 수 있기 때문이다.

나는 이 점을 염두에 두고 여러 시장의 과거 데이터를 분석했다.

또한 오래 알고 지낸 펀드 매니저나 투자 전문가와 대화를 나눴다. 이를 통해 다음 주가 상승과 관련하여 고려해야 할 중요한 전반적 개념을 정리할 수 있었다.

내 생각에는 다음 강세장이 시작되면 마음속에 좌절과 불만이 쌓여 있던 투자자들(돈을 잃었거나 지난 강세장에서 돈을 벌지 못했다고 아쉬워하는 사람들)은 이전에 본 적이 없는 기세로 달려들 것이다.

역사적으로 지금처럼 많은 사람이 향후 주가에 큰 관심을 가진 적은 없었을 것이다. 지금은 투자가 대중화되었을 뿐 아니라 쉽다. 과거에는 투자를 하려면 어느 정도의 능력이 필요했다. 즉 뭔가를 알고, 정보를 가진 소수 집단의 일원이 되어야 했다. 증권사는 일반인이 닿을 수 있는 거리 밖에 있었다. 지금은 더 이상 그렇지 않다. 언제, 어디서나 매매가 가능하다.

이는 마치 우리가 산업혁명과 기술 혁명을 거쳐 투자 혁명에 이른 것과 같다. 어제의 혁명가들은 투자자가 되었다. 이제 일상적인 대화는 주식시장에 초점을 맞춘다. 주식거래소는 스포츠 경기를 후원하고, 증권사는 골프 대회를 후원한다. 월가는 맥도날드 수준의 인기와 고객층을 얻었다!

주식을 살 핑계나 이유가 나오기만을 기다리면서 대기하는 투자자금이 엄청나다. 매수하지 않은 상태에서 주가가 상승하는 것만큼 투자자들을 조바심 나게 만드는 것은 없다. 그들은 결정적인 지점이 지나면 더 이상 견디지 못한다. 주가의 상승은 강세장이 시작되었다는 확신으로 이어지고, 뒤이어 현금의 봇물이 터지며 기록적인 매수가 이루어질 것이다. 그 기세는 실로 대단할 것이다!

거기에 더하여 더 많이 갖고, 욕심 내고, 즐기고, 더 많은 돈을 벌고 싶어 하는 인간의 본성이 작용할 것이다. 대중은 주식시장에서 믿을 수 없는 수익이 나오는 모습을 지켜보았다. 그들을 막을 수는 없을 것이다. 나스닥 종목들이 엄청나게 상승하고, 비록 다수가 실패로 끝나기는 했지만 많은 성공담이 나왔다. 이는 주식에 대한 대중의 식욕을 자극했다. 대중은 더 이상 시장에 대해 무지하지 않다. 지금은 뒤로 물러나 있지만 그들은 언제든 복장을 갖추고 게임에 뛰어들 준비가 되어 있다.

이렇게 말하면 요점이 약간 더 잘 전달될 것이다. 내가 주식 투자를 시작할 무렵에 《월스트리트저널》은 일반인 구독자가 거의 없고, 가판대에서도 잘 팔리지 않는 틈새 신문이었다. 그들의 고객은 중개인과 투자자였다. 반면 지금은 어떤지 보라. 전 세계의 식료품점과 가판대에서 《월스트리트저널》을 살 수 있다. 지면도 약 20페이지였던 것이 더 많은 시장 정보에 대한 투자자의 필요를 충족하기 위해 거의 100페이지로 늘어났다.

이 모든 것에 더하여 지금은 돈을 가진 투자자 기반층이 생겼다. 지금까지 거의 30년 동안 대규모 불경기가 없었다. 덕분에 자본이 축적되었다. 은퇴 자금이든, 예금이든, 펀드든 간에 역사상 그 어느 때보다 많은 돈이 돌고 있다. 그리고 강세장을 촉발하는 데는 돈만 있으면 된다!

우리는 역사가 과거이고, 과거는 절대 똑같이 반복되지 않는다는 사실을 안다. 하지만 대중은 미래가 과거와 거의 동일할 수 있고, 그럴 것이라고 믿는다. 그래서 그들은 두어 종목의 과거 주가 동향을 살펴보고, 진작 투자했다면 고작 1만 달러를 수백만 달러로 불릴 수 있었다는 사실을 확인한다. 그들의 관심은 최고조에 달해 있다. 그들은 전과 같은 상승세를 원하며, 다음 강세장에 뛰어들 것이다.

안타깝게도 나는 그들이 강세장의 초반에 들어설 것이라고 생각하지 않는다. 그건 말이 되지 않는다. 대중은 절대 바닥에서 매수하지 않는다. 그들은 중반에 들어서고, 고점에서 대량 매수한다. 나는 지금부터 그런 양상을 이용하는 방법을 보여줄 것이다.

과거에서 얻은 교훈

대중이 과거로부터 배운 첫 번째 교훈은 주식 투자로 큰돈을 벌 수 있다는 것이다. 그토록 꿈꾸었던 큰돈, 못 벌어 온다고 배우자에게 잔소리를 듣게 만들었던 큰돈 말이다. 이는 주식에 대한 거대한 잠재 수요, 불길에 더할 엄청난 양의 연료를 만들어낸다.

내가 보기에 이 투자자들은 시장의 저점은커녕 그 근처에서라도 주식을 매수하지 못할 것이다. 그래도 그들은 일정한 시점이 되면 게임에 뛰어들 것이다. 상승하는 주가는 대중과 프로 모두를 흥분시킨다. 그렇다면 우리가 던져야 할 질문은 이것이다. 그들은 시장에 들어왔을 때 어떤 게임을 하고 싶어 할까?

이 질문에 대한 답도 과거를 공부하면 알 수 있다. 그들 중 일부는 투자 경험이 있다. 그들은 한두 번 경기장에 들어왔으며, 시장의 하락만큼 상승을 인식한다. 대중의 인식은 하이테크, 신경제 종목에 도취되어 있던 상태에서 완전히 두려워하는 상태로 바뀌었다.

그들은 하이테크 종목에 대한 투자 아이디어들이 무너지고, 수익이라는 무인도의 해안에 밀려가면서 엄청난 손실이 나는 광경을 목격했다. 이 무인도에 대한 애초의 생각은 보유할 만한 뛰어난 하이테크 종목을 찾기만 하면 된다는 것이었다. 그러면 설령 무인도에 있다 해도 구조될 무렵에는 큰돈을 벌 수 있었다. 지금도 여전히 이런 일이 일어날 것이라고 가정하는 사람들이 있다. 하지만 나는 미래의 투자자들은 보다 신중한 자세로 큰 위험을 감수하지 않을 것이라고 믿는다.

일정한 시점이 되면 이런 양상이 바뀔 것이다. 다음 강세장의 고점이 가까워지면 대중의 대규모 매수로 주가에 거품이 낄 것이다. 이 사실을 명심하라. 반드시 그렇게 될 것이다. 하지만 시장이 반등을 시작하고 대중이 상승 추세가 재개되었음을, 판이 다시 열렸음을 알게 될 시기에는 양상이 다를 것이다. 그들은 처음 시장에 들어설 때는 투기성 종목에 현혹되지 않고 우량주와 가치주를 매수할 것이다. 분명한 사실은 이것이다. 게임 후반이 되면 그들은 폭락이 나오기 직전에 투기성 종목으로 시선을 돌릴 것이다. 당대의 고평가 종목들이 다시 득세할 것이다. 하지만 강세장이 대중에게 알려지기 시작할 때는 그렇지 않을 것이다.

그때가 언제일까? 다음은 내가 2001년에 이 책의 초고에 썼던 내용으로서 수천 명의 트레이더와 투자자들에게 소개한 것이다.

나는 맞을 거라고 확신하지만(여러분이 직접 확인해 보라) 나의 생각이 맞다면 2002년 10월 저점에 우리가 사야 할 주식은 우량주다. 구체적으로는 일반 투자자에게 매력적인 종목, 안전하고, 편안하고, 포근하게 느껴지는 종목을 사야 한다. 그들은 우량주를 대량으로 매수하여 주가를 밀어올릴 것이다. 그만큼 우리의 투자 수익률도 높아질 것이다. 우리는 일반 투자자들의 돈이 쏟아져 들어오기 전에 우량주를 선점해야 한다. 이는 아주 간단한 문제다.

이제 2002년이 지났다. 나의 예측에 대한 평가는 여러분에게 맡기도록 하겠다.

나는 펀드들이 신경제에 대한 이야기와 소문으로부터 눈길을 돌려서, 양호하게 성장하는 종목을 쇼핑할 것이라고 믿는다. 실적이 좋고, 배당을 주고, 매장 역할을 하는 컴퓨터가 아니라 오프라인 매장과 기계, 설비, 직원, 실제 물리적 자산이 있는 기업의 주식 말이다. 물론 기술주도 좋은 성적을 낼 것이다. 하지만 대체로 투자 수익의 상당 부분은 이미 검증된, 소위 구경제 종목에서 나올 것이다.

실적, 성장성, 배당 요소를 갖춘 기업들이 앞으로 번성할 것이다. 대중은 이런 기업의 주식을 찾을 것이다. 게다가 해당 주식의 주가를 띄우는 것은 일반 투자자만이 아니다. 펀드들도 같은 교훈을 얻었기 때문이다.

펀드가 사업을 유지하는 유일한 방법은 고객에게 수익을 안기는 것이다. 수익이 없으면 고객도 없다. 이는 펀드에 적용되는 기본적인 수학이다. 펀드 매니저들은 우리들만큼 안전한 길을 걸으려는 성향이 있다. 그들은 그런 유형의 투자가 다른 유형보다 낫다는 사실을 확인하면 그 방향으로 갈 것이다. 그것이 인간의 본성이다.

그러면 펀드 매니저들의 동향을 살펴보자. 나는 2001년 8월까지 6개월 동안 상위 25개 성장형 및 소득형 펀드의 수익률을 조사했다. 그 결과는 비참했다. 상위 25개 펀드 중에서 수익이 난 것은 5개뿐이었다.

반면 같은 기간에 걸쳐 상위 25개 가치형 펀드의 수익률을 보면 1개를 제외한 모든 펀드가 수익을 냈다. 너무나 큰 차이다! 가치형 펀드는 성공했지만 성장형 펀드는 그렇지 않았다. 성장형 펀드로 수익을 내기는 대단히 어려워졌다.

펀드의 부실한 성적표는 앞으로 투자 전략이 많이 달라질 것임을 시사한다. 2001년 7월에 최대 펀드 정보 제공사인 리퍼Lipper가 발표한 바에 따르면 실적 관리 대상인 미국의 5,208개 주식 펀드 중에서 4,120개가 돈을 잃었다고 한다!

이는 믿을 수 없는 수치다. 그해에 펀드의 거의 80퍼센트가 적자를 냈다는 뜻이기 때문이다. 그들은 전략을 수정해서 우량주에 투자할 수밖에 없을 것이다. 하지만 그들은 추후 다시 일반 대중처럼 강세장의 후반에 희열에 사로잡혀서 소문과 미래의 성장을 근거로 매수하는 나쁜 습관을 재개할 것이다. 다만 지금 월가의 주된 관심사는 실질적인 사업을 하고 실적과 배당이 양호한 가치주다.

펀드들도 2002년의 하락에 잘 대처하지 못했다. 12월에 성장형 펀드는 23.6퍼센트, 기술주 펀드는 39.5퍼센트나 하락했다. 반면 가치형 펀드의 하락 폭은 15.8퍼센트밖에 되지 않았다. 또한 전체 펀드의 손실률은 25.6퍼센트였지만 S&P500은 21.2퍼센트만 하락했다! 이번에도 펀드들은 평균적으로 시장을 이기지 못했다. 여러분은 그보다 잘할 수 있다. 앞으로 이 책에서 그 방법을 배울 것이다.

책을 통해 교훈을 얻을 수 있어서 다행이라고 생각해야 한다. 1999년 8월에 상장주 및 신시대 펀드로 투자를 시작한 사람들의 경우를 보라. 이 펀드는 화끈한 수익률을 올리면서 출발했다. 첫 3개월 동안 올린 수익률이 무려 89퍼센트였다. 해당 펀드는 새로운 콘셉트로 1,000만 달러에 달하는 자금을 끌어들였다. 그 콘셉트는 바로 상장주와 기술주에 공격적으로 투자하는 것이었다. 그들은 샌프란시스코의 고층건물에 자리 잡고 있어서 실리콘 밸리의 자금 흐름을 잘 관찰할 수 있다는 것을 강점으로 내세웠다.

또한 펀드사의 주장에 따르면 해당 펀드는 새로운 성격의 펀드였다. 그들은 정직함과 개방성을 증명하기 위해 모든 매수 종목을 홈페이지에 게시했다. 심지어 트레이딩 룸에 웹 카메라를 달아서 트레이더들이 무엇을 하는지 볼 수 있도록 만들었다. 고객이 아니라도 누구나 매니저와 트레이더들의 모습을 지켜보고, 포지션에 대해 토론할 수 있었다.

그러나 모두 쓸데없는 짓이었다. 해당 펀드는 2001년 8월에 문을 닫았다. 운용자산의 절반을 잃었기 때문이었다. 결국 그들은 운용을 중단하고 남은 자산을 고객에게 돌려줘야 했다.

이런 일들 때문에 2003년을 비롯한 향후 몇 년 동안 월가의 주된 관심사는 실적과 배당 그리고 내가 앞으로 가르쳐 줄 다른 비율로 표시되는 가치가 될 것이다. 우리가 올릴 수익은 실질적인 사업을 하는 회사의 주식에서 나올 것이다.

이 추세는 한동안 이어질 것이다. 그래서 나는 우리가 새로운 강세장의 첫 매수자로서 앞으로 투자자들을 끌어들일 종목을 매수해야 한다고 믿는다. 그들은 분명 이 책에 담긴 조언을 따른다면 보유하게 될 종목을 매수하고 싶어할 것이다. 우리의 목표는 이 책에서 논의할 다양한 기준에 맞는 우량한 장기 성장주를 보유하는 것이다.

나스닥 거품의 붕괴에 따른 고통은 향후 3년에서 5년 동안 투자자들을 괴롭힐 것이다. 그 시기가 지나면 그들은 꾸준함의 중요성을 잊어버릴 가능성이 높다. 미처 매수하지 못한 종목이 빠르게 상승하는 것을 보면서 탐욕과 질투가 다시 고개를 들 것이다. 호르몬에 따른 탐욕이 신중한 논리를 압도하면서 판단력이 무너질 것이다. 자신은 돈을 벌지 못하는데 다른 사람들이 돈을 버는 모습을 보는 것, 다른 사람들이 자신보다 많이 버는 모습을 보는 것은 최악의 압력, 즉 감정이 논리를 압도하게 만드는 압력을 가한다.

우리는 모든 연령과 계층에 걸쳐서 현금을 많이 가진 투자자들이 가득한 경제 환경에 속해 있다. 물론 1999~2002년의 폭락은 심각했으며, 많은 사람이 많은 돈을 잃었다. 그러나 그것은 수치로만 존재하는 돈, 수치로만 존재하는 수익이었다. 수익을 실현해서 일찍 판을 떠난 덕분에 현금을 쥐고 있는 사람도 많았다. 지난 폭락으로 투자자들은 6조 달러의 '손실'을 입었다. 그러나 그 돈이 모두 증발한 건 아니다. 그중 많은 돈은 여전히 존재하며, 다음 강세장을 기다리고 있다. 투자자들은 현금을 쓰고 싶어 한다. 그들은 자신이 참여하지 못했거나 이득을 보지 못한 나스닥 투기장의 숙취에 여전히 시달리고 있다. 이는 가치주를 띄우는 역할을 한다.

또 다른 요소도 있다. 이제는 미국 사람만 미국 주식을 사는 게 아니다. 미국의 주식시장은 전 세계 사람들의 주요 투자처가 되었다. 미국의 세계적인 영향력은 과거보다 줄었을지 모른다. 그러나 경제적 영향력은 줄어들지 않았다. 물론 엔론Enron이나 아델피아Adelphia 같은 회계부정 사례도 있었다. 그래도 미국의 주식시장은 세상의 다른 어떤 주식시장보다 덜 오염되었고, 더 많이 규제받는다. 거기에 더하여 최고의 투자 기회가 여전히 미국에서 개발된다는 단순한 사실도 있다. 여러분도 우리 앞에 거대한 미래가 놓여 있음을 안다. 2002년에는 기업의 회계 부정이 우리의 이미지에 먹칠을 했다. 그러나 미국의 자본주의는 여전히 세상의 거의 모든 나라에 비해 투명하다. 법무부의 조사로 잠시 달아났던 자금은 다시 돌아올 것이다.

미국 달러는 다른 모든 화폐의 가치를 측정하는 척도다. 다른 모든 나라를 합친 것보다 더 많은 뛰어난 사업 아이디어들이 이 나라에서 나온다. 미국은 뇌물을 통해 사업을 하지 않는 소수의 나라 중 하나라는 점에서 대단히 특별하다. 물론 미국에도 썩은 달걀이 있지만 그것은 예외일 뿐이다. 대부분의 일들은 공개적으로 진행된다. 그래서 투자자들은 실제로 어떤 일이 벌어지는지 볼 수 있는 기회를 얻는다.

그림 5.1은 지난 17년 동안 미국 달러의 가치 변화를 보여준다. 1986년부터 1995년까지 급격한 하락 추세가 나왔다. 그래도 미국 경제는 강력하게 성장했다. 현재는 1995~2001년 강세장에서 약 50퍼센트 조정된 상태다. 미 달러는 여전히 지배력을 갖고 있다. 거기에 변화가 생길 요인도 없다.

나는 유럽과 중동에서 살았고, 아시아에서 사업을 한 적이 있다.

미 달러 인덱스(월봉)

그림 5.1 **미 달러 동향**(1986~2003)

그래서 미국이 사업을 하는 방식이 그곳들과 다르다고 확실하게 말할 수 있다. 미국 기업을 공격하고 비판하는 사람들은 미국 기업들이 훨씬 낫다는 사실을 모른다.

반면 해외 투자자들은 그 사실을 안다. 그래서 미국 주식시장이 상당한 강세를 보일 때마다 그들의 자금이 밀려들어 온다. 그에 따라 주가는 더욱 상승한다. 유럽 은행은 미국 주식을 사랑한다. 나는 거기에 몇 가지 이유가 있다고 생각한다. 그중 하나는 앞서 언급했고, 다른 하나는 미국 기업의 성장이 유럽처럼 고루한 혈연이 아니라 사업과 이익에 더 토대를 두기 때문이다.

아시아의 금융계는 겹겹이 둘러싸인 인맥과 이상한 사업 관례로 가득하다. 투자자들은 자국의 주식시장보다 미국의 주식시장이 더 투명하고 깨끗하다는 사실에서 안도감을 느낀다.

어느 때든 세상의 어딘가에서는 정부가 무너진다. 국가를 이끄는 정권이나 경제체제 또는 이념이 전복된다. 미국은 그렇지 않았다. 투자자들도 그럴 가능성이 매우 낮다고 생각한다. 이 점은 해외 투자자들이 미국 주식시장을 아주 좋아하는 이유를 이해하는 데 필수적이다. 그 이유는 미국이 안정성과 성장 그리고 공정하고 공개적인 기업 관계를 대표하기 때문이다.

개인 자금과 펀드 자금이 다음 강세장에 박차를 가할 것이다. 여기에 더하여 나는 전 세계의 자금이 미국으로 밀려들어와 최고 기업들의 주식을 매수할 것이라고 믿는다. 내 생각대로 된다면 그들이 어떤 주식을 살지 정확히 예측할 수 있다. 그들도 하이테크 성장주나 급등주 같은 종목을 쫓아다니는 일에 대한 교훈을 얻었기 때문에 이번에는 우리가 다음 주요 저점에서 매수하기를 바라는 종목들로 향할 것이다.

여러분이 운 좋게도 대형 자금과 해외 자금보다 약간 먼저 시장에 들어간다면 뒤늦게 합류하는 사람들보다 훨씬 빨리, 훨씬 큰 수익을 올리게 될 것이다.

투자자를 이해하는 열쇠

투자자들이 앞으로 어떤 행동을 할지 파악하기는 크게 어렵지 않다. 그들은 과거를 살펴서 미래에 무엇을 할지 결정하는 아주 강한 습관을 갖고 있다. 이제 그들은 지난번에 파국으로 끝난 종목들을 멀리해야 한다는 사실을 깨달았다. 따라서 기술주는 그들의 표를 얻지 못할 것이다.

그들은 과거를 살필 때 수많은 종목이 기록한 엄청난 상승폭에 주의를 집중할 것이다. 이를테면 《워스Worth》지의 편집자가 선정한 종목들 말이다. 수많은 투자자가 여전히 그런 종목을 들고 있다. 다른 투자자들도 과거에 급등한 종목은 다시 급등할 것이라는 생각에 관심을 두고 있다.

우리는 평생 물건을 싸게 사려고 애썼다. 할인은 매력적이다. 우리는 저렴하다고 생각하는 물건, 더 높은 가치를 지닌다고 생각되는 물건을 사고 싶어 한다. 그 점을 주식시장보다 더 잘 보여주는 곳은 없다. 투자자들은 급등할 가능성 때문에 저가주에 현혹된다. 과거에 주가가 높았던 적이 있다면 더욱 그렇다.

재난의 패턴

그래서 여러분에게 재난의 패턴을 보여주고 싶다. 이 패턴은 오랜 기간에 걸쳐 대단히 높은 신뢰도를 보여주었다. 형태는 단순하다. 나는 솔직히 이 패턴을 통해 돈을 번 적은 없다. 하지만 중요한 손실을 방지하는 데 이를 활용했다. 나는 1962년에 설탕 가격을 통해 이 패턴을 처음 알게 되었다.

당시 설탕 가격은 장기 바닥에서 출발하여 크게 반등한 후 일직선으로 폭등했다. 투자자들은 큰돈을 벌었고, 행복한 시간이 찾아왔다. 설탕 가격이 하락하는 것은 불가능해 보였다.

하지만 가격은 하락하기 마련이었다! 급격한 반락과 함께 고점이 찍힌 후 거의 즉각적이고도 놀라운 상승이 나왔다. 그러나 이 상승은 신고점에 이르지 못했다. 오히려 거의 즉각적으로 2차 매도세에 밀려나고 말았다. 결국 최후의 랠리가 시작된 저점까지 깨지고 말았다.

요컨대 설탕 가격은 엄청나게 상승한 후 후퇴했다가 재차 상승을 시도했으나 실패했다. 이후 1962년부터 1973년까지 하락이 계속되었다.

1960년대 중반에 다시 비슷한 패턴이 나타났다. 이번에는 당대에 역대 최고의 급등주로 부상한 신텍스Syntex가 그 대상이었다. 이 경우에도 기하급수적인 상승과 후퇴에 이어 최후의 랠리가 시도되었다. 그러나 모든 것은 이미 끝난 상태였다. 주가는 회복되지 않았다. 그래도 투자자들은 회복될 것이라고 생각했다. 회사는 여전히 같은 사업을 하면서 같은 제품을 생산했다. 그러나 주가가 너무 고평가되었거나 현실과 동떨어져 있었다. 결국 투자자들이 치른 높은 가격은 다시 찾아오지 않을 과거의 것이 되고 말았다.

1960년대에 호 앤드 코Hoe & Co.나 클리어뷰KleerView 또는 아스트로데이터Astrodata를 비롯한 많은 기업의 주식은 기하급수적인 상승 후에 폭락한 데서 그치지 않았다. 아예 회사 자체가 망해버렸다! 아무래도 부실한 기업이 기하급수적인 주가 폭등을 오랫동안 떠받치는 데는 한계가 있는 모양이다.

다음 장의 그림 5.2는 또 다른 주요 사례로서 1978년의 금 가격 동향을 보여준다. 이번에도 기하급수적 급등과 전형적인 하락 후 최후의 랠리가 나온다. 하지만 금 가격은 회복되지 않았다. 1980년, 1982년, 1987년이 되어도 금 가격은 다시 상승하지 않았다. 밀 가격이 역대 최고가를 찍는 양상도 확인해 보라(그림 5.3, 5.4). 이밖에 같은 패턴을 보여주는 다른 수많은 사례를 함께 제시한다(그림 5.5부터 5.12까지).

코멕스 금(월봉)

그림 5.2 **코멕스 금 가격 동향**(1976~1991)

CBTChicago Board of Trade **밀(월봉)**

그림 5.3 **밀 가격 동향**(1969~1987)

CBT 밀(월봉)

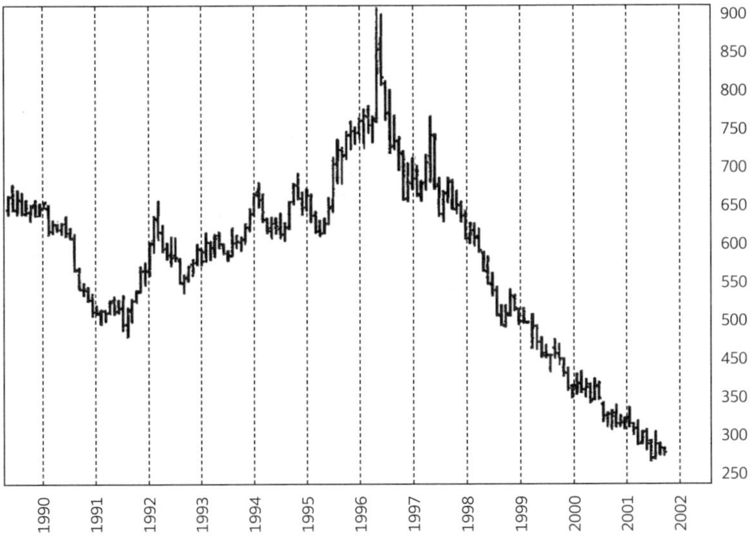

그림 5.4 **밀 가격 동향**(1990~2002)

설탕(월봉)

그림 5.5 **설탕 가격 동향**(1973~1989)

설탕(월봉)

그림 5.6 **설탕 가격 동향**(1979~1994)

대두(월봉)

그림 5.7 **대두 가격 동향**(1970~1993)

플래티넘(월봉)

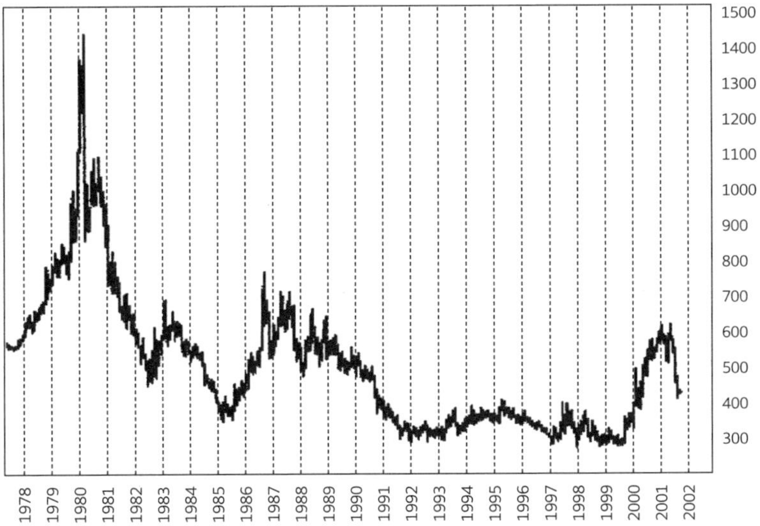

그림 5.8 **플래티넘 가격 동향**(1978~2002)

귀리(월봉)

그림 5.9 **귀리 가격 동향**(1986~2002)

커피(월봉)

그림 5.10 **커피 가격 동향**(1981~1993)

일본 엔(월봉)

그림 5.11 **일본 엔 동향**(1989~2002)

나스닥100지수(월봉)

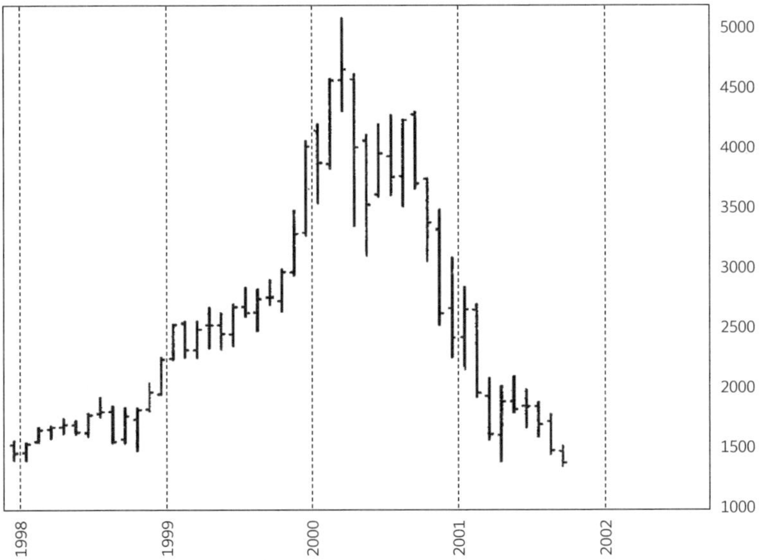

그림 5.12 **나스닥100지수 동향**(1998~2002)

이런 패턴을 보여주는 역대 최고의 '미국산' 사례는 1929년의 폭락이다. 당시의 패턴은 1999~2000년의 나스닥 폭락과 놀라울 만큼 비슷하다(그림 5.12). 보다시피 9년 차와 0년 차 현상이 계속 고개를 들고, 아니 내리고 있다.

나는 이런 상승, 후퇴, 랠리 실패의 패턴이 나오는 데는 이유가 있다고 믿는다. 그 주된 원인은 많은 투자자가 최고 가격 수준에서 해당 종목을 끌어안고 있기 때문이다. 그들은 어느 정도 시간이 지나면 정신을 차린다. 그래서 상승이 나오면 무조건 매도해 버린다. 다시 말해서 매도 대기물량이 엄청나게 많다. 이는 주가의 상승을 막는 장벽으로 작용한다. 결국 상승 시도는 거대한 매도세에 직면하고, 투자자들은 타격을 입은 채 포지션을 청산한다. 펀드도 이런 양상에 기여한다. 그래도 대다수 펀드는 주가가 꽤 밀릴 무렵에는 보유 물량을 정리하기 때문에 큰 비중을 차지하지는 않는다.

그러나 그들은 크게 하락한 종목을 다시는 건드리지 않을 것이다. 해당 종목의 주가를 높이 밀어올렸던 기관의 지원은 더 이상 존재하지 않는다. 이제 큰손들은 해당 종목을 원하지 않는다. 포트폴리오에 넣어두기가 창피하기 때문이다. 낮은 주가 덕분에 가치가 높아져도 망한 종목 또는 쓰레기 취급을 받는 종목을 보유하려는 사람은 없다. 기관의 지원이 사라진 종목의 경우, 일반 투자자만의 힘으로 주가를 크게 띄우기가 아주 어렵다. 결국 해당 종목의 주가는 줄곧 내리막길을 걷는다. 다만 하락 속도가 이전보다 느려지면서 중력의 법칙을 재정립할 뿐이다.

이는 대단히 중요한 패턴이다. 떨어지는 칼날 같은 종목을 사서 낭패 보는 일이 없도록 머릿속에 각인하기 바란다. 과거에 주가가 엄청나게 높았다면서 꼬드기는 주식 중개인의 말에 현혹되지 마라. 그건 지난 일이다. 과거의 높은 주가가 미래의 높은 주가를 만든다는 보장은 없다. 현재 주가가 과거보다 낮기 때문에 그때 수준으로 돌아갈 것이라는 주장은 명백히 잘못되었다.

가격 동향만 살피는 일이 지닌 문제점은 실적이나 배당, 업계 내 성장 또는 회사의 활동에 초점을 맞추지 않는다는 것이다. 주가가 과거보다 낮기 때문에 살 만한 가치가 있다는 말은 현명한 투자 결정을 위한 논리적, 합리적 과정을 단절시킨다. 보다 근본적인 문제는 주가가 낮은 데는 그럴 만한 이유가 있다는 것이다. 해당 기업은 높은 주가를 떠받치지 못했다. 기하급수적 상승은 6년에서 12년 동안 다시 이루어지지 않는다. 크게 하락한 종목이 정신을 차리고, 오명을 씻어내고, 이미지를 쇄신하고, 다시 기관의 지원을 받으려면 그만큼 오래 걸린다.

나스닥의 미래에 대한 단서

나스닥이 급락한 후 투자자와 친구들은 나스닥에 대한 나의 생각을 물었다. 그 질문의 뜻은 "내가 산 주식의 주가가 회복될까요?"이다. 나는 그런 질문에 잘 대답하지 않는다. 그들이 긍정적인 대답을 듣고 싶어 한다는 걸 알기 때문이다. 대신 나는 이렇게 대답한다. "일본이 가장 비슷한 사례예요. 니케이 장기 차트를 보세요. 나스닥과 많이 비슷하다는 걸 알게 될 겁니다. 니케이도 1989년에 크게 상승했어요(이 경우에도 9년 차 패턴이 작용한다는 점에 주목하라). 나스닥과 비슷하지 않나요?"

그러면 사람들은 입을 크게 벌리며 "맞아요. 상승하는 모습이 나스닥과 비슷하네요. 하지만 이건 14년 전 일이에요. 내 주식이 이렇게 될 거라는 말인가요?"라고 묻는다.

나는 자리를 떠나면서 "아마 그럴 겁니다. 당신이 투자한 회사가 별다른 실적이 없거나 주가가 실적에 비해 비교적 높다면 특히 더 그렇습니다"라고 말한다.

그러면 그들은 자신이 투자한 회사가 성장 기업이고, 미래의 일부이며, 과거의 자리로 돌아갈 거라고 중얼거리기 시작한다. 절대 망할 일이 없을 거라면서 말이다.

나는 고개를 저으며 마지막으로 이렇게 조언한다. "현실을 직시하세요. 무너진 것들은 지금 돌아오고 있지 않아요. 니케이, 금, 원자재가 어떻게 됐는지 공부해 보세요."

THE RIGHT STOCK AT THE RIGHT TIME

6

투자의 목적

위험을 감수하는 게 아예 감수하지 않는 것보다 낫다.

- 존 샤나한John Shanahan

모든 사람이 부자가 되고, 소비하거나 자랑할 돈이 많아지기를 원한다. 돈을 버는 일은 페리에 탄산수만큼이나 인기를 얻었다. BMW를 사는 여피yuppie 세대의 등장은 많은 사람의 기대와 꿈을 뛰어넘는 수준의 부를 창출한 강세장과 겹쳤다.

하지만 강세장은 너무나 빨리 찾아왔다. 그래서 대다수 투자자는 투자의 목적을 별로 생각하지 않았다. '그저 재미를 보고 싶어할 뿐'이었다. 사람들은 그저 돈을 벌고 싶어 했다. 돈을 버는 일은 명확한 사고와 부지런한 조사의 산물이 아니라 우연한 현상, 올바른 때에 올바른 곳에 있는 운과 관련된 것으로 종종 간주되었다.

돈을 버는 일은 모두 부자가 되려는 의도에서 시작된다. 의도가 없으면 생산적인 장기적 수익이 있을 수 없다. 그러나 지옥으로 가는 길은 선의로 포장되어 있다. 우리가 투자의 목적에 많은 주의를 기울여야 하는 이유가 거기에 있다. 그래야 의도한 바를 실현할 수 있다.

투자의 목적이 빠르게 부자가 되는 것이라면, 장기적으로 부를 축적하려는 사람과는 다른 전략이 필요하다. 주식시장에서는 빠르게 부자가 될 수 있다. 그러나 그렇게 될 가능성이 낮고, 훨씬 높은 위험이 수반된다.

투자자로서 우리 모두가 노출되는 위험은 대개 두 가지 요소의 작용으로 생긴다. 하나는 시간이고 다른 하나는 종목 선정이다.

먼저 투자할 수 있는 시장부터 살펴보자. 분명히 투자의 세계에는 주식시장 말고도 다른 많은 시장이 있다. 채권, 사업, 부동산이 있고, 일부 투자자에게는 금이나 귀금속 등 다른 좋은 투자 대상이 있다. 나는 여기에 미술품과 골동품을 추가하고 싶다. 이 각각의 투자 대상은 나름의 장점을 지닌다. 그러나 꾸준한 수익률을 안기고, 투자자들이 합리적인 결정을 내리기에 충분한 데이터를 제공하는 것은 부동산과 주식뿐이다.

나는 특정한 유형의 미술품을 수집한다. 미술품의 문제는 그 아름다움뿐 아니라 가격까지 보는 사람에 따라 달라진다는 것이다. 게다가 내가 수집한 작품의 가치를 알려주는 일간 데이터나 연간 데이터도 없다. 그런데도 내가 미술품을 수집하는 이유는 좋아하기 때문이다. 즉, 자산 증식과는 거의 관련이 없다. 미술품 시장은 아주 어려운 시장이므로 그냥 자신의 취향을 따르는 것이 좋다.

이는 딱히 돈을 버는 방법처럼 들리지 않는다. 안 그런가? 하지만 희귀하고 오래된 작품이 구매가의 10배에 팔리는 일이 드물지 않다. 물론 다른 투자 상품처럼 가치가 오르지 않는 작품도 있고, 심지어 가치가 하락하는 작품도 있다. 그래도 미술품 투자의 장점은 보유 비용이 들지 않고, 페인트칠이나 잔디 깎기, 배관 수리를 하거나 세입자에게 월세를 받아낼 필요도 없고, 매일 가격 변동을 확인하지 않아도 된다는 것이다. 그냥 작품을 순수하게 즐기기만 하면 된다.

당신이 할 수 있는 최고의 투자

잠시 모든 투자 자금이 어디서 나오는지 생각해 보자. 투자자들은 어떻게 펀드나 주식에 넣을 현금을 얻을까? 분명 어딘가에서는 돈이 나와야 한다. 노후 연금에서 돈이 나올 수도 있다. 하지만 노후 연금을 붓는 돈은 어디서 나왔을까? 민간 부문이나 정부가 모든 노후 연금의 자금을 댄다. 정부는 소득세, 즉 민간 기업이 주는 급여에 대한 세금을 통해 민간 부문에서 상당수 재원을 조달한다.

이 점을 감안할 때 세상의 부는 기업을 통해 창출된다는 나의 주장에 당신도 동의하기를 바란다. 당신은 대기업을 혐오할 수도 있다. 그들을 실컷 욕해라. 하지만 핵심적인 사실을 부정할 수는 없다. 생산성과 부는 기업 부문이나 기업인을 통해 창출된다는 사실 말이다. 구멍가게나 IBM 둘 다 해당된다. 규모는 상관없다. 기업에서 돈이 창출된다. 정부는 돈을 창출하는 게 아니라 압수한다.

따라서 당신이 할 수 있는 최고의 투자는 사업을 하는 것이다. 사실 사업을 하고 싶은 마음이 없는 사람들도 있다. 그들은 사업체를 만드는 데 따른 위험을 감수하기보다 남 밑에서 일하는 쪽을 선택한다. 사업을 하려면 큰 책임과 의무를 감수해야 하기 때문이다. 하지만 위험이 없으면 소득도 없다는 오랜 격언은 언제나 진리다. 사업체를 만드는 것보다 회사에서 일하는 것이 훨씬 덜 위험하다. 반면 사업체를 소유한 사람들은 운이 좋다면 직장인보다 훨씬 큰 보상을 받는다.

당신에게 투자할 여유 자금이 있다면 나는 먼저 월가나 다른 곳에 투자하기보다 사업체를 만드는 것을 진지하게 고려해 보라고 권하고 싶다. 사업 얘기는 이제 넘어가도록 하자. 지금부터 나는 당신이 일이나 경력을 통해 부를 창출했으며, 금전적 기반을 다졌다고 가정할 것이다. 대개 사람들은 보험과 부동산을 투자의 토대로 삼아야 한다고 말한다. 나는 그 말이 완전히 틀렸다고 생각한다. 부동산을 보유하고 있어도 현금은 창출되지 않는다. 현금을 창출하려면 부동산을 사고팔아야 한다. 보험 역시 당신이 죽어야 보상이 나온다. 그래서 내가 보기에는 아주 현명한 투자 대상은 아니다.

나는 사람들이 이 사실을 어떤 우주적 차원에서 깨달았다고 생각한다. 1990년대 말에 주식시장으로 너무나 많은 자금이 밀려들어 온 이유가 거기에 있다. 부동산은 아주 좋은 투자 대상이 될 수 있다. 대개 사람들은 부동산을 인플레이션에 대한 방어 수단으로 생각한다.

인플레이션이 발생하면 부동산 가격이 상승한다. 실제로 부동산 투자를 통해 엄청난 부가 창출되었다.

하지만 나는 부동산이 주식보다 나은 장기 투자의 대상은 아니라고 믿는다. 거기에는 두 가지 이유가 있다. 무엇보다 대개 부동산 투자를 하려면 대출을 받아야 한다. 부동산 투자에서 부채는 큰 비용을 초래한다. 부동산 중개인은 친근한 표정으로 부동산 가격이 20년 동안 얼마나 올랐는지에 대한 자료를 보여준다. 하지만 부동산을 보유하는 비용은 말하지 않는다. 그 비용은 대출 이자보다 훨씬 클 수 있다. 대출 이자를 감안하면 대개 집을 보유하기 위해 실제로 지불하는 금액은 거래가의 3배에 이른다. 게다가 페인트칠, 잔디 깎기, 조경, 보험을 비롯한 다른 관리 비용이 들어간다. 물론 세금도 내야 한다. 이런 보유 비용에 더하여 사고팔 때 내는 6퍼센트의 수수료를 빼면 실제 투자 수익은 겉으로 보는 것과 차이가 많이 난다.

다시 말하지만 그렇다고 해서 부동산 투자로 돈을 벌 수 없는 건 아니다. 큰돈을 번 사람들도 있다. 하지만 대부분의 경우, 시장을 잘 이해하는 사람들이 큰돈을 벌었다. 그들은 상당한 자금이나 우월한 대출 여력을 지녔다. 그러나 그들조차 재정적 문제에 부딪히기도 했다. 그래도 당신이 사는 지역을 잘 알고, 앞으로 어디가 발전할지 감을 잡을 수 있다면 분명히 부동산 투자로 돈을 벌 수 있다.

내가 주식시장에 대해 아주 좋아하는 점은 투자에 따른 비용이 아주 적고, 수수료가 낮고, 보험이 필요 없고, 즉시 매도할 수 있다는 것이다. 또한 주식이 불타거나, 배관이 망가지거나, 세입자가 월세를 내지 않는 등의 문제를 걱정하지 않아도 된다. 주식 투자는 대단히 단순하고, 인터넷 덕분에 세상 어디서나 투자 현황을 확인할 수 있다. 게다가 주식시장과 관련된 매체도 아주 많다.

귀금속에 투자하려는 사람도 이런 이점을 누릴 수 있다. 금을 인도할 필요는 없다. 보유 증서만 갖고 있으면 된다. 그러나 금 가격의 장기 동향을 살펴보면 주식뿐 아니라 부동산이나 장단기 국채보다 수익률이 크게 낮다. 실제로 금은 장기적으로 물가상승률조차 따라잡지 못했다! 물론 금 가격이 크게 상승하는 때도 있었다. 그러나 내가 여기서 말하는 건 장기 동향이다.

참고로 장기 국채는 1925년부터 1999년까지 단기 국채보다 높은 총 수익률을 기록했다. 그러나 특히 주식시장과 비교하면 물가상승률을 겨우 따라잡은 수준이다.

1925년에 '물가상승률'을 매수했다면 다음 세기 초까지 9.2배의 수익을 올렸을 것이다. 이는 1925년에 1달러이던 물건이 2000년에는 약 9.20달러가 되었다는 뜻이다. 단기 국채를 매수했다면 1달러는 거의 15달러가 되었을 것이다. 장기 국채를 매수했다면 수익률이 훨씬 나았을 것이다. 오래전에 투자한 1달러는 44달러가 되었을 것이다. 부동산을 매수했다면 평균적으로 1달러는 약 100달러가 되었을 것이다. 이는 장기 국채의 2배가 넘는 수익이다.

그러나 우량주를 매수했다면 1달러는 2,000달러 이상이 되었을 것이다!

전문성을 갖추지 않아도 우량주를 매수할 수 있으며, 금액이 얼마든 투자를 시작할 수 있다. 대출은 필요 없다. 은행에 가서 돈을 빌려 달라고 부탁하지 않아도 된다.

이 모든 게 좋아 보이지 않는가? 투자가 그렇게 쉽다면, 주식을 사서 갖고 있기만 하면 된다면 얼마나 좋을까. 주식 중개인이 당신에게 말하지 않는 문제가 있다. 총수익률을 보면 2,000달러의 수익이 나는 건 맞다. 그러나 그만한 수익을 내려면 아주 오랜 기간 살아남을 우량주를 매수하는 지혜가 있어야 한다. 다수의 우량주는 살아남지 못했다! 즉, 2,000달러의 수익은 승자가 될 주식을 매수한다는 것을 전제한 선택적 결과다. 현실은 그렇지 않을 수 있다. 대다수 투자자는 대부분의 경우 잘못된 선택을 한다.

장기 투자의 오류

주식 투자와 관련된 흔한 속설이 있다. 바로 우량주를 사서 오랫동안 갖고 있기만 하면 된다는 것이다. 그렇지 않다. 이는 대단히 잘못된 생각이다. 장기적으로 우리가 말할 수 있는 사실은 오랜 시간이 지나면 누구나 죽는다는 것뿐이다.

몇 가지 구체적인 사례를 들도록 하겠다. 포드는 언제나 주요 우량주였으며, 근래에 양호한 주가 흐름을 보였다. 1970년대 말에 많은 사람이 주당 2.60달러의 배당을 보고 포드 주식을 매수했다. 이 경우 1만 주를 매수하면 연간 2만 6,000달러를 배당으로 받을 수 있었다.

하지만 1984년 무렵에는 장기적인 매수 후 보유 전략이 잘 통하지 않았다. 배당이 1.73달러로 줄었기 때문이다. 그 결과 당신의 수입도 1만 7,300달러로 줄어들었고, 당연히 주가도 떨어졌다. 이후로도 사정은 별로 나아지지 않았다. 1981년에는 배당이 80센트로 줄었다. 그래서 1만 주를 매수하여 배당으로 버는 수입이 연간 2만 6,000달러가 아니라 8,000달러가 되었다. 이런 추세는 계속 이어졌다. 1982년에는 아예 배당을 하지 않았다. 전형적인 우량주인 포드 주식을 매수한 투자자는 곤란한 지경에 처하게 되었다. 결국 15년에 걸친 장기 전략은 성공적이지 않았다. 투자자들은 심각한 타격을 입었다.

주가가 항상 오르는 것은 아니다. 우량주라고 해도 그렇다. 거기에는 이유가 있다. 내가 보기에 장기 투자자는 시장에서 가장 큰 도박꾼이다. 그들은 베팅을 하고 그대로 간다. 틀리면 모든 것을 잃는다. 투자 테이블에 올린 칩을 절대 바꾸지 않기 때문이다. 물론 장기 투자로 돈을 번 사례는 아주 많다. 사람들은 그런 이야기를 듣는다. 하지만 장기 투자로 돈을 벌지 못하고, 장기적인 매수 후 보유 전략이 실패로 돌아간 경우는 훨씬 더 많다. 이런 이야기는 칵테일 파티에서 별로 들리지 않는다. 투자자들이 이야기하고 싶어 하지 않기 때문이다. 당신이 장기 투자의 부정적인 측면에 대한 이야기를 듣지 못한 이유가 그것이다.

다음은 여러분과 같이 살펴보고 싶은 우량주들이다. 다음 종목들로 구성된 포트폴리오를 장기로 가져가고 싶은가?

아메리칸 익스프레스 American Express

에이본 프로덕츠 Avon Products

디즈니Disney

RCA

웨스팅하우스Westinghouse

폴라로이드Polaroid

하니웰Honeywell

하워드 존슨 Howard Johnson

이는 수익성 좋은 대기업으로 구성된 탁월한 목록이다. 하지만 1972년부터 1974년까지 보유할 종목들은 아니다. 이 시기에 이 종목들의 가치는 전체적으로 80퍼센트 이상 하락했다!

그렇다, 80퍼센트다. 1972~1973년의 고점이라는 잘못된 시기에 매수했다면 이 종목들이 저점을 찍으면서 80퍼센트가 넘는 손실을 입었을 것이다. 이 정도 손실은 장기 추세가 구출해 주기를 기다리며 견디기에는 너무 큰 압박이다! 이제는 사두고 잊어버린다는 장기 투자 전략에 대해 다시 생각하게 되었는가? 좋다. 그래야 한다.

어떤 교훈은 그냥 잊힌다. 소위 우량주들은 1972년과 1973년에 분명 호되게 당했다. 하지만 그것은 2000년과 2001년에 일어난 일에 비하면 아무 것도 아니었다. 당시 유수 금융지 중 하나는 많은 인기를 끌었던 《워스》였다. 이 잡지의 편집자들은 '신경제를 대표하는 종목'을 선정했다. 그 기준은 "타당한 사업계획, 고품질 제품, 건실한 재정, 효율적 운영, 유능한 경영진"이었다. 또한 해당 기업은 "폭발적 성장의 잠재력을 갖춘 시장에서 사업을 운영해야" 했다.

금융지 편집자가 되려면 적어도 시장에 대한 약간의 지식과 경험이 있어야 한다. 대학을 갓 졸업한 신입직원일 가능성은 적다. 그들은 주식과 신경제에 대해 대단히 요란한 말들을 늘어놓았다. 다음은 그들이 2000년 8월에 추천한 종목과 주가다. 참고로 해당 종목들의 2001년 8월 주가와 2002년 말 주가도 같이 제시했다.

	2000. 8	2001. 8	2002. 12
어플라이드 머티리얼즈Applied Materials	$ 81	$ 48	$ 11
브로드컴Broadcom	$ 259	$ 44	$ 16
시스코 시스템즈Cisco Systems	$ 65	$ 20	$ 13
CMGI	$ 37	$ 2	$ 1
이베이eBay	$ 56	$ 61	$ 67
엔론Enron	$ 88	$ 45	$ 0
밀레니엄 파머시즈Millenium Pharmacies	$ 111	$ 31	$ 8
뉴스 코프News Corp.	$ 52	$ 37	$ 26
노키아Nokia	$ 41	$ 21	$ 15.5
오라클Oracle	$ 83	$ 18	$ 11
찰스 슈왑Charles Schwab	$ 38	$ 15	$ 17
선 마이크로시스템즈Sun Microsystems	$ 122	$ 17	$ 3
시카모어 네트웍스Sycamore Networks	$ 154	$ 7	$ 3
월드컴WorldCom	$ 35	$ 14	$ 0
총액	$ 1,222	$ 380	$ 185.5

이제 고공행진을 하는 고가의 성장주를 쫓아다닌 결과가 어떤지 알았을 것이다. 《워스Worth》지(어쩌면 《워스Worse》지라고 불러야 할지도 모르겠다) 편집자들의 조언을 따른 투자자들은 투자금의 거의 85퍼센트를 잃었을 것이다. 나는 당신의 생각이 어떤지 모른다. 하지만 이 목록에 오른 인기주들이 본전 가까이까지 가려면 몇 년이 걸릴 것이다. 투자자들은 확실하게 수익을 낼 수 있는 종목들이라고 생각했는데도 말이다. 결국 독자들은 상당히 값비싼 구독료를 치른 셈이다. 이는 투자 교육이 아예 가치가 없거나 아니면 아주 큰 가치를 지닌다는 나의 주장을 증명한다. 중간에 해당하는 경우는 거의 없다.

《워스》지 편집자들은 2000년 8월호에서 이 종목들이 연초 대비 31.8퍼센트, 지난 12개월 동안 116퍼센트의 수익을 냈다고 자랑했다. 이제 그들의 자랑은 무색해졌다. 이 사실이 지니는 의미 또는 (《워스》지 구독을 취소하는 것에 더하여) 우리가 배워야 하는 교훈이 있다. 그것은 주도주의 꽁무니를 쫓아다니는 것은 위태롭고 위험하다는 것이다. 종종 주도주는 결국 뒤쪽으로 밀려난다. 그러면 당신은 무너진 희망과 함께 하락의 여파를 고스란히 떠안게 된다. 대다수 투자자가 인기주에 올라탈 무렵이면 게임이 곧 끝난다는 것은 주식 투자의 엄연한 진실이다.

이렇게 표현하는 것이 가장 좋을 듯하다. 개미들이 주식시장에서 무한한 부를 얻는 조합의 비밀을 간파하면 누군가가 그 조합을 바꾼다!

투자 기간은 투자 수단만큼 중요하다

악명 높은 트레이더 제시 리버모어Jesse Livermore는 이런 적절한 말을 한 적이 있다. "단기적인 투기로 잃는 돈은 소위 투자금이 불어나도록 놔두는 투자자들이 잃는 거액에 비하면 얼마 되지 않는다. 영리한 투자자는 신속하게 행동하여 손실을 최소화한다."

이렇게 생각해 보라. 내일에 대한 베팅은 위험과 우연으로 가득하다. 이제 그 베팅을 20년이나 30년 후에 대한 것으로 바꿔보라. 그만큼 먼 미래를 내다볼 수 있다고 생각하는 것이 정신 나간 짓임을 알겠는가? 사람들이 장기 투자라는 개념에 이끌리는 이유는 많은 결정을 할 필요가 없고, 노력할 필요가 없고, 장기적으로 돈을 묵힌다는 개념이 마음에 들기 때문이다. 장기적인 계획이 있다는 생각은 편안한 느낌을 준다. 마치 인생 설계가 다 된 것처럼 말이다.

좋은 투자는 장기 투자로 이어질 수 있다. 당신의 삶과 시장에서 일어나는 변화에 비추어 모든 투자를 꾸준히 재평가해야 하는 이유가 거기에 있다.

투자자가 선택하는 투자 기간은 투자 수단만큼 중요하다. 앞서 살폈던 다우산업지수의 계절적 패턴을 떠올려 보라. 거기에 따르면 대개 6개월에서 1년 정도 지속되는 대규모 등락이 나온다. 주식 투자에서 일직선으로 상승하는 길은 절대로 존재하지 않는다. 이전에도 그랬고, 앞으로도 그럴 것이다. 따라서 내가 보기에 투자의 목적은 적시에 들어가서 적시에 나오는 것이어야 한다.

솔직히 말해서, 매매 타이밍을 완벽하게 맞추는 것은 불가능하다. 하지만 데이터를 살펴보면 중기 기준으로 부분적인 성공만 거둬도 장기적인 '매수 후 기도' 전략보다 훨씬 큰 수익을 낼 수 있다.

나는 6개월에서 1년 정도 후에 수익을 내는 것을 목표로 삼는다면 단기 투자나 장기 투자보다 훨씬 나은 수익을 낼 수 있다고 생각한다.

어떤 종목에 투자해야 할까

사실상 모든 주식 투자 전략은 두 가지 범주로 나눌 수 있다고 말해도 무방하다. 첫 번째 범주는 가장 많은 인기를 얻고 있는 전략이다. 그것은 인기주, 테마주, 사람들이 회사에서 또는 퇴근 후에 이야기하고, 언론에서 떠들어대는 종목을 매수하는 것이다.

언제든 다른 종목보다 높은 수익률을 기록하는 인기주는 존재한다. 그럴 수밖에 없다. 7,000여 개 종목 중에서 언제나 주도주는 나오기 마련이다. 그렇다고 해서 주도주가 앞으로도 계속 시장을 주도하는 것은 아니다. 나의 경험에 따르면 주도주 또는 '고공행진주'는 아주 빠르게 달아올랐다가 아주 빠르게 식는다. 내가 지금까지 접한 사실상 모든 고공행진주는 어느 시점이 되면 무너졌다. 나는 돈을 그런 주식에 넣어둬서 발목 잡히고 싶지 않다.

빠르게 오른 종목은 그 자리에 머물지 않는다. 일부 투자자는 급등세에 올라타서 상당한 수익을 낼지 모른다. 그러나 그것은 러시안 룰렛과 같다. 실린더 안에는 총알이 있기 때문에, 실린더를 많이 돌리면 결국에는 게임에서 지게 된다. 모든 고공행진주가 결국에는 며칠 또는 몇 년 동안 하락한다고 말해도 무방하다. 그래서 나는 인기주를 피하기로 했다. 그런 종목이 실제로는 상당한 하락을 준비하고 있다는 사실을 알기 때문이다. 주가가 고공행진하던 기업이 파산하거나, 주당 100달러이던 주가가 15달러로 떨어지는 경우도 드물지 않다. 이 점은 확실하고, 반박할 수 없다. 또한 인기주를 매수하는 데 따른 핵심 문제이기도 하다. 고공행진하는 성장주는 실린더에 든 총알과 같다.

성경에도 "나중 된 자로서 먼저 되고, 먼저 된 자로서 나중 되리라"라는 구절이 있다. 나는 갑자기 꼴찌로 미끄러질 수 있는 종목을 매수하는 위험을 감수하고 싶지 않다.

꾸준함이 안겨주는 보상

나는 사람들이 인기주를 쫓아다니는 것을 기꺼이 용인할 수 있다. 그런 방식은 '모멘텀momentum 투자'라 불린다. 모멘텀 투자를 하는 사람들은 자신이 매수한 높은 가격보다 더 높은 가격에 주식을 사줄 바보가 있기를 바란다. 그것이 이 게임의 핵심이다. 그들은 구미가 당기는 도발적 이야기와 함께 주가가 상승하는 종목을 찾는다. 하지만 이런 종목은 대개 투자자들이 힘들게 번 돈을 잃게 만든다. 돈을 되찾는 유일한 길은 주가가 계속 포물선을 그리며 상승하는 것이다. 그런 경우도 있다. 하지만 주가가 한번 무너지면 폭락이 나올 수 있다. 하루 만에 다수 종목이 상승폭의 20퍼센트에서 30퍼센트를 되돌리기도 한다. 이런 폭락이 나오면 투자자들은 발목이 잡히게 된다. 그들은 너무 많이 하락해서 빠져나가지 못할 것 같다는 불안에 사로잡힌다. 다른 대안은 없다. 결국 그들은 불가피하게 장기 투자자가 된다.

나는 이보다 안전한 베팅을 원한다. 그래서 꾸준함에 베팅한다. 우리가 장기적으로 확실하게 알 수 있는 것은 궁극적으로는 가치가 득세한다는 것이다. 가치는 보상을 받는다. 그러나 우리는 또한 장기가 덧없다는 사실도 안다. 장기는 좋은 시기와 나쁜 시기로 구성된다. 우리의 초점은 좋은 시기다. 우리의 투자 수단이 보다 안정적이고 덜 투기적인 이유가 거기에 있다. 우리는 엄청난 수익을 낼 잠재력을 기꺼이 다른 투자자들에게 넘길 것이다. 그들은 엄청난 수익을 내게 될지도 모른다(그러기를 바란다). 하지만 현실적으로는 아마 힘들 것이다. 큰 수익은 유혹적이다. 그러나 가령 상위 25개 성장형 펀드의 수익률을 보면 수십억 달러를 운용하는 전문 투자자들도 월등한 수익을 내기가 얼마나 어려운지 알 수 있다.

그들이 고공행진주의 정상에 자리 잡고 있다는 사실을 명심하라. 그들은 세계 최고의 리서치 역량을 보유하고 있다. 고공행진주를 잡아내는 것이 그들이 하는 일이다. 그들이 해낼 수 있을까? 그렇게는 보이지 않는다. 그들이 공개한 수익률 기록을 보면 투자를 아주 잘하는 것 같지는 않다. 그들도 못하는데 어떻게 일반 투자자가 이 명백히 어려운 게임에서 성공할 것이라고 기대할 수 있을까?

표 6.1의 흥미로운 데이터에는 진정한 교훈이 담겨 있다. 이 데이터는 25개 상위 성장형 펀드의 1990년 10월의 시장 고점부터 2001년 8월 중순까지 수익률을 보여준다. 최대 수익률은 스미스 버니Smith Barney가 기록한 567퍼센트였다. 25위에 오른 펀드도 368퍼센트라는 양호한 수익률을 기록했다. 겉으로 보면 대단히 인상적인 수치다.

표 6.1 **상위 25개 성장형 펀드의 수익률**(1990.10~2001.8.15)

펀드명	수익률
스미스 버니 A 어그레시브**Smith Barney A Aggressive**	567%
반 캠펀 펀드 A**Van Kampen Funds A**	554%
뱅가드 펀드 프라임 캡**Vanguard Funds Prime Cap**	516%
에임 펀드 어그레시브**AIM Funds Aggressive**	499%
와델 앤드 리드**Waddell and Reed**	492%
페더레이티드 인스티튜셔널, 카우프먼**Federated Institutional, Kaufman**	491%
RS 펀드 이머징 그로스**RS Funds Emerging Growth**	480%
드레퓌스 파운더스**Dreyfus Founders**	450%
WM 그룹 엔웨스트**WM Group NWest**	444%
리버티 에이콘**Liberty Acorn**	443%
피델리티 Inv 그로스**Fidelity Inv Growth**	437%
아메리칸 펀드 A 그로스**American Funds A Growth**	431%
원 그룹 CI 미드 캡**One Group CI Mid Cap**	417%
오펜하이머**Oppenheimer**	413%
인베스코 펀드 Dyn**Invesco Funds Dyn**	411%
셀리그먼 Captl A**Seligman Captl A**	403%
델라웨어 클래스 A 트렌드**Delaware Class A Trend**	390%

GS 엘펀 트러스트GS Elfun Trusts	387%
MFS 펀드 A 캡 OptyMFS Funds A Cap Opty	383%
페더레이트 A Captl ApprcFederate A Captl Apprc	381%
브랜디와인Brandywine	374%
MFS 펀드 A MAMFS Funds A MA	374%
파르나서스 그로스Parnassus Growth	374%
앨저 펀드 B 라지 캡Alger Funds B Large Cap	371%
가벨리 애셋Gabelli Asset	368%
다우산업지수	352%

그러나 이 수익률이 얼마나 좋은지 알려면 조금 더 깊이 살펴야 한다. 만약 1990년에 그냥 다우산업지수를 매수했다면 어땠을까? 다우산업지수는 월등한 수익률을 기록하는 지수가 아니다. 그럼에도 352퍼센트의 수익률을 올릴 수 있었을 것이다. 내가 말하고자 하는 것은 25개 상위 펀드들이 '다우산업지수 매수 후 보유' 전략의 수익률을 겨우 추월했다는 것이다. 우리가 살피는 대상이 성장주를 선정하는 일을 가장 잘한 상위 펀드들임을 기억하라. 수천 개 펀드 중에서 소수만 주식시장과 보조를 맞출 수 있었다! 다우산업지수 매수 후 보유 전략의 수익률과 큰 차이를 낼 수 있었던 펀드는 소수에 불과했다. 내가 알기로 적극적 운용 전략을 따르는 펀드의 수는 약 3,000개다. 따라서 이 표는 그중 극소수, 고공행진주를 찾는 사람들 중 극소수가 지수 수익률을 이길 수 있었음을 말해준다. 최고 중 최고도 지수 수익률을 겨우 넘긴 것이다!

이처럼 전문가들도 고공행진주를 잡아내지 못한다. 그런 일을 우리 같은 일반인이 할 수 있을 것이라고는 생각되지 않는다. 대신 우리는 질과 가치를 추구할 수 있다. 그러면 보상을 얻게 될 것이다.

투자에 성공하려면 한 가지 목적을 염두에 두고 명확한 의도를 가져야 한다. 그 목적은 올바른 투자 수단뿐 아니라 올바른 투자 기간에 집중하는 것이다. 하지만 한눈을 팔게 만드는 부차적인 요소가 많을 것이다. 순간적인 감정에 휩쓸리면서 급등주를 매수하지 못한 것을 후회하게 될 것이다. 당신은 별로 돈을 벌지 못하는데 누군가는 돈을 버는 것이 짜증스러울 것이다. 누군가는 언제나 당신보다 높은 수익률을 올릴 것이다. 그래도 6개월 후나 1년 또는 2년 후에도 그 사람의 수익률이 더 높을지는 지켜봐야 한다. 오늘의 보물이 대개 내일의 쓰레기로 변하기 때문이다.

대박에 대한 꿈은 오로지 현실만이 중요한 투자 게임의 그림자에 지나지 않는다. 의도를 유지하고, 목적에 초점을 맞춰라. 그러면 주식 투자에 성공할 수 있을 것이다.

THE RIGHT STOCK AT THE RIGHT TIME

7

투자 수익률을 높이는 방법

일반적으로 받아들여진 모든 아이디어에 상반되는 아이디어는
누군가에게 엄청난 가치를 지닐 수 있다.

- F. 스콧 피츠제럴드F. Scott Fitzgerald

대다수 투자자는 완전히 잘못 알고 있다. 그들은 투자의 핵심이 한두 개의 인기주나 좋은 부동산을 찾아서 매수한 다음 큰 수익을 내고 현금화하는 것이라고 생각한다. 실제 투자의 세계에서는 그렇게 돈을 벌지 않는다. 투자는 투자금에 대한 수익을 얻는 것이다. 투자금이 지금보다 나중에 더 많은 가치를 지니도록 만드는 것이다. 일회성 대박을 찾거나 미래에 급등할 주식을 찾는 게 아니다.

앞서 살핀 대로 그런 투자는 러시안 룰렛과 아주 비슷하다. 야구와도 조금 비슷한 구석이 있다. 홈런 타자는 스트라이크 아웃을 많이 당한다. 마크 맥과이어Mark McGwire, 새미 소사Sammy Sosa, 배리 본즈Barry

Bonds는 모두 홈런 타자로 크게 성공했다. 그런데도 그들이 속한 팀은 월드 시리즈에 진출하거나 우승하지 못했다는 게 흥미롭지 않은가? 그들은 심지어 지구 우승조차 하지 못했다. 홈런도 사실 별것 아니다! 물론 홈런은 보기에는 멋지고 대단하다. 주가가 6개월 만에 3배나 4배 뛰는 것도 거의 그만큼 대단하다. 하지만 그런 것을 노리는 투자는 '모 아니면 도'식 접근법과 비슷해서 스트라이크 아웃을 당하기 십상이다. 그것도 자주. 그렇게 투자하면 비용이 많이 든다. 실패해도 야구에서는 다시 타석에 설 수 있지만, 투자자는 그렇게 하기가 쉽지 않을 수 있다.

사람들은 투자 수익을 올리기 위해 대박을 노린다. 그들은 장기 목표에 이르기 위해서는 노력이 필요하다는 사실을 잊어버린다. 어떤 목표를 달성하고 싶은지, 그 정확한 방법은 무엇인지 이론적으로 이해하기 위한 노력 말이다.

지금부터 여러분이 투자의 세계에서 살아남기 위한 전투 계획을 수립하는 일을 도와주고자 한다.

작은 확률이라도 우위를 만들어라

이제는 '고공행진주'를 잡으려 하거나, '성장주'를 영원히 끌어안으려는 것이 어리석다는 사실을 깨달았길 바란다. 펀드가 하지 못하는 일을 할 수 있는 사람은 드물다. 우리 같은 일반인이 꾸준하게 급등주를 찾기는 거의 불가능하다. 이런 종목 또는 소위 호재주에 투자하는 전체적인 접근법은 기본적으로 이야기와 소문에 집중하거나, 더 오를 것으로 기대하고 이미 많이 오른 종목을 찾는 것이다.

이런 종목을 찾는 것은 투자라고 보기 어렵다. 그보다는 도박에 가깝다. 당신은 주식을 매수하는 게 아니다. 희망, 그것도 헛된 희망을 매수하는 것이다. 그런 희망은 대개 실질적인 가치보다 호들갑과 허황된 기대에 더 많이 의존한다. 내가 이렇게 말하는 이유가 있다. 지금까지 했던 모든 조사에서 계속 상승하는 고공행진주를 꾸준하게 골라내는 방법은 없다는 사실을 확인했기 때문이다.

종종 우리가 매수하는 시점이 되면 고공행진주의 엔진이 멈추고, 날개가 떨어져 나간다. 그래서 우리가 힘들게 번 돈이 화염 속으로 사라진다.

이는 대단히 단기적인 투자 접근법이다. 수익성이 검증된 기법이나 전략을 꾸준하게 적용하는 것과는 아무런 관련이 없다. 내가 처음 주식 투자를 시작할 때 저지른 큰 실수는 고공행진주에 이끌린 것이었다. 나는 그런 종목을 찾아서 잠시만 들고 있으면 바로 돈을 벌 수 있다고 믿었다. 하지만 현실적으로 그런 일은 불가능했다. 꾸준하게 그런 일을 해낸 사람도 보지 못했다. 인기주는 대단히 무작위적으로 움직인다. 나는 내 삶에서 무작위성을 제거하는 법을 배웠다. 무작위적 성공은 그만큼 많은 무작위적 실패를 수반한다. 월가의 인재들과 컴퓨터가 그런 일을 할 수 있다면 지금보다 훨씬 나은 수익률을 올릴 것이다.

성공 투자의 핵심은 우위를 확보하는 것이다. 이 점과 관련하여 내가 가장 좋아하는 비유 대상은 라스베이거스의 카지노다. 아마 당신도 라스베이거스에 가보았거나, 이 놀라운 도시의 사진을 보았을 것이다. 라스베이거스에는 중국의 만리장성을 제외하고 세상의 모든 경이로운 건축물을 작게 모방한 건물들이 있다. 아마 다음에는 바벨탑을 재현할 것이다. 어쩌면 바벨탑은 벌써 거기 있는지도 모른다.

이 건물들, 환상적인 호텔과 죄악의 소굴을 무슨 돈으로 지었을까? 당신은 "무슨 돈으로 지었는지 알죠. 카지노를 이길 수 있다고 생각하는 도박꾼들이 잃은 돈으로 지었잖아요"라고 대답할 것이다. 맞다. 도박꾼들은 '모 아니면 도'식 투자자들과 아주 비슷하다. 그들은 확률적으로 불리한 게임에서 돈을 따려 든다. 물론 도박꾼들이 돈을 따는 때도 있다. 하지만 계속 거대한 건물을 올리는 걸 보면 꾸준하게 돈을 버는 쪽은 카지노인 것 같다.

카지노는 어떻게 꾸준히 돈을 벌까? 아주 간단하다. 카지노의 게임은 1.5퍼센트에서 최대 5퍼센트에 이르는 우위를 카지노에 제공한다. 운에 좌우되는 게임의 경우 대부분 평균적으로 2.5퍼센트 정도의 우위가 주어진다. '운에 좌우되는 게임'이라는 표현이 마음에 든다. 고공행진주를 잡으려는 것이 바로 운에 좌우되는 게임이다.

2.5퍼센트의 우위는 대다수 투자자를 흥분시키지 않는다. 그 이유는 그들이 감정을 토대로 투자하기 때문이다. 그들은 엄청난 수익을 올려야 투자 수익률을 높일 수 있다고 생각한다.

그들은 아인슈타인이 한 말을 들어야 한다. 그는 세상에서 가장 놀라운 건 복리라고 말했다. 한 가지 예를 들어보자.

두 명의 투자자가 있다. 한 명은 연 7.1퍼센트의 수익을 올리는 아주 좋은 장기 투자 프로그램을 따른다. 다른 한 명은 그보다 조금 나은 연 10퍼센트의 수익을 올린다. 언뜻 보면 두 투자자의 투자 성과가 크게 다르지 않은 것처럼 보인다. 수익률 차이가 연 3퍼센트도 되지 않기 때문이다. 그러나 복리의 마법이 작용하면 이야기가 달라진다. 60년(대다수 사람들이 실제로 투자하게 될 기간 또는 투자하기를 바라는 기간보다 약간 길지만 요점을 밝히기 위해 조금 길게 잡았다)에 걸쳐 투자한 경우, 연 7.1퍼센트의 수익을 낸 투자자는 1만 달러를 600만 달러로 불릴 수 있다. 그는 이 결과에 만족할 것이다. 자신보다 약간 높은 수익률을 올린 다른 투자자가 같은 1만 달러를 무려 3,400만 달러로 불렸다는 사실을 알기 전까지는 말이다.

2.9퍼센트라는 얼핏 작아 보이는 차이가 복리로 인해 2,800만 달러라는 큰 차이를 만들었다. 왜 그렇게 되었을까? 복리 효과가 어마어마하기 때문이다. 딱히 대단한 수익률을 올리지 않았어도 그들을 부자로 만든 것은 투자 전략이 아니다. **장기적으로 꾸준하게, 일관성 있게 동일한 전략을 따르면서 복리 효과로 수익을 키웠다는 점이다.**

이 사실이 우리에게 말하는 바는 게임에서 큰 우위를 누리지 않아도 수익률을 극대화할 수 있다는 것이다. 해마다 100퍼센트의 수익률을 올리지 않아도 주식시장을 크게 이길 수 있다. 과도한 위험을 감수하지 않아도 투자에 성공할 수 있다.

대다수 투자자는 결코 이룰 수 없는 비현실적인 목표를 세운다.

그래서 돈뿐만 아니라 흥미까지 잃어버린다. 내가 제안하는 접근법은 인기주를 잡거나 비밀 정보 또는 소문을 통해 돈을 버는 일이 대단히 어렵다는 사실을 반영한다. 과도한 위험에 노출되거나 엄청난 수익을 내지 않아도 투자를 통해 대성공을 거둘 수 있다.

최고의 투자 목표 두 가지

한 번의 결정으로 대박을 치는 것을 목표로 삼아서는 안 된다. 꾸준하게 돈을 버는 접근법을 개발하고, 그 접근법을 꾸준하게 따르는 것을 목표로 삼아야 한다. 그렇게 해서 시장 수익률을 넘어서면 월가의 똑똑한 사람들 중 80퍼센트를 이기게 된다. 그리고 장기적으로 큰돈을 벌게 된다. 나는 그걸로 만족한다!

그러면 어떻게 해야 할까?

시장을 이기는 투자를 하기 위해 중요한 것은 단 두 가지다.

첫 번째는 주식시장의 수익률을 뛰어넘을 확률이 높아서 투자자에게 보상을 안길 수 있는 종목을 찾아내는 것이다. 두 번째는 이런 종목이 상승할 확률이 높은 적절한 시기를 파악하는 것이다.

투자 책을 보면 시장 진입 타이밍을 잡으려는 노력은 시간 낭비라는 말이 많이 나온다. 하지만 나는 그 말에 전혀 동의하지 않는다.

1999년, 2000년, 2001년에 나스닥 종목 중 60퍼센트 이상이 하락했다. 다시 말해서 주가가 오른 종목을 잡을 확률이 40퍼센트밖에 되지 않았다. 뉴욕증권거래소의 경우는 확률이 조금 더 높았지만 크게 나은 수준은 아니었다. 구체적으로는 2000년에 상장 종목 중 약 58퍼센트가 상승했고, 42퍼센트가 하락했다. 2001년에는 55퍼센트만 상승하면서 상승 종목을 찾을 확률이 더 낮아졌다.

결론을 말하자면, 주요 시장 지수가 상승할 가능성이 높을 때 매수하는 것이 최선이다. 강세장 덕분에 돈을 번 것을 머리가 좋아서 번 것으로 오해하지 말라는 오랜 격언도 이 점을 말해준다. 강세장은 투자자가 저지르는 거의 모든 실수를 만회해 준다.

위 확률은 단지 상승한 종목과 하락한 종목의 비중을 말해줄 뿐이다. 즉, 훨씬 더 중요한 등락의 규모는 말해주지 않는다. 이런 경우를 생각해 보라. 당신이 매수한 100개의 종목 가운데 55개는 상승하고 45개는 하락한다. 이것만 보면 성공한 것처럼 보인다. 하지만 하락 종목의 손실이 상승 종목의 수익보다 훨씬 크면 돈을 잃는다.

따라서 우리의 목표는 두 갈래여야 한다. 즉, 시장 수익률을 넘어설 종목을 찾는 것에 더하여 전반적으로 주식이 상승할 가능성이 가장 높은 시기를 골라야 한다. 두 번째 목표의 경우 앞서 주기 분석을 통해 이미 많은 부분을 설명했다.

주기 분석을 활용하여 정확한 시장 저점을 파악할 가능성은 별로 없다. 그래도 약세장에서 다른 투자자들이 위험에 노출된 동안 발을 빼는 것은 가능하다.

시장 저점에 투자할 가능성을 높여주는 다른 도구들도 있다. 하지만 주식시장의 계절적 경향은 대단히 강력하다. 따라서 그 부분을 먼저 고려해야 한다. 주가가 하락할 가능성이 높고, 과거에 대규모 급락이 나온 달에 전액을 투자할 이유는 없다. 대체로 3월에서 10월까지가 그런 기간이다. 이 기간에는 투자 리스크가 커진다. 이 기간에 발을 빼고 있으면 시장의 주요 움직임을 놓칠 수 있다. 그게 무슨 대수인가! 폭락이 나오면 보유 주식의 가치가 50퍼센트나 줄어들 수 있다는 사실을 생각해 보라. 이 경우 시장이 100퍼센트 상승해야 겨우 본전을 찾을 수 있다. 굳이 이렇게 힘든 지경에 몰릴 이유가 있을까?

10월은 대단히 흥미로운 달이다. 주식을 매수하기에 아주 좋은 달이기 때문이다. 시장에서 돈을 버는 능력에 가장 큰 영향을 미치는 것은 하락을 회피할 수 있는지 여부다. 월가의 고층 건물들이 드리우는 어두운 그림자 속에는 피해야 하는 괴물이 숨어 있다. 하락의 대다수가 아니라 한두 개만 피해도 다른 모든 투자자들보다 월등한 수익률을 올릴 수 있다.

대다수 하락이 언제 나오는지는 이미 보여주었다. 문제가 생길 가능성이 높은 시기에 굳이 들어갈 필요가 없다. 나는 투자자들이 그런 때에도 전액을 투자하는 이유를 이해할 수 없다. 그들은 분명 달려오는 화물열차 앞에 서 있지 않을 것이다. 그런데도 최악의 시기에 모든 돈을 투자하는 데는 주저함이 없다.

종목 선정에는 엄청나게 까다롭지만 매매 타이밍에 대한 지식은 전혀 없는 투자자들을 보면 그저 놀라울 따름이다. 나의 투자 전략의 첫 번째 부분은 주가의 주기적 대규모 상승과 보조를 맞추는 것이다. 거기에 초점을 맞추고, 주의를 기울여야 한다. 그것은 어떤 종목에 투자할 것인지 선택하는 일만큼 투자 전략의 핵심이어야 한다.

당신이 배워야 할 첫 번째 교훈은 언제나 전액을 투자하는 게 아니라 오로지 상승기에 투자 결정의 초점을 맞춰야 한다는 것이다. 나는 펀드들이 시장 수익률을 넘어서지 못하는 한 가지 이유가 매도를 원하더라도 덩치 때문에 발을 빼지 못하기 때문이라고 생각한다.

우리는 그런 측면에서 펀드들보다 뚜렷한 우위를 누린다. 우리는 발을 빼고 적절한 매수 시기나 구간이라고 생각되는 시점까지 기다릴 수 있다. 물론 시장의 모든 등락을 맞출 수는 없다. 그래도 대체로 향후 12개월 동안 상승할 가능성이 가장 높은 시기에 매수하는 것은 가능하다(그리고 이는 합당한 기대다). 타이밍은 차이를 만든다. 장기적인 분석 결과를 보면 완벽한 타이밍은 수익률을 거의 3배로 높여준다.

마지막 교훈은 투자가 장기적인 사업이라는 것이다. 기본적인 전투 계획을 결정했다면 그것을 고수하라. 건강을 유지하려면 꾸준한 운동이 필요하다. 자본을 증식하는 일도 마찬가지다. 매주 또는 매달 따로 시간을 내서 행동 계획을 실행해야 한다. 따르지 않을 계획을 왜 세우는가? 투자는 당신의 돈이 걸린 진지한 문제다. 수익률을 높이는 일은 전략을 꾸준하게 실행하는 일과 직결된다.

내 말을 믿어라. 시장이 항상 쉽지는 않다. 시장은 당신이 어떤 사람인지 시험하고, 계속 당신의 마음을 뒤흔들 것이다. 그런 때에 대다수 투자자는 중간에 포기하거나 말을 바꿔 탄다. 압박을 받을 때 인간의 마음이 둘러대고 꾸며내는 것들을 보면 놀라울 따름이다. 당신은 거의 100년 동안 통한 전략이 더 이상 통하지 않는다고 합리화할 것이다. 대단한 전략이라도 어느 시점에서는 흔들릴 수 있다. 그 정도는 예상해야 한다.

그 점에 대해 이야기해 보자.

우리의 목표는 시장 수익률을 넘어서는 것이어야 한다. 꾸준히 시장 수익률을 넘어설 수 있다면 다른 투자자들보다 훨씬 앞서가게 된다. 운이 좋다면 우리는 주식시장이 하락할 때 약간의 수익이나 손실을 기록할 것이다. 가끔은 시장 수익률을 따라잡지 못하는 때도 있을 것이다. 그래도 항상 염두에 두어야 하는 점이 있다. 라스베이거스에 대한 비유를 이어가자면, 어느 시점에서는 세상의 모든 카지노가 계속 돈을 잃기도 한다. 운 좋은 도박꾼이 돈을 딸 때도 있다.

이런 경우에 카지노는 어떻게 대응할까? 테이블을 닫아버릴까? 규칙을 바꿀까? 당연히 아니다! 그럴 이유가 어디에 있는가? 그들은 장기적으로 보면 유리한 게임을 하게 되어 있다는 사실을 안다. 그래서 계속 휠을 돌리고, 카드를 나눠주고, 주사위를 굴리는 것이다. 당신이 주가 하락을 싫어하는 만큼 그들도 돈을 잃는 것을 싫어한다. 하지만 그게 게임을 바꿀 이유는 될 수 없다. 과거에 대단히 성공적인 것으로 증명된 전략과 크게 다른 전략을 고안할 필요는 없다.

이 부분과 관련하여 행동을 교정하려면 두 가지 요건이 있다. 무패의 전사(이 투자라는 게임에서 자신을 그런 존재로 생각하는 것이 아주 좋다)는 싸워야 할 때만 싸우고, 검증된 전략을 꾸준하게 따른다. 핵심은 지루한 일을 반복하는 노력에 있다. 사람들, 특히 투자자들은 반복적인 일을 싫어한다. 그들은 흥분, 대규모 상승, 스릴을 원한다. 그러나 이 모든 것들은 급락으로 이어지기 마련이다.

우리의 성공 비법은 올바른 일을 꾸준하게 실행하는 것이다. 그 일을 충분히 오래 하면 성공하게 되어 있다. 성공은 불가피하며, 반드시 이루어진다.

상승 확률이 뚜렷하게 높은 종목을 찾아라

이제는 실행 단계로 나아가 종목 선정에서 우위를 달성하는 방법을 보여줄 차례다. 우리의 전략은 전반적이고 포괄적인 매매 타이밍을 우월한 종목 선정 방식과 결합하는 것이다. 우리의 목표는 상승 가능성 측면에서 뚜렷한 우위를 안기는 종목을 찾아내는 것이다. 우리는 종목을 선정할 때 잡을 수 없는 주식을 잡거나, 수많은 투자자를 망하게 만든 꿈의 주식에 매달리지 않으려고 의도적이고 의식적인 노력을 기울일 것이다.

다음 장에서는 엄청난 조사와 실제 투자를 통해 우리에게 우위를 안기고, 다른 투자자들보다 앞서나가게 해주는 것으로 검증된 여러 전략을 소개할 것이다. 아주 머리가 좋지 않아도 투자에 성공할 수 있다. 누구나 노력으로 성공한 투자자가 될 수 있다.

성공하려면 똑똑해져야 한다. 똑똑해지는 것, 즉 옆 사람보다 더 똑똑해지는 것은 공부와 학습의 산물이다. 성공하는 것, 즉 옆 사람보다 더 성공하는 것은 배운 내용을 실행하려는 노력의 산물이다.

8

구경제가 신경제다

역사학자들은 과거를 숙고하고, 투자자들은 미래를 숙고한다.

그리고 한 집단은 다른 집단보다 더 많은 돈을 번다.

'신경제'는 인류의 모든 문제를 해결해 줄 것처럼 보였다. 영업과 마케팅은 사실상 모든 층위의 기업 활동과 더불어 획기적으로, 영원히 바뀔 것 같았다. 과거의 규칙은 내던져질 것 같았다. 우리는 전면적인 새로운 혁신이 삶을 더 수월하게, 투자자들을 더 부자로 만들어 줄 것이라는 약속을 받았다.

하지만 내게는 이런 말들이 때마다 들려오는 유행가 같았다. 나는 1960년대에 이어 1970년대에도 거듭 '신세계'에 대한 이야기를 들었다. 매번 그 직후에 주식시장이 폭락했다. 프랑스 사람들이 말하는 대로 '변하는 게 많을수록 변하지 않는 것도 많은' 법이었다. 신경제에서 과거의 교훈과 규칙은 의미가 없는 것처럼 보였다. **주식의 가치는 기업이 과거에 한 일이 아니라 미래에 할 일에 따라 평가될 것이었다.** 그 결과 갑자기 주식이 기업 수익의 100배나 되는 가격에 팔리기 시작했다. 일부 종목의 주가는 수익의 200배에 이르기도 했다. 안타깝게도 많은 투자자가 투자금 중 상당 부분을 잃었다. 거금을 날리는 경우도 많았다. 모두 하나의 단순하고 사소한 수치, 바로 PER Price-Earnings Ratio, 주가수익비율에 주의를 기울이지 않았기 때문이었다. PER은 현재 주가를 정당화하려면 해당 기업이 200년 동안 충분한 돈을 벌어야 한다는 사실을 말해주었다!

실로 장기 투자가 아닐 수 없다. 그런데도 단기 투자자들은 200년 동안 보유해야 할 종목에 베팅을 했다!

그들은 '모멘텀'이 중요하다고 말했다. 도박꾼들이라고 불러야 마땅할 새로운 유형의 투자자들은 컴퓨터로 주식 관련 데이터를 돌렸다. 그들은 이전에 상승한 종목의 주가가 계속 올랐다는 사실을 발견했다. 그 이유는 1980년대에는 전반적인 시장이 엄청난 상승 추세를 보였기 때문이었다. 이 사실을 확인한 하버드, 스탠퍼드 같은 명문대 출신의 잘나가는 수재들은 '상승하는 종목을 매수한다'는 동일한 전략을 활용했다. 이런 양상은 한동안 지속되었다. 그 기간은 딱 그들이 정말로 투자를 잘하는 것처럼 보일 만큼 길었다. 덕분에 그들은 더 많은 자금을 확보할 수 있었다. 그러나 심판의 날이 다가왔을 때 그들은 약간이 아니라 엄청난 손실을 기록했다.

나는 종종 이런 말을 했다. "가치에 대한 보상은 지연될 수 있지만 결코 취소되지는 않는다." 그 반대의 경우도 사실이다. 주가는 고평가에 고평가를 거듭할 수 있다. 그러나 궁극적으로는 제자리를 찾아가기 마련이다. 역사적으로 심각한 시장 폭락이나 주가 하락 없이 100 이상의 PER을 꾸준하게 유지할 수 있었던 종목은 없었다. 단 하나도.

PER은 오랫동안 활용되었다. 나는 어릴 때 다우산업지수의 PER이 30을 넘길 때마다 문제가 생긴다는 말을 들었다. 요즘은 30을 넘기는 경우도 있지만 대부분 오래가지 않는다. PER은 주가를 해당 기업이 내는 수익으로 나눈 것이다. 이 지표의 멋진 점은 현실을 나타낸다는 것이다. 즉, 현재 주가와 현재 수익을 비교한다. 거기에는 아무런 추정이 들어 있지 않다. 속설이나 허풍이 끼어들 여지가 없다. 그저 있는 그대로를 보여줄 뿐이다. 그냥 현재 주가를 현재 수익으로 나누기만 하면 수치를 구할 수 있다.

그렇다면 모든 것은 수익에서 출발한다. 그렇지 않은가? 기업들이 수익을 내면 장기 투자자들은 수익이 미미하거나 없는 경우보다 훨씬 높게 평가한다. 이런 질문을 하는 것은 너무나 당연해 보인다. "당신이 투자한 기업은 돈을 벌고 있습니까?" 수백만 명의 투자자들이 하이테크 신경제의 고공행진주들에 대해 이런 상식적인 질문을 던졌다면 수많은 손실을 초래한 그 모든 주식에 한 푼도 투자하지 않았을 것이다. 그런데 왜 그런 질문을 던지지 않았을까? 그게 나의 질문이다.

그 답은 간단하다. 그들은 올라가는 주가에 정신이 팔린 나머지 조심성을 전부 내팽개쳤다. 현실은 중요치 않았다. 어차피 우리는 새로운 규칙을 가진 신경제에 속해 있었다. 중력의 법칙은 폐기되었고, 경제적 법칙 역시 무효화된 것처럼 보였다. 주가가 아무런 이유 없이 천문학적 수준으로 오르는 가운데 논리적 절차는 단절되었다. 투자자들은 상승세를 쫓아 계속 매수하면서 피리 부는 사나이의 피리 소리에 춤을 추었다.

지금은 모든 것이 바뀌었다. 피리 부는 사나이는 대가를 치러야 했다. 2001년 7월에 나온 《월스트리트저널》 기사의 제목은 "메릴린치Merrill Lynch, 근래에 뛰어난 안정성 위주로 종목을 선택하다"였다. 가치주가 성장주보다 훨씬 높은 수익률을 기록했다는 것이 기사의 요지였다. 증권사와 투자 자문들이 가치 중심의 펀더멘털로 회귀함에 따라, 앞으로 이런 투자 전략이 상당히 많이 활용될 것이다.

메릴린치의 밥 돌Bob Doll은 이에 대해 "가시적 실적을 추구합니다"라고 말했다. 메릴린치가 운용하는 자산의 규모는 48개 펀드에 걸쳐 570억 달러에 이른다. 이를 감안하면 투자업계에서 일어나는 이 변화가 개별 종목에 얼마나 큰 파급력을 미칠지 가늠할 수 있다.

주가 상승의 첫 번째 요인: 인기

내가 아는 한, 주가가 상승하는 데는 오직 두 가지 요인만 존재한다. 첫 번째는 기업의 인기 또는 악명이 높아지는 것이다. 이는 새로운 잠재고객이나 잠재수익에 대한 보도와 이야기의 재료가 된다. 사람들은 새로운 것과 혁신을 좋아한다. 투자자들은 언제나 시장에 나온 최신 혁신을 찾는다. 혁신이 주가를 밀어올릴 것이라고 생각하기 때문이다. 장기적으로 인기 업종은 순환한다. 어느 해에는 제약 종목이 인기를 끌면서 좀처럼 주가가 하락하지 않는다. 그러다가 다른 업종, 가령 유전자공학 업종이 새롭게 각광받는다. 그리고 시간이 지나면 다시 컴퓨터 칩 제조 업종에게 자리를 내준다. 이런 양상이 계속 이어진다. 언제나 투자자의 환심을 사는 종목이 있다.

해당 업종에 속한 종목들은 이야기와 소문 그리고 심지어 자유시장체제에서 전혀 불가능한 일이 아닌 일종의 조작으로 상승한다. 누구나 주식을 매수하고 나면 당연히 주가가 더 오르기를 바라기 마련이다. 어떤 사람들은 단지 분위기에 편승하고 싶어 한다. 이런 분위기는 긍정적인 홍보를 통해 조성된다. 문제는 홍보가 노골적인 호객 행위로 변질될 수 있다는 것이다. 장담컨대 그렇게 된다. 내가 직접 목격했다. 그런 일은 일어난다. 그러면 안 되지만 그게 현실이다. 심지어 합법적인 형태도 있다. 기업들은 광고를 한다. 또한 증권사는 투자자들에게 종목을 추천한다. 투자자는 그들이 들려주는 이야기를 토대로 주식을 매수한다. 주식 중개인들은 정치를 하면 잘할 것이다. 말을 꾸며내는 능력이 뛰어나니까 말이다.

모두가 같은 결과를 추구한다. 그러다가 어느 시점이 되면 높은 주가 자체가 주가를 더욱 밀어올린다. 그에 따라 광란이 시작된다. 맹수가 자기 살을 뜯어먹기 시작한다! 고전 경제학의 관점에서 보면 높은 주가는 수요를 억제하거나 감소시켜야 한다. 하지만 놀랍게도 실제로는 수요를 증가시킨다. 컴퓨터는 알림 소리를 울린다. 엄청난 모멘텀 또는 상승세는 다가오는 호기에 수익을 약속하는 것처럼 보인다. 때로는 적어도 한동안 그런 상황이 전개된다. 그러나 대부분의 경우 뜨거운 공기가 가득 찬 풍선처럼 떠오른 종목은 투자자의 관심이 다른 방향으로 향하거나 일부 평론가가 풍선을 터트리면 바로 주가가 떨어진다.

프라이스라인닷컴Priceline.com 같은 종목이 주당 10달러에서 105달러까지 올랐다가 5달러로 떨어진 이유가 거기에 있다. 이 모든 일이 15개월이 채 안 되는 기간에 일어났다. 이 종목이 예외적인 경우가 아니다. 나는 같은 일이 거듭 일어나는 것을 봤다. 이는 앞으로도 수없이 일어날 것임을 뜻한다.

혁신적인 신제품이나 신시장에 대한 뉴스 또는 호들갑은 주가를 밀어올린다. 뉴스와 탐욕이 주가를 밀어올리는 능력을 과소평가하지 말아야 한다.

주가 상승의 두 번째 요인: 실적

주가가 오르는 두 번째이자 가장 안정적인 요인은 해당 기업의 실적이다. 얼마나 새로운 개념인가. 회사가 돈을 벌면 주가가 오른다! 실적 관련 지표를 살피는 여러 방법이 있다. 내가 생각하는 가장 중요한 방법은 실적이 꾸준한지 아닌지를 보는 것이다. 그 이유는 알 것이다. 투자자들은 꾸준함을 선호한다. 꾸준함이 미래에 대한 의문과 불안을 없애주기 때문이다. 시장은 미지의 것을 싫어한다. 신뢰성이 떨어지는 모든 것을 싫어한다. 실적 패턴이 불규칙한 종목은 단기간 상승할 수 있다. 그러나 이런 종목에서 본격적으로 꾸준하게(그리고 쉽게) 돈을 벌기는 힘들다.

주가는 실적을 따라간다. 그것이 우리의 변함없는 주문이다. 당신은 뉴스나 이야기를 토대로 상승하는 종목과 실질적인 조건을 토대로 상승하는 종목 중에서 하나를 선택할 수 있다.

뉴스를 선택할 것인가, 가치를 선택할 것인가? 알다시피 나는 가치를 선택했다. 가치에 대한 지향은 종목 선정에서 대단히 귀중한 기준이 될 수 있다. 역대급 장기 성장주들은 거의 대부분 모든 분기마다 꾸준하게 수익을 늘린 기간에만 상승세를 유지했다.

과거에 좋았던 종목들은 실적 하락과 함께 뚜렷한 하락세로 접어들었다. 따라서 실적은 투자에서 가장 중요한 측면, 우리가 따를 수 있는 최고의 지표 중 하나다.

'할인가'에 주식을 매수하는 방법

이야기, 소문, 뉴스, 전반적인 시장 여건 때문에 꾸준히 실적을 늘리는 좋은 종목도 하락할 수 있다. 나는 이런 종목을 소위 '할인가'에 매수하기 좋은 때를 파악하는 고유한 방법을 찾아냈다.

여기서 말하는 할인은 실적에 비해 저렴하다는 뜻이다. 따라서 실적이 꾸준하게 상승하는 패턴을 찾아야 한다. 즉, 현 분기의 12개월 실적이 저번 분기에 발표한 실적보다 늘어나야 한다. 이는 해당 기업이 여전히 돈을 벌고 있으며, 순이익 증가율이 상승하고 있음을 뜻한다. 물론 좋은 일이다.

그러나 이런저런 이유로(대개는 전반적인 시장 여건 때문에) 우량한 기업의 주가도 하락기에 접어든다. 이때 많이 하락할수록 실적 추세와 비교하여 소위 '할인가'에 가깝게 접근한다.

이 경우 주가는 하락하지만 순이익 증가로 나타나는 기업의 전반적인 여건은 개선되고 있다. 이런 괴리는 매우 긍정적이다. 실적은 증가하는데 주가는 하락하기 때문이다. 아쉽게도 이런 일은 주식의 일생에서 자주 일어나지 않는다. 그래도 일단 일어나면 매수하기에 가장 좋은 기회 중 하나다. 주가가 약세라고 해도 말이다!

지금부터 이 기법이 얼마나 강력한지 말해주는 몇 가지 사례를 제시할 것이다. 모든 사례는 주가 동향과 실적을 비교하여 보여준다. 실적과 가격 동향을 같이 제공하는 거의 모든 차트를 통해 이 기법을 활용할 수 있다. 그래서 금융지를 구독할 것을 강력하게 추천한다. 금융지를 보면 순이익 증가율에 비해 주가가 저평가된 종목을 찾아내는 기법에 대한 감을 잡을 수 있다. 대다수 투자자는 온갖 지표나 증가율 같은 것들을 참고한다. 하지만 나는 그냥 이번 분기에 주가가 저번 분기보다 하락한 종목을 찾는다. 핵심은 같은 기간에 실적이 증가해야 한다는 것이다. 이런 괴리 패턴은 매수 신호를 형성한다. 이 경우 분기 말에 그냥 진입하면 된다. 또는 약간 더 안전하게 진입하고 싶다면 추세가 상향임을 확인하기 위해 시장가격보다 약간 위에 매수 주문을 넣어둬도 된다.

할리 데이비슨Harley-Davidson

할리 데이비슨은 최고의 성장주 중 하나였다. 거기에는 명확한 이유가 있었다. 그림 8.1의 실적 추세를 보라. 매분기, 매해에 주당순이익EPS, Earnings Per Share이 증가했다. 이는 투자자들이 확인해야 하는 이상적인 여건이다. 할리 데이비슨의 실적은 거의 하락한 적이 없다. 그들은 꾸준히 실적을 개선했다. 장기 투자자에게 얼마나 좋은 신호인가!

할리 데이비슨

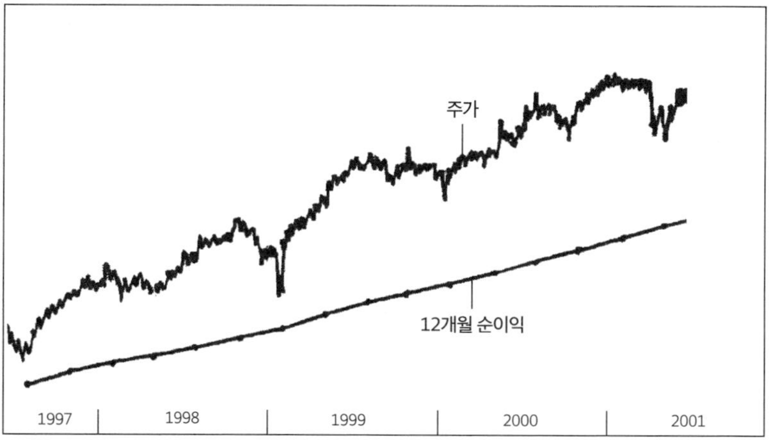

그림 8.1 **할리 데이비슨**

이 그림에서 주가는 실적과 달리 일직선으로 상승하지 않았다는 점에 주목하라. 특히 1999년에 일어난 일을 보라. 주가는 주당 32달러선에서 정체되다가 23달러까지 급락했다. 1998년 3분기의 급락은 또 어떤가? 이때 주가는 20달러에서 13달러까지 떨어졌다. 아마 대다수 투자자는 이런 급락에 놀라서 할리 데이비슨 주식에서 내렸을 것이다. 하지만 우리는 다른 관점을 취했을 것이다. 우리는 주가가 하락하는 가운데 3분기 말에 실적이 증가했다는 점에 주목했을 것이다. 1997년 4분기에도 같은 현상이 나타났다. 당시 주가는 주당 16달러에서 12달러로 떨어졌다. 그에 따라 매수 신호가 나왔고, 이후 주가는 치솟았다. 다음 매수 지점은 주가가 하락한 1998년 4분기 초였다.

주가가 하락하는 가운데 실적이 증가하는 양상은 상승 반전을 알리는 징후였다. 1999년 6월에 다시 그런 경우가 나왔다. 해당 분기에 조금 하락한 주가는 이후 별다른 움직임을 보이지 않았다. 그러다가 1999년 마지막 분기 초에 같은 양상이 전개되었다. 당시 주가가 급락했지만 실적은 계속 증가했다. 이때가 할리 데이비슨 주식을 매수할 4번째 기회였다. 주가는 주당 약 24달러였다.

이후 오르기 시작한 주가는 주당 46달러선에서 다시 급락했다. 50달러에서 35달러선까지 하락이 이어졌다. 그러나 이번에도 시장 여건과 실적을 살피는 우리의 간편한 내부적 관점에 따르면 여전히 긍정적인 상승 추세로 보였다. 즉, 할인가에 할리 데이비슨 주식을 매수할 수 있었다. 어쨌든 주가는 하락했고, 실적은 상승했기 때문이었다. 34달러에 나온 이 매수 신호는 상당히 좋아 보였다. 이후 주가는 주당 50달러 위로 상승했다. 2001년 3분기 초에도 매수 신호가 나왔다. 주가는 횡보하거나 하락했지만 실적은 계속 상승했다. 이번에도 주가는 36달러 수준으로 저평가되고 있었다.

페더럴 홈 론Federal Home Loan

주택 대출 회사는 오토바이 회사와 거리가 멀다. 이 두 회사는 공통점이 거의 없다. 그러나 투자자의 관점에서 보면 실적이 증가하고 주가가 하락할 때 같은 일이 일어난다. 역사적으로 페더럴 홈 론의 주식은 매수 대상이었다. 그림 8.2를 보면 1998년 9월에 첫 번째 진입 구도가 나온다. 이 분기에 주가는 하락했지만 실적은 이전 분기보다 증가했다. 이후 주가가 상승했다. 1999년 9월과 12월, 2000년 3월과 6월에도 매수 신호가 연이어 나왔다. 이 시기에 매수했다면 평균

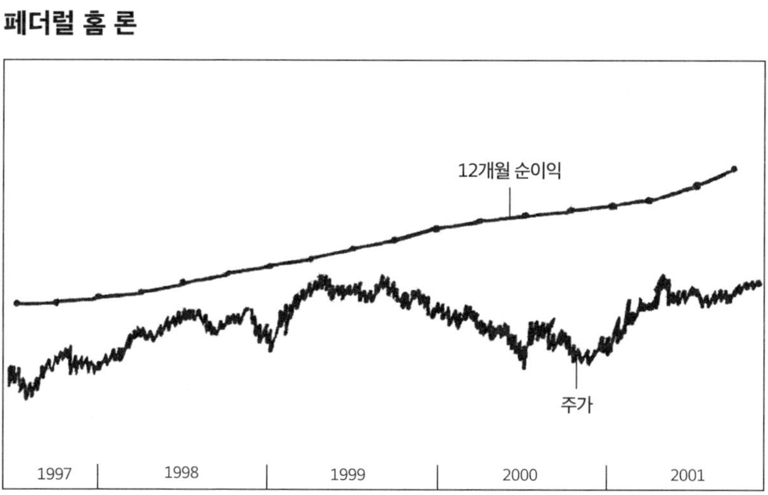

그림 8.2 **페더럴 홈 론**

매수가는 주당 약 46달러였을 것이다. 시장은 2000년 9월이 되어서야 이 간극 또는 할인 폭을 인지한 것으로 보인다. 가치에 대한 보상은 지연될 수 있지만 결코 취소되지 않는다는 사실을 명심하라. 1년 후, 페더럴 홈 론의 주가는 70달러선에서 형성되었다. 따라서 매수 신호가 나왔을 때 매수했다면 거의 2배의 수익을 올릴 수 있었다.

이는 대단히 명백한 방법이다. 연이은 실적 증가는 개별 종목의 장기 추세에 매우 긍정적인 신호다. 그럼에도 장단기 투자자들은 이 사실을 한동안 인지하지 못할 수 있다. 우리가 실적과 주가의 관계를 세심하게 살펴야 하는 이유가 거기에 있다. 언젠가는 댐이 터지고 주가가 상승하게 되어 있기 때문이다.

힐렌브랜드 인더스트리즈Hillenbrand Industries

어떤 종목이든 할인가에 매수할 기회가 생기는 사례는 수없이 많다. 예를 들기 위해 무작위로 내가 전혀 모르는 기업인 힐렌브랜드 인더스트리즈의 주식을 골라보았다. 1984년부터 1998년까지 이 주식의 동향을 보면(그림 8.3) 컴퓨터나 신경제 종목이라고 생각할 수도 있다. 하지만 그렇지 않다. 힐렌브랜드는 주로 장례 사업을 한다. 보다시피, 하이테크 사업을 하지 않아도 돈을 벌 수 있다.

주가가 실적과 꾸준하게 보조를 맞추는 양상을 보라. 실적이 증가하면 주가도 상승한다. 이것이 월가 정글의 법칙이다.

다만 그 사이에 때로 주가가 하락했다. 특히 1987년 가을의 하락이 두드러진다. 하지만 당시 실적이 어떤지 보라. 오히려 증가하고 있

힐렌브랜드 인더스트리즈

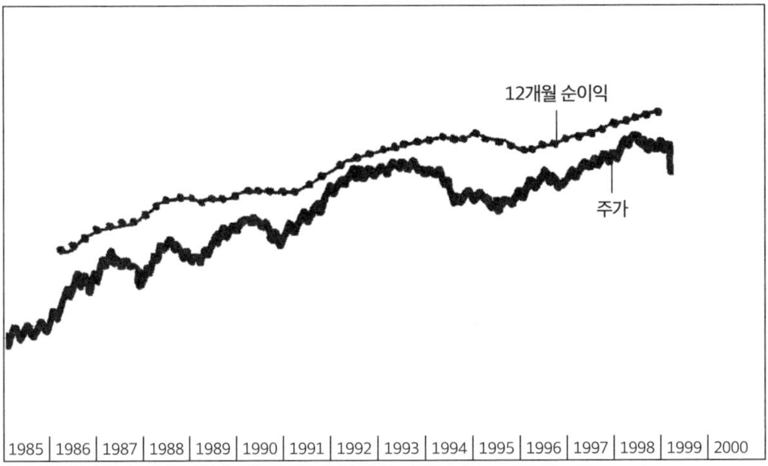

그림 8.3 **힐렌브랜드 인더스트리즈**

다. 이는 10달러 구간에서 매수 대상임을 말해준다. 1990년에는 실적이 약간 증가했다. 그런데도 그해 마지막 2분기 동안 주가가 하락했다. 이는 다시 할인가에 매수할 수 있는 기회를 제공했다. 이 종목에 투자한 사람은 1993년에 그다지 좋은 수익률을 올리지 못했을 것이다. 실적이 증가하는데도 주가는 하락했기 때문이다. 그에 따라 주당 40달러 구간에서 매수 지점이 나왔다. 급등은 나오지 않았다. 그래도 실적이 증가하는 한 주가가 저렴하다는 사실을 알 수 있다. 실적이 증가하는 가운데 주가는 1994년까지 계속 하락했다. 바닥은 주당 26달러에 형성되었다. 이때에도 여전히 할인가 바닥 매수 신호가 나왔다. 이런 여건은 주가가 이후 18개월 동안 2배 이상인 주당 64달러로 급등한 이유 중 하나일 것이다.

이처럼 할인 매수 기회는 다시 나타났다. 주가가 하락하는 동안 실적은 계속 증가했다. 각각의 할인 매수 기회는 기민한 투자자에게 수익을 안겼을 것이다.

칼라일 컴퍼니즈Carlisle Companies

이 사례도 별로 화려하지 않은 평범한 기업이다. 칼라일은 자동차, 산업, 건설자재 관련 사업체를 거느린 지주회사다. 그럼에도 그 주가의 동향을 보라(그림 8.4). 주당 6달러에서 50달러까지 올랐다. 이 주식 역시 신경제 열풍에 휩쓸릴 필요가 없다는 사실을 말해준다. 구경제 기업도 아주 좋은 수익률을 기록했다.

이 종목의 주가 동향을 보면 1992년 이후 상방 돌파가 나오면서

칼라일 컴퍼니즈

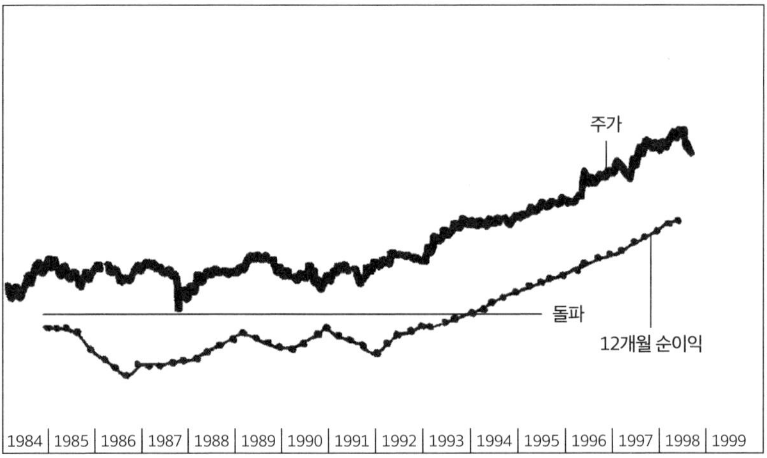

그림 8.4 **칼라일 컴퍼니즈**

상승 추세가 형성되었음을 알 수 있다. 이 차트에서 주가는 1984년부터 1992년에 걸친 바닥을 돌파하지 못했다. 이후 돌파가 나온 이유는 실적이 상방 돌파를 이루었기 때문이다. 실적 보고서에 따르면 이 기업의 순이익은 7년 연속으로 증가했다.

1994년에는 실적이 크게 증가했는데도 주가가 16달러 구간에서 횡보했다. 이처럼 주가가 횡보하고 실적이 증가하는 상황은 할인 매수 기회를 제공했다. 또 다른 매수 신호는 무엇일지 생각해 보라. 때는 4년 현상과 맞아떨어지는 1994년이었다. 게다가 이 사례에서는 대개 강세장이 펼쳐지는 10년 패턴의 5년 차가 뒤를 이었다. 실제로 주식은 멋지게 호응하면서 지속적으로 상승했다.

1996년 1분기에 또 다른 할인 매수 기회가 나왔다. 뒤를 이어 1997년 2분기에도 27달러 구간에서 매수 지점이 형성되었다. 할인가 매수 기법에 따라 이 시기에 주식을 매수한 명민한 투자자는 주가가 주당 50달러 넘게 상승하면서 곧 보상을 받았다.

차트 분석가와 기술적 분석가들은 나름의 방식으로 미래를 예견하기 위해 가격 구조를 들여다보면서 일생을 보낸다. 얼마나 헛된 짓이고 시간 낭비인가! 차트를 판독하는 일은 거의 불가능하다. 일간 또는 주간 가격 동향은 닭들이 땅을 마구 파헤친 자국 같은 혼란스러운 기록일 뿐이다.

주가 차트가 지니는 의미는 주가 동향을 살피는 것이 아니라 주가를 움직이게 만드는 요인을 살피는 데서 나온다. 그 요인은 대개 실적이다.

톰슨 코프Thompson Corp.

이제 톰슨 코프로 눈길을 돌려보자. 톰슨 코프는 여행 잡지와 금융 잡지를 발행하는 출판사다. 차트 분석가와 기술적 분석가들은 주가를 살피지만 우리는 실적에 관심이 있다. 그림 8.5를 언뜻 보기만 해도 이 회사의 실적이 들쑥날쑥하며, 꾸준하게 돈을 벌지 못한다는 사실을 알 수 있다. 이런 종목이 우리의 관심을 끌 수 있을까? 전혀 아니다! 이런 종목을 추천하는 페이지를 넘기고, 주식 중개인의 전화를 끊고, 정보지의 구독을 취소하라. 물론 주가가 12달러에서 30달러까지 양호한 상승세를 보이기는 했다. 그러나 이런 종목은 급등할 때처럼 쉽게 급락한다. 실적의 꾸준함이 핵심이다. 설명할 수 없는 요인으로 주가가 들썩이는 주식에 투자하는 것보다 꾸준하게 돈을 버는 기업의 주식에 투자하는 편이 훨씬 쉽고 안전하다.

톰슨 코프

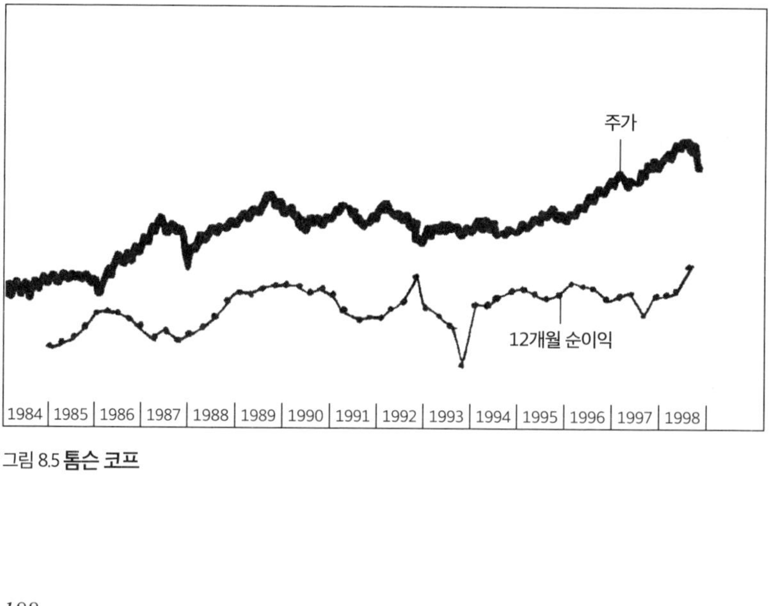

그림 8.5 **톰슨 코프**

차트는 시장의 여건을 바꾸지 않는다는 사실을 항상 명심하라. 대부분의 경우, 기본적 여건이 기술적 잡음보다 훨씬 더 꾸준하게 시장을 움직인다.

실적 이외의 요소, 부채

실적이 내가 주목하는 유일한 요소는 아니다. 그래도 가장 집중적으로 살피는 요소임은 분명하다. 앞으로 배당, 배당수익률 그리고 대단히 중요한 PSR(주가매출비율) 같은 척도를 다룰 것이다. 그전에 좋은 종목을 고르는 데 도움을 주는 두 가지 다른 주요한 고려사항에 대해 이야기해 보자. 그것은 바로 부채와 내부자 매매다.

나는 기업의 대차대조표를 볼 때 실적에 더하여 부채가 얼마나 되는지 관심 있게 살핀다. 나는 부채를 좋아하지 않는다. 개인적으로도 그렇고, 사업적으로도 그렇다. 물론 빚을 지기도 하고, 청산하기도 했다. 장담컨대 청산하는 쪽이 훨씬 낫다.

부채는 두 가지 문제를 안긴다. 우선 개인적 측면에서 심리적 부담을 가한다. 개인 또는 회사 차원에서 수억 달러의 빚을 진 경영자의 심정이 어떨지 상상할 수 있겠는가? 그런 상황에 처한 경영자는 아무런 부채가 없는 경영자만큼 유연하거나, 창의적이거나, 생산적이지 못할 것이다.

후자는 전자보다 심리적으로 훨씬 편하다. 나는 성공적인 삶이 신념 체계나 태도에서 시작된다고 믿는다. 당신도 그렇게 생각한다면 부채는 엄청나게 중요한 고려사항이다. 분명 일부 경영자는 부채가 너무 많아서 청산할 생각조차 하지 못할 것이다. 그런 경영자와 기업은 그저 빚을 갚느라 허덕이면서 앞으로 나아가지 못할 것이다.

부채가 지닌 내재적 문제는 나쁜 경제성과 관련이 있다. 알다시피 주식시장은 일직선으로 상승하지 않는다. 하락하는 때도 있다. 대개 금리가 인상되면 주가가 하락한다. 그때 어떤 종목이 가장 많이 하락할까?

당연히 많은 부채를 진 기업의 주식이 가장 많이 하락한다. 수익의 더 많은 부분을 부채 상환에 써야 하기 때문이다. 그 결과 사업을 확장하거나 주주에게 배당을 할 자금이 남지 않게 된다.

이런 여건은 기업 활동을 제한할 뿐 아니라 기업을 운영하는 사람들에게 추가적인 심리적 압박을 가한다. 경영자는 채무를 이행할 수밖에 없다. 안 그러면 은행이 대출을 회수할 것이고, 주가가 크게 하락할 것이기 때문이다. 그래서 기업이 가장 먼저 섬기는 대상은 주주가 아니다. 또한 부채를 갚을 돈으로 제품을 홍보하고, 사업을 확장하고, 개발 능력을 확대할 기업 자신도 아니다. 은행이 최우선이다.

우리의 두 번째 투자 주문은 '부채가 많은 기업을 피하라'이다. 부채가 적거나 없는 기업의 주식을 사라. 그런 기업은 힘든 시기가 와도 많은 부채를 안고 있는 기업처럼 타격을 입지 않는다.

그 식당에 갈 것인가? 내부자 매매

주식 투자 이야기는 잠시 접어두고 음식 이야기를 해보자. 당신이 사는 도시에 아주 좋은, 어쩌면 가장 좋은 식당이 있다. 그런데 그 식당의 주인이 매일 건너편 거리의 다른 식당에서 식사를 하는 모습을 보면 어떤 생각이 들까? 그 식당에 뭔가 문제가 있다고 생각하지 않을까? 식당 주인이 자기 식당에서 식사를 하지 않는 게 이상하지 않은가?

나는 그렇다고 생각할 것이다! 금융계의 경우도 마찬가지다. 기업의 성장 가능성을 말해주는 뛰어난 장기 지표 중 하나는 내부자의 자사주 매매 내역이다. 이 지표는 궁극적인 타당성을 지닌다. 기업에서 일하는 사람들이 자사주를 매수하면 그 주식은 상승할 가능성이 아주 높다. 그들은 회사가 잘될 것이라고 믿는다. 그래서 자기 돈을 자사주에 투자하는 것이다.

다른 한편으로 내부자들이 자사주를 매도하여 시장에서 빠져나갈 수도 있다. 이 경우, 이유가 있어서 그럴 것이라는 의심이 생긴다. 그 이유가 뭘까? 주가가 오르거나 내릴 것이라는 사실을 거기서 일하는 사람보다 더 잘 아는 사람이 있을까?

실제로 내부자들은 적시에 자사주를 매도하거나 매수하는 아주 뛰어난 실적을 보여주었다. 인류 역사상 최고의 주식 매매를 한 사람은 다름 아닌 빌 게이츠다.

사람들은 빌 게이츠가 컴퓨터 신동이자 혁신가, 명민한 사업가라고 온갖 칭찬을 한다. 그들이 보기에 게이츠는 일반인들이 아직 이해하지 못하는 미래에 대한 비전을 지닌 천재다. 그럴지도 모른다. 그러나 내게 가장 인상적인 부분은 그게 아니다. 그것은 마이크로소프트Microsoft의 주가가 40달러로 폭락하기 직전에 보유 주식을 약 100달러에 대량으로 매도한 선견지명이다. 그는 역사상 최고의 트레이더로서 시기적절한 매도로 막대한 수익을 거두었다.

그가 매도한 물량은 엄청났다(그림 8.6 참고). 2000년 2월 22일에만 무려 290만 주를 매도했다. 그의 친구인 폴 앨런Paul Allen은 1999년 가을부터 마이크로소프트 주식을 매도하기 시작하여 2000년 2월 11일

마이크로소프트(주봉)

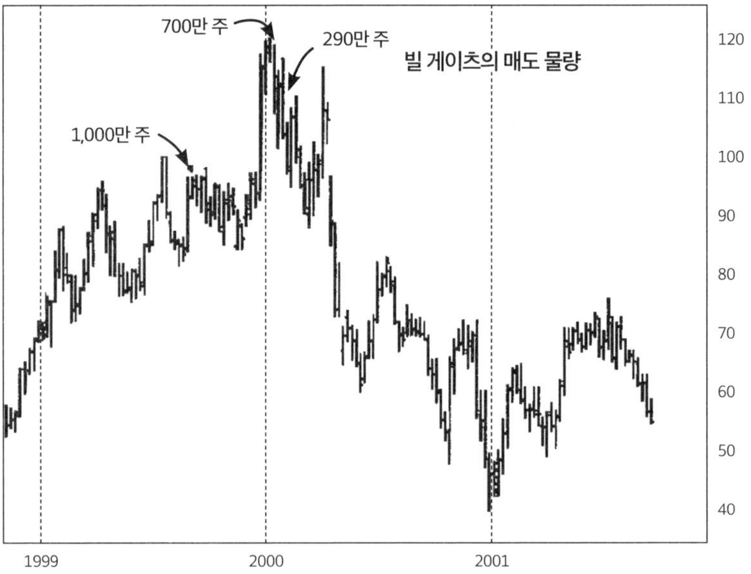

그림 8.6 **마이크로소프트 주가**(1999~2001)

에는 1억 6,400만 주를 매도했다. 이 시기에 그들의 활동을 살펴보면 경영보다 주식 처분에 더 많은 시간을 들인 것처럼 보인다. 그 정도로 그들은 팔고 또 팔았다.

정확한 이유는 모르지만 그들은 나름의 방식과 이유로 대규모 하락이 시작되기 직전에 시장에서 빠져나갔다. 똑똑한 사람들은 똑똑한 짓을 한다. 기업의 오너들, 특히 마이크로소프트 같은 대기업의 오너들은 똑똑하다. 역사는 그들이 나중에 옳았던 것으로 드러날 가능성이 높은 행동을 하면 따라가야 한다고 말한다.

내부자 매매와 관련된 통찰이 하나 있다. 한 명의 내부자가 자사주를 매매하는 것은 많은 내부자가 매매하는 것만큼 중요하지 않다. 그 사람은 세금을 내거나 집을 사는 등의 이유로 주식을 처분해야 했을 수도 있다. 반면 많은 내부자가 자사주를 처분하는 것은 다른 문제다. 그들이 모두 새 집을 살 리는 없다. 그런 행동을 할 만한 이유가 있다고 보는 것이 타당하다. 특정한 시점에 자사주를 매매하는 내부자가 많을수록 메시지는 더욱 뚜렷해진다.

물론 매도하는 자사주의 양이 중요하다. 한 내부자가 100주를 매도하는 것은 1,000주를 매도하는 것만큼 부정적이지 않다. 내부자는 자사주 매매 시 익월 10일까지 그 내역을 증권거래위원회에 신고해야 한다. 어떤 경우에는 신고 기한까지 최대한 시간을 벌기 위해 매매를 늦추기도 한다.

내부자 매매에 있어서는 거의 언제나 매수보다 매도가 많다. 내부자의 매도 내역을 확인할 때 많은 기업 임원이 연봉에 더하여 자사주로 보상을 받는다는 사실을 감안해야 한다. 일반적으로 자사주 매도량이 매수량보다 약 2.5배 많다. 이 비율은 당신이 관심을 둔 기업에서 일어나는 일을 이해하는 데 도움이 될 것이다.

관심이 가는 종목을 찾았다면 앞서 설명한 기법이나 다른 기법 또는 당신만의 기준을 통해 걸러낼 수 있다. 다만 당신이 매수하려는 종목을 내부자들이 던지고 있지 않은지 확인할 것을 권한다. 내부자들이 대량으로 자사주를 매수하는 것이 바람직하다. 또는 내부자들이 자사주를 대량 매집하는 다른 종목이 눈에 띌 수도 있다. 이는 아주 좋은 일이다! 그런 종목을 발견하면 실적을 확인하는 절차를 거치면 된다.

뛰어난 성장주를 찾기 위한 우리의 세 가지 펀더멘털 접근법을 다시 한번 정리해 보자. 첫째, 실적에 주의를 기울여야 한다. 돈을 벌지 못하거나, 실적이 꾸준하지 않은 기업은 지나치는 것이 좋다. 우리는 돈을 따라가야 한다. 돈을 벌고 있다는 사실이 확인되면 투자를 고려할 수 있다.

그다음에는 투자 대상 기업의 재무 상황을 점검해야 한다. 부채가 많은 기업은 사양한다. 끝으로 내부자들이 자사주를 꾸준히, 대량으로 매도하는 기업도 사양한다!

물론 투자자들이 종목 선정에 참고할 수 있는 정보는 이 밖에도 아주 많다. 그러나 내가 확인한 다른 요소들은 너무 복잡해서 세부 내용에 매몰되기 쉽다. 앞서 제시한 세 가지 요점만으로도 충분하다.

그러면 지금부터는 우리의 기법을 조금 더 다듬고 어디서, 어떻게 정보를 얻을 수 있는지 살펴보도록 하자.

9
개별 종목에 대한 투자 심리

경험은 좋은 선생이지만 교습비가 아주 비싸다.

- 작자 미상

대다수 단기 투자자들은 돈을 잃는다. 그렇다면 정반대로 투자하는 방법이 있지 않을까? 많은 단기 투자자들이 대부분의 경우에 틀린다면, 정반대로 투자해야 하지 않을까?

이는 전혀 새로운 생각이 아니다. 가필드 드류Garfield Drew는 1930년대에 아마도 최초로 이런 관점을 내세웠을 뿐 아니라, 문제에 대한 실행 가능한 해결책까지 제시했다. 그는 일반 투자자들의 동향을 증권계좌 잔액과 단주 공매도 비율이라는 두 가지 지표로 측정했다.

이 두 지표 중에서 더 오래 사용된 것은 단주 공매도 비율이다. 드류는 100주 미만으로 거래되는 단주 거래는 전통적이라고 여겨지는

100주 단위로 주식을 매수할 충분한 자금이 없는 개미 투자자들이 거래할 가능성이 높다고 판단했다.

이 판단은 70년에 걸쳐 옳았던 것으로 증명되었다. 시장 저점에서 단주 공매도 비율이 비정상적으로 높아졌다. 반면 단주 공매도 비율이 줄어드는 것은(그에 따라 대중의 낙관적 심리가 드러나는 것은) 대개 주가 하락을 예고했다. 이처럼 대다수 투자자들이 투자를 제대로 하지 못한다는 것은 서글픈 사실이다. 하지만 우리는 대다수 투자자를 신경 쓰지 않아도 된다. 그들은 부자가 아니기 때문이다.

윌리 하이비Wally Heiby, 리처드 다이사트Richard Dysart, 마티 즈바이크Marty Zweig, 네드 데이비스Ned Davis 같은 다른 애널리스트들은 같은 맥락에서 추가적인 연구를 했다. 그들이 연구한 것은 전반적인 매매 타이밍이었다. 그중에서 가장 두드러진 분석 대상은 투자 정보Investors Intelligence 서비스였다. 이는 정보지를 만드는 사람들의 심리를 말해주었다. 기록으로 보면 정보지 인기 저술가들은 35년 동안 미래의 주가 동향을 정확하게 예측하지 못하는 대중과 다를 바 없었다.

원자재 애널리스트이자 《마켓 베인Market Vane》의 초기 발행인인 짐 시베트Jim Sibbett는 1960년대 말에 개별 원자재에 대한 정보지 저술가들의 낙관적 관점을 기록하기 시작했다. 그의 작업은 심리 데이터를 전반적인 주식시장뿐 아니라 개별 원자재에 대한 매매 타이밍을 잡는 데 활용할 수 있다는 사실을 보여주었다.

그의 데이터는 상당히 명확하다. 모든 주요 원자재시장은 투자 자문들이 과도하게 낙관적 관점을 취할 때 하락하고, 과도하게 비관적 관점을 취할 때 상승하는 반응을 보였다.

시베트의 분석은 주간 데이터를 토대로 이루어졌다. 그와 달리 제이크 번스타인Jake Bernstein은 일간 단위로 50명의 트레이더들이 드러내는 낙관과 비관을 측정했다.

폭넓은 원자재를 대상으로 측정한 이 일간 심리 데이터는 같은 사실을 말해주었다. 즉 개인 기준 및 일간 기준으로도 투자 심리는 시장의 다음 움직임에 대한 진정한 통찰을 제공할 수 있었다.

투자 심리가 개별 종목에 미치는 영향

나는 이 개념을 진전시키기 위해 개별 종목에 대한 투자 심리를 측정하기 시작했다. 그 대상은 다우산업지수에 속한 30개 종목에 더하여 퀄컴, 선 마이크로시스템즈, 애플처럼 인기가 아주 많은 소수 종목이었다.

인터넷 덕분에 지금은 수많은 투자 자문의 관점을 매주 또는 매일 분석하여 다수 의견을 파악할 수 있다. 이전에는 제때 하기가 거의 불가능한 일이었다. 하지만 지금은 전 세계에 걸쳐 즉각적인 통신이 가능하다. 그래서 다수의 관점을 수집할 수 있다.

앞으로 보여줄 특정한 구성 지표는 내가 고안한 것이다. 그러나 전반적인 요소는 독자적인 것이 아니다. 당신도 자원과 시간이 있다면 직접 할 수 있다. 구체적인 방법은 인터넷 사이트나 출판 매체를 통해 조사 대상 애널리스트 중 얼마나 많은 사람이 낙관적 관점을 취하는지 확인하는 것이다. 전체 대상 중에서 그 비율을 계산하면 낙관적인 정도를 말해주는 기본 지표 또는 원 지표를 구할 수 있다.

해당 데이터는 약간의 평활화smoothing를 거친다. 이 작업은 대중의 낙관성을 기술적으로 측정한 다음에 이루어진다. 이때 개별 투자자를 매일 인터뷰하는 게 아니라 전체 시장 활동에서 그들이 할 법한 활동의 비중을 측정한다. 이는 내가 1960년대에 매집과 분산에 대한 글을 처음 쓰기 시작할 때와는 약간 다른 관점이다. 풋/콜 비율도 이 지표에서 중요한 요소를 제공한다. 이런 일간 데이터는 주간 데이터와 혼합된다.

그 결과는 사실을 조명하는 동시에 추측이 맞았음을 확증한다. 중기 시장 고점은 투자자들의 낙관성이 높은 수준일 때 나온다. 반면 시장의 저점은 거의 언제나 낮은 수준의 낙관성을 수반한다.

17세기 프랑스 철학자인 데카르트René Descartes는 "나는 생각한다. 고로 존재한다"라는 말로 널리 알려져 있다. 그가 이런 투자 철학을 창시한 사람일지도 모른다. 데카르트는 도박으로 생활한 것으로 보인다. 그는 삶에 대한 교조적인 발언들에 더하여 투기자들을 위해 이런 말을 남겼다. "진실은 다수가 아니라 소수에 의해 발견될 가능성이 높다."

이 말은 투자의 측면에서 이렇게 해석할 수 있다. "다수가 발견하는 순간 추세가 바뀔 가능성이 높다."

이처럼 데카르트, 가필드 드류, 마티 즈바이크 또는 나 같은 사람들을 통해 시장 동향의 진실이 드러났거나 적어도 확증되었다. 대개의 경우 정보가 부족한 투자자나 다수의 의견은 무시해도 된다.

증거가 스스로 말하게 하라

다음 장의 그림 9.1, 9.2, 9.3은 투자 심리를 보여주는 주봉 차트다. 낙관적 관점을 취하는 사람의 비중이 75퍼센트를 넘기는 과도한 수준은 따로 표시해 두었다. 보다시피 시장 저점은 조사 대상의 25퍼센트 이하가 매수를 고려하는 상황에서 나올 가능성이 높다.

기본 규칙

첫 번째 규칙은 낙관적 관점이나 비관적 관점이 과도한 구간에서 대개 주가가 반전된다는 것이다. 헤라클레이토스Heraclitus는 기원전 500년에 이렇게 말했다. "모든 추세는 너무 멀리 나아가 반전을 초래하기 마련이다."

이 현상의 증거로서 1996년부터 2000년 봄까지 JP모건J.P. Morgan의 주가 변동을 담은 그림 9.1을 보자. 그림에 낙관적 관점과 비관적 관점이 과도한 구간이 표시되어 있다. 그중 대다수는 수익을 낼 수 있는 구도로 이어진다. 이는 실로 예외가 아니라 규칙에 가깝다.

3M의 차트인 그림 9.2는 동일한 일반적 관측이 사실임을 보여준다. 75퍼센트 이상의 대다수 투자 자문이 지나치게 낙관적일 때 주가

JP모건J.P. Morgan Chase & Co**(1996~2000, 주봉과 심리 지표)**

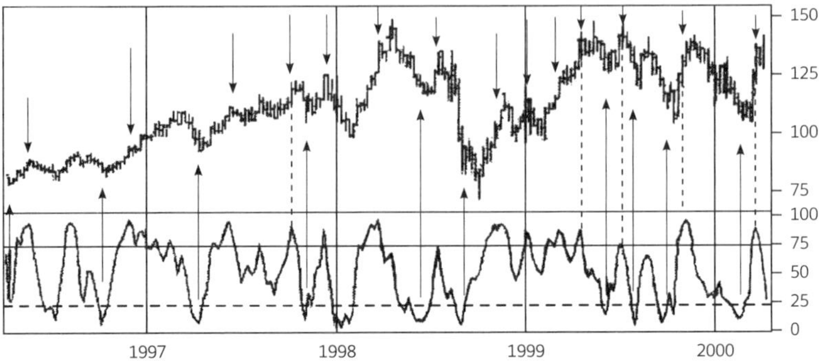

그림 9.1 **JP모건**(1996~2000)

3MMinnesota Mining & Manufacturing Company**(1996~2000, 주봉과 심리 지표)**

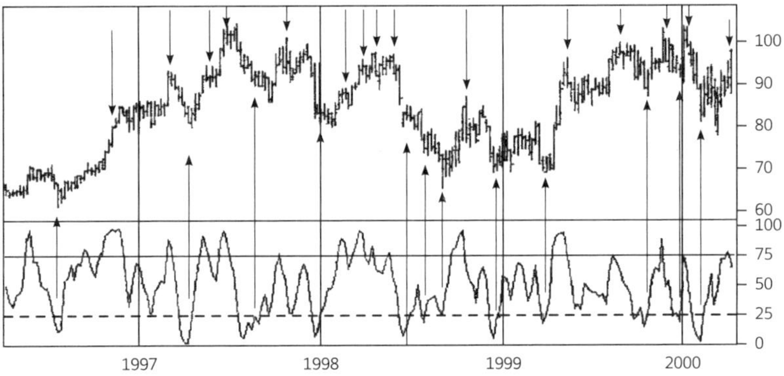

그림 9.2 **3M**(1996~2000)

는 상승하기보다 하락할 가능성이 더 높다.

같은 맥락에서 낙관적 관점을 지닌 투자 자문의 비중이 25퍼센트 이하일 때는 주가가 상승할 확률이 크게 높아진다. 실제로 이 4년 동안 가장 많은 수익을 안긴 상승이 나왔을 때 심리 지표는 모두 차트에 표시한 대로 낮은 4분위에 속해 있었다. 물리학의 열역학 제2법칙에 따르면 모든 것은 질서가 있는 상태에서 없는 상태로 가는 경향이 있다. 무질서, 즉 엔트로피entropy는 항상 증가한다.

여기서도 그런 현상이 발생한다. 추세에 형성되는 모든 질서, 공통적 전망에 따른 엔트로피의 감소는 다른 영역에서 추세를 반전시키는 엔트로피를 증가시킨다.

이번에는 다른 기업인 머크Merck의 차트를 살펴보자(그림 9.3). 어떤 사업을 하는 기업인지는 중요치 않다. 은행업을 하는 JP모건이든, 다양한 제품을 만드는 기술 기업인 3M이든, 제약 회사인 머크든 관계없다. 여전히 정글의 법칙이 작용한다. 1997년 이후로 이 종목에 대한 사실상 모든 이상적인 매수 및 매도 기회는 우리의 심리 지표가 정확한 구간에 있을 때 나왔다.

문제는 지표와 달리 주요 움직임이 나오지 않을 수 있다는 것이다. 이 지표는 거의 모든 주요 고점과 저점을 포착했다. 그러나 정확

머크Merck & Company Inc(1996~2000, 주봉과 심리 지표)

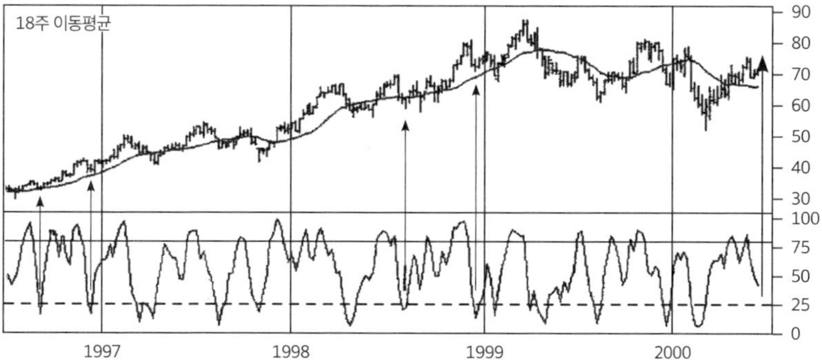

그림 9.3 **머크(1996~2000)**

하지 않은 신호가 나온 적도 몇 번 있었다. 이런 문제를 피할 수 있는 기법을 한 가지 보여주겠다. 당신도 나름의 기법을 몇 가지 갖고 있을지 모른다.

트레이더가 지표를 활용하는 방법

당신이 머크 주식을 장기 보유한다고 가정하자. 당신은 이와 별개로 풋 옵션이나 콜 옵션을 매도하여 추가 수익을 올리고자 한다. 이때 심리 지표가 큰 가치를 지닐 수 있다. 낙관적 관점을 지닌 투자 자문의 비중이 25퍼센트 이하일 때 풋 옵션을 매도하고, 75퍼센트 이상일 때 콜 옵션을 매도하면 된다.

당신이 포트폴리오에 추가하기를 원하는 주식을 예의주시하고 있다고 가정하자. 유일한 문제는 매수하기 가장 좋은 때를 파악하는 것이다. 이 경우에도 심리 지표가 도움이 될 수 있다. 대다수가 매수할 때 같이 매수할 이유가 있을까? 대다수가 틀린 선택을 하는 경우가 아주 잦은데도 말이다. 그냥 주간 지표가 25퍼센트 이하로 하락할 때 투자하면 된다.

여러분이 확인할 수 있도록 차트에 25퍼센트 매수 구간을 표시해두었다. 이 기법은 기계적일 정도로 단순하다. 그럼에도 그 결과는 실로 놀랍다.

그림 9.4는 1993년부터 2000년까지 머크 주식의 매수 지점을 화

머크(1993~1997, 주봉과 심리 지표)

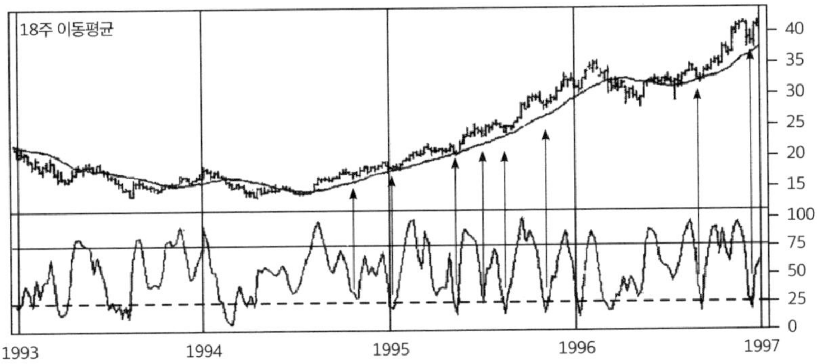

그림 9.4 **머크(1993~1997)**

살표로 보여준다. 완벽하지는 않지만(실제 투자의 세계에서는 어떤 것도 완벽하지 않다) 다수의 화살표가 장기 투자를 위한 이상적인 진입 지점을 가리킨다는 사실은 대단하다. 또한 이 지점들은 머크 주식을 이미 보유한 경우, 풋 옵션을 매도할 정확한 지점이다. 그러면 주식을 팔지 않아도 수입을 올릴 수 있다.

더 이상 주사위를 굴릴 필요가 없다. 대신 주사위를 굴리는 사람들의 심리를 파악하라!

마이크로소프트 주식에 대한 미국인들의 사랑은 2000년에 끝났다. 그 주된 이유는 정부의 행동 때문이었다. "정부가 여러분을 돕겠습니다. 미국 역사상 가장 성공적인 기업인이 사기를 친 게 분명합니다. 그렇지 않으면 어떻게 성공했겠습니까?"라는 심판적, 관료적 태도 때문에 수많은 가족이 큰돈을 잃었다.

하지만 흥미롭게도 대중을 거스르는 우리의 규칙이 이 경우에도

마이크로소프트(1997~2000, 주봉과 심리 지표)

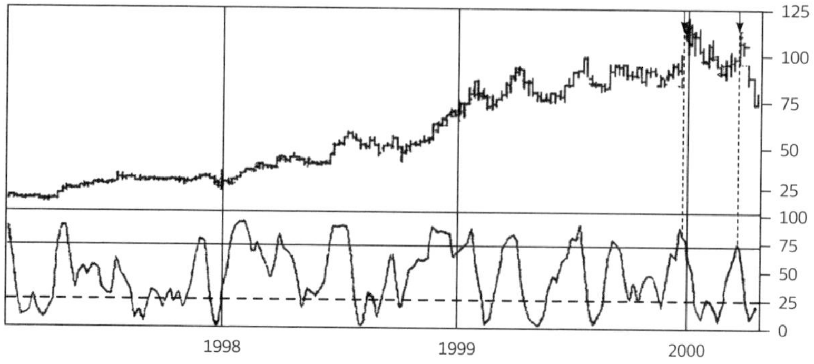

그림 9.5 **마이크로소프트**(1997~2000)

마이크로소프트(1992~1995, 주봉과 심리 지표)

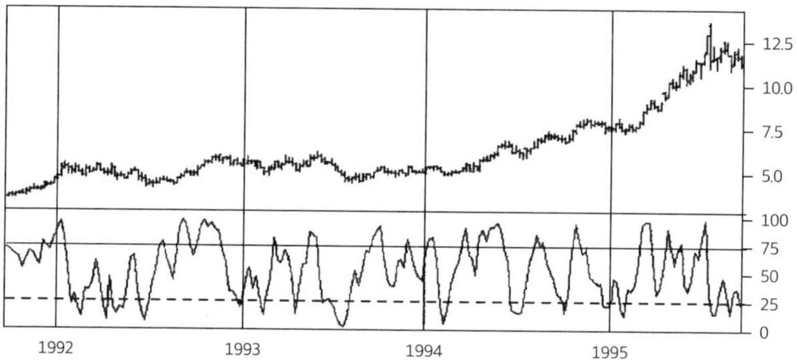

그림 9.6 **마이크로소프트**(1992~1995)

효력을 발휘했다. 마이크로소프트 역사상 최대 하락이 나오기 전 주에 심리 지표는 77퍼센트를 기록했다(그림 9.5 참고). 실제로 대다수 주요 움직임은 투자 자문들의 과도한 낙관적 태도 및 비관적 태도를 통해 분명하게 지시되었다.

이는 새로운 현상이 아니다. 1992년에서 1995년까지 마이크로소프트의 주가 동향을 보여주는 그림 9.6에서도 같은 과도한 심리 패턴이 작동한다. 여기서 우리가 볼 수 있는 것은 추세가 한 방향으로 간다는 사실을 모두가 믿는 상태와 누구도 믿지 않는 상태를 진자처럼 오가는 자연스러운 주기다.

투자에 성공하려면 대개 다른 사람들이 해야 한다고 생각하는 일을 하고 있을 때, 그들이 하지 않는 일을 해야 한다.

무엇이 과도한 낙관과 비관을 초래하는가?

앞서 살핀 대로 심리 지표에 대한 증거는 대단히 설득력이 높다. 하지만 왜 그런 일이 생길까? 심리 지표 이면에는 어떤 힘이 작용할까?

심리 지표를 움직이는 힘은 시장이 돌아가는 양상이다. 랠리가 강하고 길수록 사람들은 더욱 낙관적으로 변한다. 그들을 낙관적으로 만드는 유일한 요소는 강한 랠리다. 그들을 다시 비관적으로 만드는 유일한 요소는 하락이다. 여기에는 이분법이 작용한다. 그렇다. 추세는 당신의 친구다. 그러나 바로 그 추세가 사람들을 극단적인 낙관이나 비관에 빠지도록 유도한다.

하지만 투자의 제1법칙은 추세에 맞서지 않는 것 아닌가?

심리 지표는 "추세는 당신의 친구다. 끝날 때까지는"이라는 오랜 격언을 이해하는 데 도움을 준다.

추세의 끝, 그러니까 돈을 벌 기회는 너무 많은 사람이 대세에 올라탔을 때 찾아온다. 요컨대 심리 데이터는 언제 추세의 끝이 가까워졌는지 잘 알려준다. 그 실효성은 내가 주가를 분석한 40년 동안 살핀 다른 어떤 지표만큼이나 뛰어나다.

추세의 힘, 즉 강한 랠리는 시장의 예언자들에게 최면 효과를 발휘하는 듯하다. 랠리가 강할수록 몽유병 같은 도취 상태가 깊어진다. 랠리는 그 어느 것보다 그들을 더 낙관적으로 만든다. 그들은 마치 생각을 멈추고 들쥐처럼 행동하는 것 같다. 추세의 끝이 가까워질수록 다른 들쥐들을 따라서 절벽에서 뛰어내리려는 숫자가 늘어난다!

심리 지표를 자세히 살펴보면 추세의 끝에서는 많은 사람이 잘못된 쪽에 서 있는 것을 보게 된다. 그들은 중반 무렵에 추세와 보조를 맞춘다. 그리고 추세가 완성되어 갈 시점에 하나의 관점에 과도하게 쏠린다. 다시 말해서 대중은 한동안 올바른 추세를 포착할 수 있다. 그들은 추세가 강할수록 더욱 확고하게 매달린다.

대중이 중반에는 시장을 올바로 전망한다는 점을 명심하라. 이때 이후 그들은 과도하게 한쪽으로 몰린다. 그에 따라 심리 지표가 75퍼센트 이상으로 올라가면 잠재적 매도 기회가 나오고, 25퍼센트 이하로 떨어지면 잠재적 매수 기회가 나온다.

우리는 다수가 옳다고 배우면서 자랐다. 다수가 지배하고 승리해야 한다고 말이다. 그러나 다수의 지배는 위험할 수 있다. 3명이 있을 때 2명이 1명을 죽이기로 결정하면 어떻게 될까? 그럴 수 있는 권리가 주어져야 할까? 군중의 오류를 확인하면 할수록 우리가 투표로 뽑은 지도자가 정말로 뛰어난 사람이 맞는지 더욱 의심하게 된다. 우리는 일반 투표로 미래를 결정한다. 잘 모르는 일이 있으면 설문조사를 한다.

다수의 관점이 항상 틀리는 건 아니다. 그러나 증거가 매우 확실하게 보여주는 대로, 대중은 극단적인 상황에서 맞을 확률보다 틀린 확률이 더 높다. 따라서 우리에게는 성공 확률을 높일 수 있는 우위 또는 기회의 창이 생긴다. 투자자에게 더 바랄 것이 있을까?

그렇다고 해도 우리의 매매가 여전히 이를 수 있다. 그래서 매매를 하기 위한 추가 확증 또는 단기 진입 기법이 필요하다. 진입 기법은 아주 많다. 하지만 심리 지표가 제공하는 것처럼 적절한 구도가 없으면 대다수는 실패하게 되어 있다.

심리 지표에 대한 통찰

이제는 심리 지표가 지니는 진정한 가치를 이해했을 것이라고 믿는다. 그리고 아마 심리 지표에 따른 덜 바람직한 신호를 걸러내는 방법이 있을지 알고 싶을 것이다.

물론 그런 방법이 있다. 다만 모든 지뢰밭을 피해갈 수 있을 것이라고 기대해서는 안 된다. 그런 일은 절대로 일어나지 않는다.

나는 장기 투자자로서 전반적인 시장 추세가 상승할 때 최고의 '25퍼센트 매수 신호'가 나온다는 사실을 알아냈다. 시장 추세는 대단히 기초적인 방식으로 측정할 수 있다. 주간 종가가 18주 이동평균보다 높으면 장기 추세가 상승하는 것이다. 이때 심리 지표에 따른 매수 구간이 나오면 주간 종가가 18주 이동평균 아래일 경우보다 나은 베팅이 될 것이다.

1997년에서 2000년까지의 디즈니 주간 차트로 분석을 시작해 보자(그림 9.7과 9.8). 앞서 말한 두 조건이 충족될 때, 즉 장기 추세가 상승하고(주간 종가가 18주 이동평균 위), 심리 지표가 25퍼센트 아래인 경우를 화살표로 표시해 두었다. 거기에 해당하지 않는 다른 신호는 모두 X로 표시했다. 신호가 얼마나 많은지 보라! 그중에는 좋은 신호도, 좋지 않은 신호도 있었지만 두 기준이 호응하는 때에 나온 신호는 모두 통했다. 1997년부터 2000년 사이에는 그런 신호가 3번밖에 나오지 않았다. 그 점이 마음에 든다. 매매 횟수가 적을수록 더 좋다.

월트 디즈니 Walt Disney Productions**(1997~1999, 주봉과 심리 지표)**

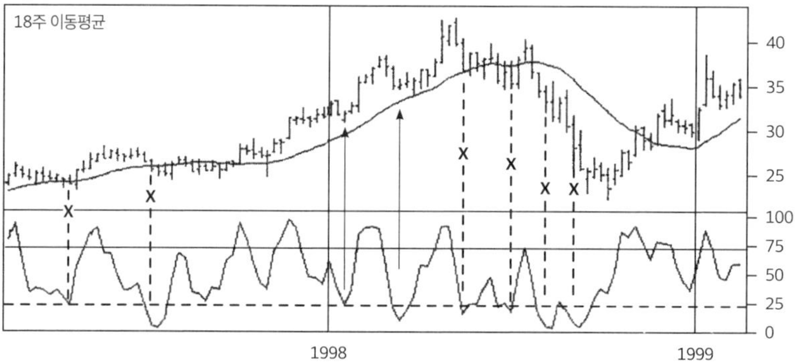

그림 9.7 **디즈니**(1997~1999)

월트 디즈니(1998~2000, 주봉과 심리 지표)

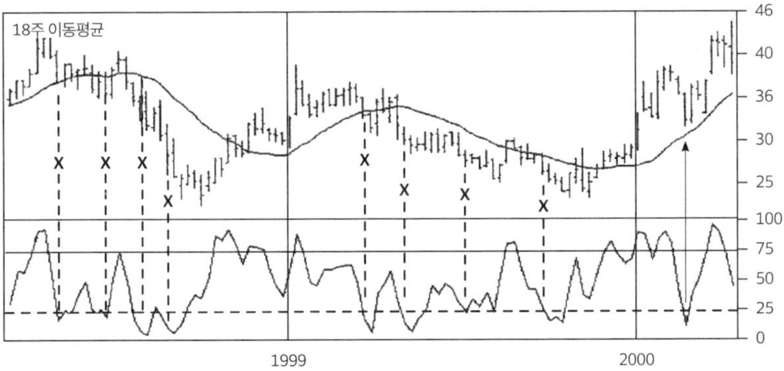

그림 9.8 **디즈니**(1998~2000)

머크(1996~2000, 주봉과 심리 지표)

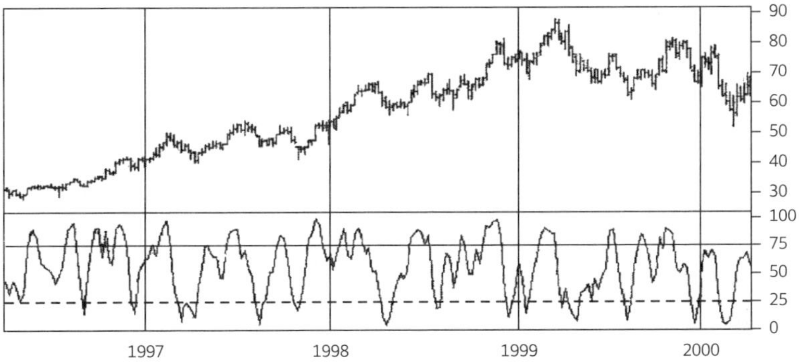

그림 9.9 **머크**(1996~2000)

앞서 말한 내용들을 참고하여 그림 9.9에 나온 머크의 차트를 살펴보자. 이 차트는 두 지표가 일치하는 매수 기회만 보여준다. 그림 9.3과 얼마나 다른지 보라. 매매 횟수는 훨씬 적고, 심리 지표가 75퍼센트 이상으로 올라갈 때 탈출하기만 하면 사실상 모든 경우에 돈을 번다.

독가스를 들이마시지 마라

알트리아 그룹 필립 모리스Philip Morris의 차트를 보여주는 그림 9.10을 보면 심리 지표를 활용한 매수 기회가 많이 나온다. 그중 다수는 1999년에 집단소송 때문에 주가가 폭락하기 전까지 수익을 안긴다. 주간 종가가 18주 이동평균 아래에 머물면서 매수 지점이 하나도 발동하지 않는다는 점에 주목하라.

물론 이상적이지 않은 매수 지점을 걸러내기 위해 선택할 수 있는 다른 접근법들이 있다. 그러나 이 접근법도 나쁘지 않다.

반대의 규칙을 적용하면 공매도 신호가 촉발된다. 즉, 주간 종가가 18주 이동평균 아래이고, 심리 지표가 75퍼센트 이상일 때 공매도를 하는 것이다.

뒤에 종목과 시기가 다른 7개의 차트를 공부 자료로 남겨둔다. 이

필립 모리스(1994~1997, 주봉과 심리 지표)

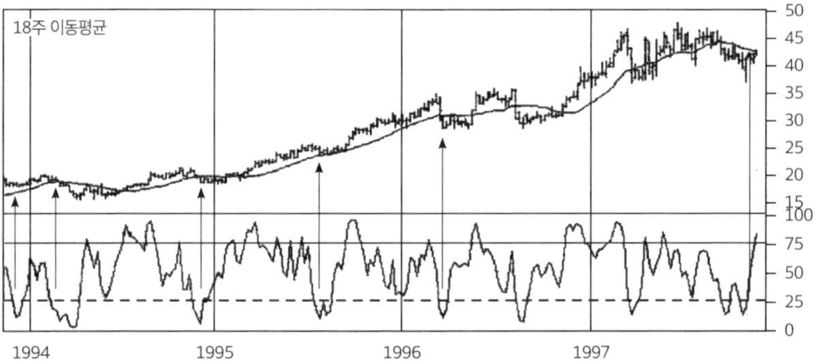

그림 9.10 **필립 모리스(1994~1997)**

차트들을 보면 심리 지표를 더 잘 이해할 수 있다. 어쩌면 이 귀중한 데이터를 활용하는 당신만의 방식을 개발할 수 있을지도 모른다. 이 접근법에 대해 내가 가장 좋아하는 부분은 잘못된 논리에 기반하지 않았다는 것이다. 가필드 드류의 초기 분석 이후로 시장은 언제나 그렇게 움직였다.

주가 등락의 요인

장기적으로 주식은 진정한 이유, 즉 실적, 부채, 내부자 매수 같은 요인에 따라 오르내린다. 주식시장의 역사를 오랫동안 살핀 사람이라면 누구나 깨닫는 대로 이런 요인은 실로 중요하다. 나는 이런 펀더멘털 측면의 요인을 분석하는 것이 장기 투자 포지션을 찾는 최선의 방식이라고 믿는다.

그러나 중단기적으로 주가는 등락하며 때로는 그 양상이 상당히 격렬하다. 이런 변동 중 다수는 분명히 무작위적이며, 예측을 불허한다. 그럼에도 중기 고점 중 대다수는 심리 지표가 매수자가 너무 많다고 알려주는 바로 그 시기에 형성된다.

시장의 저점은 그 반대다. 그중 다수는 매도를 생각하거나 권하는 사람들이 너무 많을 때 형성된다. 마치 대다수 사람들이 대다수 경우에 틀린다는 사실을 시장이 증명하도록 되어 있는 것 같다.

마찬가지로 흥미로운 점은 기업이 하는 일 또는 현재의 시장 환경에서는 하지 않는 일이 중요치 않아 보인다는 것이다. 명백히 중요한 사실은 너무 많은 선원이 주식시장이라는 배의 한쪽으로 몰리면 (실제와 달리) 배는 반대편으로 기울어지게 되어 있다는 것이다. 대다수 사람들이 추세가 상승하고 있음을 파악했다고 생각할 때, 추세의 운명은 바뀌게 되어 있다.

장기 투자 대상을 고를 때 펀더멘털 측면의 토대를 분석하는 일은 큰 보상을 안긴다. **다만 해당 종목에 진입하는 시점을 잡는 일에 있어서, 나는 명백히 대다수 사람들이 하지 않는 일을 하기를 원한다.**

통신 기술과 인터넷 사이트들 덕분에 지금은 투자 게임에 참여하는 많은 플레이어들의 심리를 파악하고 집계할 수 있다. 그래서 시장의 전환점을 만드는 분위기에 휩쓸리지 않을 수 있다.

나의 매매 방식

나는 심리 지표를 다양한 방식으로 활용한다. 가장 흥미로운 방식은 대다수 투자 자문들이 낙관적일 때 콜 옵션을 매도하는 것이다. 콜 옵션을 매도하면 매수자로부터 프리미엄을 받으므로 옵션 가격에 대한 지급액이 계좌로 바로 들어온다. 프리미엄 이상의 돈은 벌 수 없지만 수익은 확실하게 챙길 수 있다. 또한 베팅이 틀렸을 경우, 포지션을 커버할 때 매수자가 지불한 프리미엄으로 손실을 메꿀 수 있다. 이 방식은 자주 활용하지 않았다. 그래도 지금까지는 손해를 본적이 없다(앞으로도 그렇기를 바란다). 나의 전략은 원자재를 찾아내는 것이었다(주로 원자재를 거래했기 때문이다). 하지만 이 아이디어는 상당한 하락 추세를 나타내는 주식에 대해서도 쓸모와 장점을 지닌다.

나는 7개월 넘게 하락한 추세를 좋아하지 않는다. 모든 추세는 일정한 시점이 되면 끝나야 한다는 사실을 알기 때문이다. 두어 달 정도만 지속된 추세보다 7개월 또는 8개월 동안 지속된 추세가 반전될 가능성이 훨씬 높다.

이처럼 하락 추세가 강한 시장 구도에서는 심리 지표가 80퍼센트 위로 오를 때까지 기다린다. 그리고 지표가 오른 주의 금요일 장이 마감하기 직전에 콜 옵션을 매도한다. 콜 옵션 매도는 누군가가 미래에 원자재(또는 주식)을 내게서 매수할 기회를 주는 것이다. 매수자는 가격이 많이 올라서 내게 지불한 프리미엄을 충당할 수 있을 뿐 아니라, 행사가격(콜 옵션에 명시된 가격)을 넘길 것이라는 데 베팅한다. 가령 90일 만기에 행사가격이 주당 36달러인 콜 옵션의 경우, 만기 시 주가가 36달러 이하가 되면 가치를 잃는다.

투자 자문들이 주식이나 원자재에 대해 대단히 낙관적이면 옵션 프리미엄이 높아지는 경향이 있다. 가격이 오를 것이라는 낙관적 태도가 과도하기 때문이다. 나의 수익 목표는 50퍼센트다. 그래서 내가 매도한 옵션의 가격이 50퍼센트 이상 떨어지면 수익을 확정한다. 나는 이 작업을 금요일에 한다. 내게서 옵션을 매수하는 불쌍한 호구가 이미 이틀 동안 감소하는 프리미엄에 직면하기 때문이다. 옵션이 나의 포지션과 반대로 움직이면, 즉 기초자산의 가격이 너무 올라서 늘어난 옵션의 프리미엄이 내가 받은 프리미엄과 같은 수준이 되면 발을 빼고 포지션을 청산한다.

전체 전략은 양호한 하락 추세 시장을 찾고, 너무 많은 사람이 지나치게 낙관적일 때까지 기다렸다가, 콜 옵션을 매도하는 것이다. 나는 반대의 전략(상승 추세에서 풋 옵션 매도)으로도 같은 성공을 거두었다.

이 경우 나는 강한 상승 추세에 있는 시장을 찾는다. 다만 이번 역시 7개월 넘게 추세가 지속된 시장은 제외한다. 시장을 찾으면 투자자문들이 과도하게 비관적일 때 풋 옵션을 매도한다. 상승 추세가 계속될 가능성이 높고, 투자 자문들은 다시 틀릴 것이기 때문이다. 이런 옵션 매도 전략은 장점을 지닌다. 대다수 투자 자문들(그리고 그들의 말에 영향 받은 대중들)은 해당 종목이나 선물 계약에 대해 무지하고 비관적이다. 그래서 앞으로 가격이 내려갈 것이라고 믿는다. 그 결과 시장이 상승할 때와 달리 풋 옵션에 기꺼이 더 많은 가격을 지불하게 된다. 이는 두 마리 토끼를 잡을 수 있게 해준다. 즉, 사람들이 비관적 감정 때문에 풋 옵션에 정상적인 수준보다 많은 가격을 지불하려 하는 동시에 시장은 상승할 태세를 갖춘다.

앞서 살핀 대로 이 지표가 매매 타이밍을 찾는 도구로서 얼마나 중요한지 말해주는 탁월한 사례들이 있다. 거기에 더하여 여러분이 직접 분석할 수 있도록 월마트, 인텔, IBM 등의 차트를 추가한다(그림 9.11부터 9.17 참고).

인텔Intel(주봉 및 심리 지표)

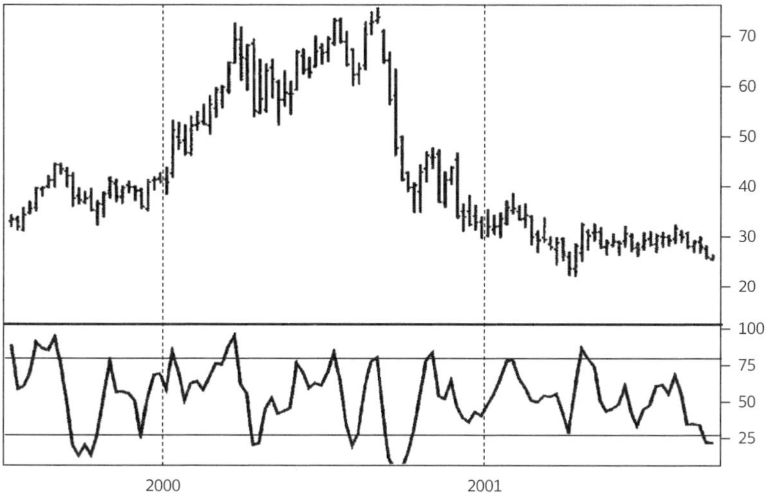

그림 9.11 **인텔**

IBMInternational Business Machines(주봉 및 심리 지표)

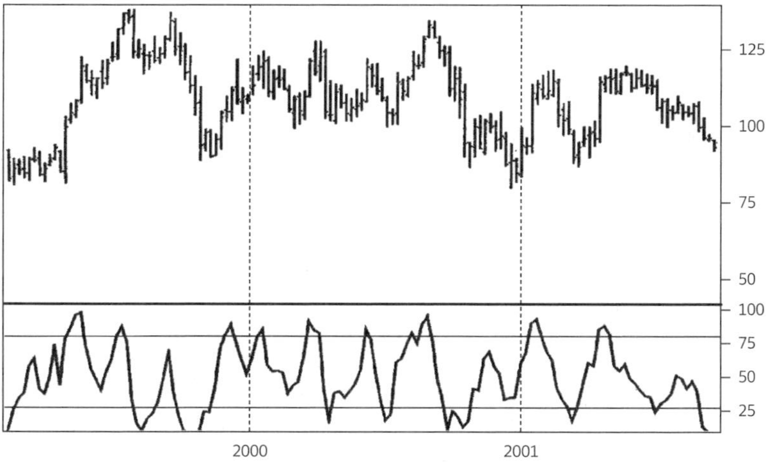

그림 9.12 IBM

퀄컴Qualcomm**(주봉 및 심리 지표)**

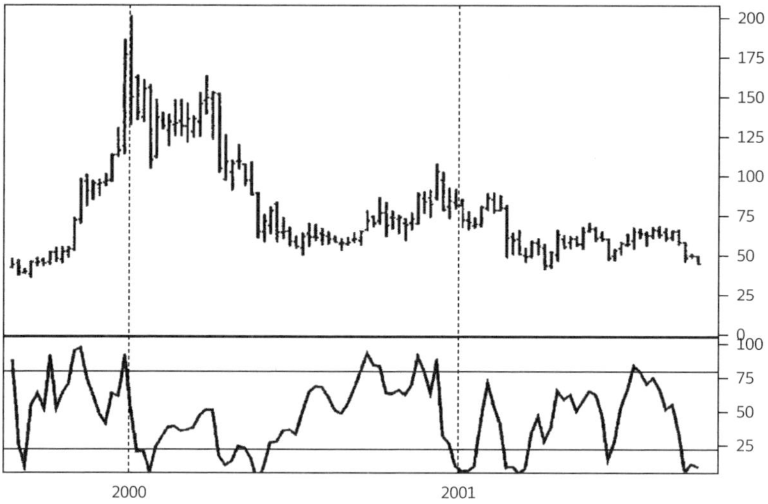

그림 9.13 **퀄컴**

시어스 로벅 Sears Roebuck & Co**(주봉 및 심리 지표)**

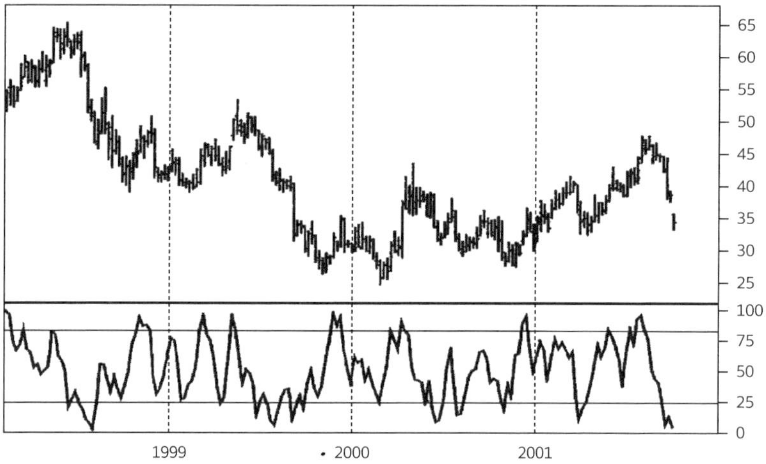

그림 9.14 **시어스 로벅**

인터내셔널 페이퍼International Paper Co(주봉 및 심리 지표)

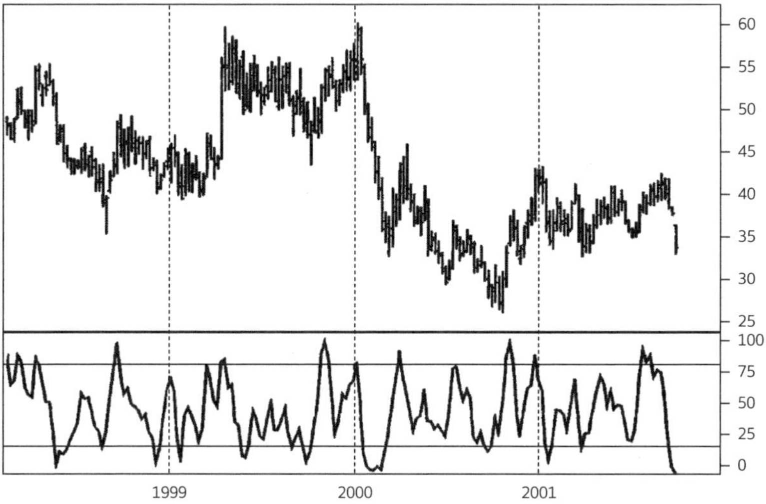

그림 9.15 **인터내셔널 페이퍼**

월마트Wal-Mart Stores Inc(주봉 및 심리 지표)

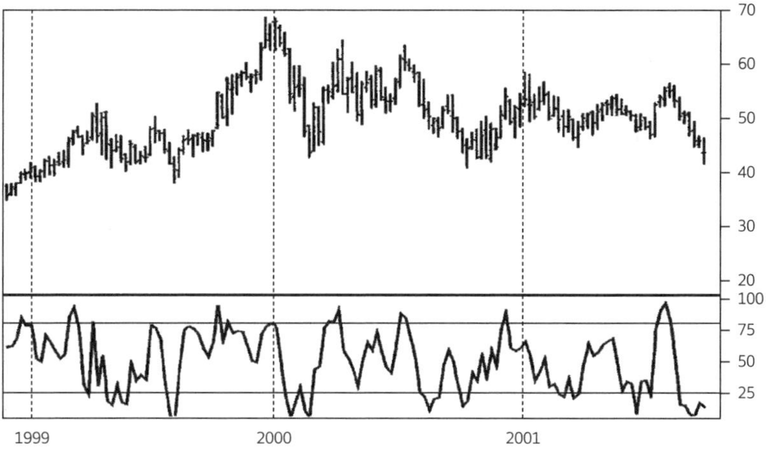

그림 9.16 **월마트**

마이크로소프트(주봉 및 심리 지표)

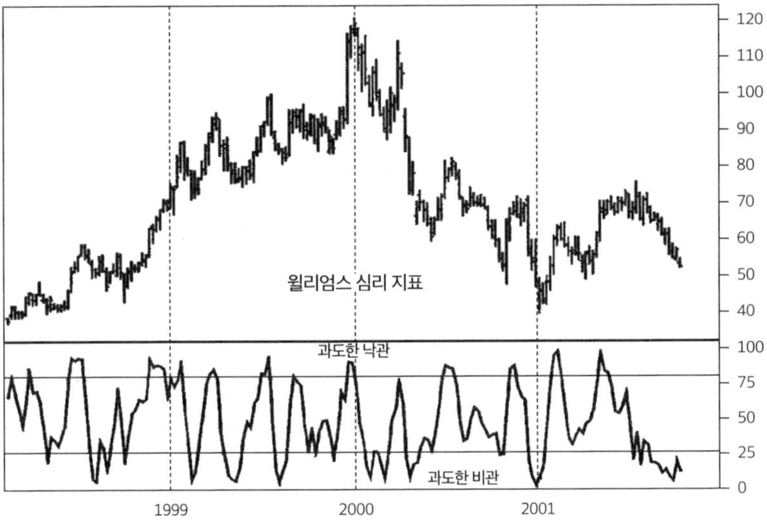

그림 9.17 **마이크로소프트**

주가와 계절성

원자재 트레이더들은 금융시장에 독특한 관점을 제공한다. 우리가 오랫동안 알던 대로 원자재 가격에는 계절적 영향이 작용한다. 자세한 내용은 나의 책 『확실한 원자재 트레이딩: 계절적 요인이 원자재 가격에 영향을 미치는 양상 **Sure Thing Commodity Trading: How Seasonal Factors Influence Commodity Prices**』을 참고하기 바란다. 이 책의 요점은 원자재 가격의 등락과 관련하여 어느 정도 신뢰할 만한 계절적 시기가 존재한다는 것이다.

이 점이 원자재 가격에서 더 뚜렷하게 나타나는 이유는 날씨와 수

확 및 파종 시기 때문일 것이다. 또한 소비 측면도 살펴볼 수 있다. 달걀 시장이 그 단순한 예다. 안타깝게도 이 시장은 더 이상 운영되지 않는다. 과거 달걀 시장이 운영될 때는 매년 부활절 직전에 종교적으로(말장난 아님) 달걀 가격이 상승했다.

내가 아는 한, 주가에 미치는 계절적 영향을 최초로 진지하게 연구한 사람이 나다. 예일 허시가 1960년대에 관련 연구를 조금 했는데, 나는 1970년대 말에 500여 개의 종목을 대상으로 폭넓게 연구했다. 그 목적은 일부 종목에서 신뢰할 만하게 상승이나 하락의 경향이 나타나는 시기가 있는지 확인하는 것이었다.

내가 많은 주의를 기울인 첫 종목은 IBM이었다. 나는 거의 20년

IBM(주봉)

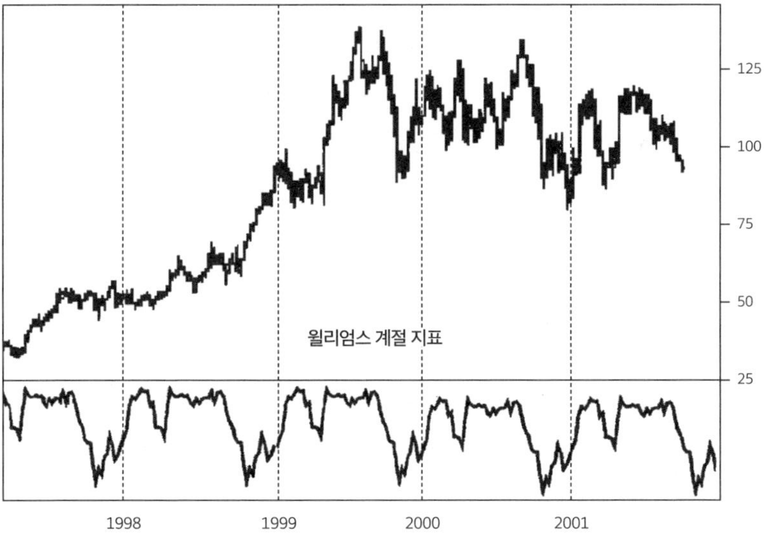

그림 9.18 IBM

전에 이렇게 썼다. "IBM은 대개 10월 마지막 주 무렵에 매수하기 좋다. 이익이 1월 후반으로 미루어지기 때문이다. (중략) 그다음 4월에 매수 지점을 찾고 9월 후반에 빠져나오면 된다." 그림 9.18이 보여주는 대로 IBM의 계절적 경향에 대한 연구는 지금까지 계속되고 있다.

옵션 매도자들은 이 지표를 전반적인 타이밍 도구로 활용할 수 있다. 즉, 계절적 시장 고점이 나올 시점에 콜 옵션을 매도하고, 대개 계절적 시장 저점이 나올 시점에 풋 옵션을 매도하면 된다. 또한 정확한 옵션 매매 시점을 잡기 위해 심리 지표를 활용하여 두 지표가 맞물리는지 확인할 수 있다. 이는 옵션 투자에서 매수만 하든, 화려한

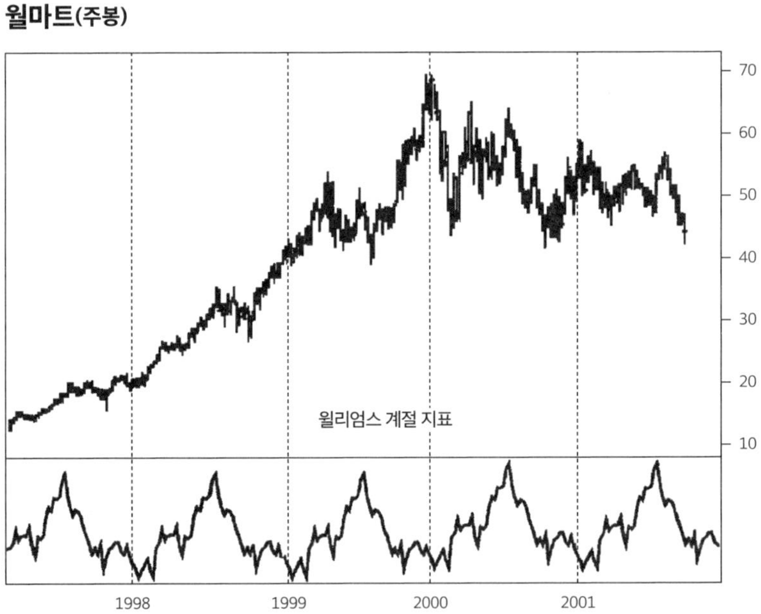

그림 9.19 **월마트**

매매 기법을 구사하든 투자자에게 이상적인 전략이다.

세계적인 주요 유통업체인 월마트의 주가는 강력한 계절적 패턴을 지닌다. 거기에 따르면 2월에 매수 기회가 나온다. 또한 전체 또는 대다수 고점이 7월 중순에서 하순에 형성된다(그림 9.19 참고). 때로는 7월 후반에 주요 고점 또는 적어도 중단 지점이 나온다. 중단 지점이 나오면 주가는 투자자들을 위한 상방 진전 없이 대규모 박스권으로 접어든다.

나는 이 지표를 충분히 오랫동안 활용하는 과정에서 이를 상당히 존중하게 되었다. 이 지표는 주식시장에서 포지션을 구축하는 모든 사람에게 큰 가치를 지닐 수 있다. 이정표는 정확하고 명확하다. 대다수 종목을 매수하기에 더 좋은 때가 있다. 펀드 매니저 또는 우리 같은 일반 투자자도 정확한 시점이 될 때까지 매수를 보류해야 한다. 이 점은 계절적 경향을 보여주는 차트가 증명한다.

코카콜라는 여름 매출을 반영하는 흥미로운 계절적 경향을 지닌다. 그림 9.20을 보면 알 수 있듯이 최선의 매수 시기는 9월 마지막 주 또는 10월 첫 주 무렵에 나온다. 보다 많은 주요 고점은 7월 말에 형성된다. 이 시기에 적어도 북반구에서 여름 매출이 최대치로 늘어난다.

계절적 경향이 없을 것 같은 종목도 강력한 반복적 패턴을 드러낸다. 보잉의 차트인 그림 9.21을 보면 대개 4월 중순에 저점이 찍히고, 8월 첫 주 무렵 매도 신호가 나온다.

지금까지 개별 종목에 미치는 계절적 영향을 보다 잘 이해할 수

코카콜라Coca-Cola Co(주봉)

그림 9.20 **코카콜라**

보잉Boing Co(주봉)

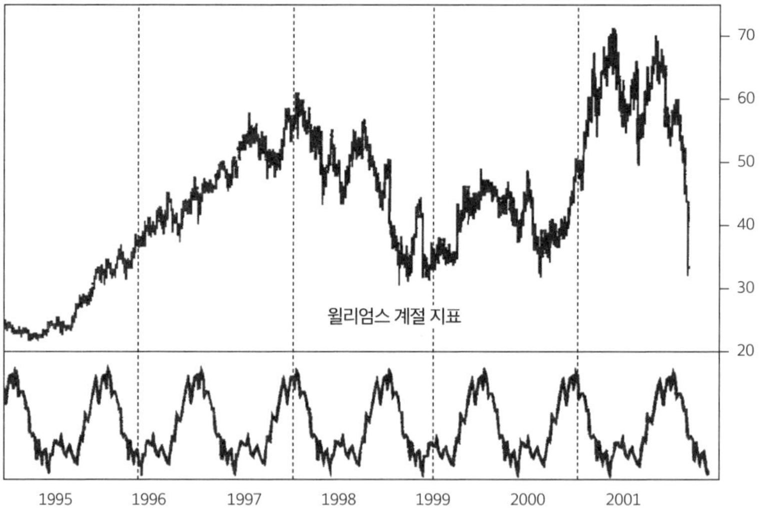

그림 9.21 **보잉**

있도록 주목 받는 일부 종목의 계절적 경향을 제시했다.

이 차트들은 다른 지표와 같이 활용할 때 진정한 가치를 지닌다. 가령 심리 지표에 따른 이상적인 매도 신호는 75퍼센트 이상의 대다수 투자 자문이 낙관적 관점을 취할 때 나온다. 동시에 해당 종목이 전통적인 계절적 고점에 있어야 한다. 이처럼 과도한 낙관과 더불어 하락을 알리는 계절적 패턴이라는 두 지표를 통합할 수 있다.

대개 매수 신호도 마찬가지다. 이 경우 전통적인 계절적 저점 또는 매수 구간에 속하는 동시에 심리 지표가 과도하게 부정적인 종목을 찾으면 된다. 75퍼센트 이상의 정보지 저술가들이 "이 종목을 사지 마세요"라고 말하면 사야 한다!

코모디티 코트 그래픽스Commodity Quote Graphics에서 심리 지표를 구할 수 있다. 코모디티 사이트 주소는 www.CQG.com이다.

10

투자의 난관

철학을 조롱하는 것이 철학하는 것이다.

- 블레즈 파스칼Blaise Pascal

대다수 투자자는 투자 게임의 진정한 매개변수가 무엇인지 전혀 모른다. 그들이 주식시장에 들어온 이유는 꾸준히 돈을 버는 수단을 마련하는 것이 아니라 대박을 치는 것이다. 하지만 무엇을 기대해야 할지 모르면 좋고 나쁜 것에 대한 경계나 관점을 가질 수 없다.

장기적으로 주식 투자가 얼마나 좋았는지 혹은 나빴는지 알아보자. 1926년 이후로(1926~1993) 주식의 연 평균 수익률은 12.3퍼센트였다. 반면 단기 국채는 3.74퍼센트, 장기 국채는 5.3퍼센트, 회사채는 5.9퍼센트였다.

이 수치는 객관적으로 살펴볼 필요가 있다. 모두 수익을 내기는 했지만 그 사이에 시간이 흘렀기 때문이다. 연평균 3.2퍼센트인 물가 상승률을 감안하면 실질 수익률이 크게 낮아진다. 현금을 들고 있기만 해도 그만큼 손실이 난다. 인플레이션은 분명히 타격을 입힌다. 단기 국채의 경우 투자자가 67년 동안 얻는 수익률은 0.54퍼센트다.

장기 국채 보유자는 이보다 나은 수익률을 올렸지만 여전히 크게 나은 수준은 아니다. 반면 주식 보유자의 실질 수익률은 9.09퍼센트다. 이 수치는 평균적으로 어느 정도의 수익률을 기대할 수 있는지 말해준다. 물가상승률을 제외하고 연간 9퍼센트보다 높은 수익률을 올리면 시장을 이긴 것이다.

이 사실이 제기하는 부수적인 의문이 있다. 도대체 왜 사람들은 12퍼센트에서 18퍼센트에 이르는 무거운 이자를 물면서 대개 빠르게 감가상각이 되는 호사품을 끌어안고 있는 걸까? 그들은 이중으로 손해를 본다. 즉, 주식 투자로 얻을 수 있는 연간 9퍼센트의 수익률을 놓칠 뿐 아니라 12퍼센트에서 18퍼센트에 이르는 이자를 내야 한다. 이를 합치면 손실이 무려 21퍼센트에서 27퍼센트나 된다! 빚을 지지 않거나 아주 조금만 지는 것이 투자자에게 중요한 이유를 이제 알 것이다.

투자 성공은 시장 수익률을 뛰어넘는 것

투자자가 성공 여부를 측정할 수 있는 또 하나의 방식이 있다. 일반적인 척도는 대개 이전 12개월 동안의 시장 수익률을 뛰어넘는 것이다.

그것이 크게 어렵지 않은 일이라고 생각할지도 모른다. 그러나 펀드의 약 80퍼센트는 시장 수익률을 넘어서지 못한다. 이 사실은 대단히 중요하다. 일반적인 수익률을 뛰어넘고자 하는 경우, 투자 전문가에게 돈을 맡겨도 성공 확률이 20퍼센트에 불과하다는 뜻이기 때문이다. 게다가 그 20퍼센트에 속하는 펀드도 해마다 달라진다! 꾸준하게 다우산업지수의 수익률을 뛰어넘는 펀드는 그 20퍼센트 안에서도 20퍼센트에 불과하다.

그래서 우리는 핵심 장기 전략을 수립할 때 시장 수익률을 성공의 척도로 삼을 것이다.

가치가 핵심이다

이 책을 다 읽을 무렵에는 아마 '가치value'라는 말에 신물이 날지도 모른다. 그래도 가치는 투자자가 게임에서 우위를 얻기 위해 활용할 수 있는 가장 중요한 개념이다. 가치를 이해하면 시장뿐 아니라 대다수 펀드 매니저들까지 앞지를 수 있다.

가치투자라는 개념은 놀랍도록 오랫동안 존재했다. 이 투자 접근법은 로버트 와이스Robert Weiss가 1930년에 쓴 글(「진정한 가치를 위한 투자Investing for True Value」, 《배런스》 1930. 9. 8.)에서 시작되었을 가능성이 높다. 그는 다음과 같은 문장으로 글을 끝맺었다. "주식이든 채권이든, 모든 증권의 적절한 가격은 모든 미래 수익을 현재 금리로 할인한 현재 가치다."

새뮤얼 엘리엇 굴드Samuel Elliott Gould는 1931년에 『주식의 성장 및 할인 표Stock Growth and Discount Tables』라는 책으로 이 주제에 대한 연구를 보탰다. 그의 말에 따르면 가치는 장기적인 기업의 평균 순이익 증가율, 같은 기간에 지불되는 배당금, PER 그리고 끝으로 투자자가 달성해야 하는 내부 수익률로 정의된다.

1990년대 말의 투자 전문가와 자문들이 1930년대에 나온 이 글들을 잘 읽고 유념했다면 고객의 장기 투자를 망칠 종목에 한 푼도 넣지 않았을 것이다. 그런 측면에서 미래에 적용할 수 있는 과거의 교훈이 있다.

펀더멘털 분석의 아버지를 자처하는 벤저민 그레이엄Benjamin Graham은 1946년에 흥미로운 발언을 했다. 그 내용은 "앞으로 우리 애널리스트들은 학교에 가서 오래된 기성 규율을 배워야 한다"는 것이었다. 그로부터 반세기 후 시장의 점쟁이들은 신경제가 존재한다는 사실을 바탕으로 여전히 새로운 교훈과 규칙을 만들려 하고 있다. 신경제는 없다. 분명히 환경은 변하고 오늘날의 경제는 어제의 경제가 아니다. 그러나 가치는 중력처럼 언제나 존재한다. 어떤 물체를 공중으로 던지든 관계없다. 중력은 새로운 것과 오래된 것을 따지지 않는다. 항상 같은 힘을 미친다.

가치의 경우도 마찬가지다. 너무나 많은 비가치투자자들이 시장이 하락할 때 항상 큰 타격을 입는 이유가 거기에 있다. 가치는 모든 성공 투자의 핵심이다. 다른 한편 추세는 모든 수익의 토대다. 추세는 근본적인 고려사항, 즉 가치의 작용에 따른 직접적인 결과다.

투자자들은 엄청난 수익을 올릴 가능성에 현혹된다. 그러나 잠재적 보상이 클수록 투자 위험, 즉 리스크risk도 크다는 것은 자명한 사실이다.

투기의 핵심은 최대한 빨리 수익을 극대화하는 것이다. 투자는 그렇지 않다. 투자의 핵심은 꾸준히 다른 사람보다 많은 수익을 올리는 것이다.

나는 다른 사람이 가끔 대박을 쳐도 전혀 개의치 않는다. 장기적으로 과도한 리스크를 지고 있어서 과거의 대박이 역효과를 미칠 것임을 알기 때문이다. 나는 시장에 접근하는 전략이나 프로그램이 없는 사람보다 평균적으로 나은 수익을 올릴 수 있다.

리스크와 충분한 보상 사이에 균형을 잡아야 한다. 삶의 주된 목표가 걱정에서 벗어나는 것이라면 계속 가난하게 살 수밖에 없다. 평온한 삶에는 이점이 있다. 그러나 부를 안겨주지는 못한다. 나는 걱정과 가난 중에서 하나를 선택해야 한다면 무조건 걱정을 선택할 것이다. 프로이트는 균형 상태를 달성하는 방법이 무엇인지에 대한 질문을 받고 이렇게 대답했다. "무엇을 위해서 그렇게 해야 하나요? 균형은 오로지 조용한 행복만을 달성할 수 있을 뿐입니다."

리스크에는 재미있는 측면이 있다. 주식시장에서는 리스크를 감수하지 않으면 절대로 돈을 벌 수 없다. 하지만 리스크는 양날의 칼과 같다. 리스크가 돈을 잃게 만들 수도 있기 때문이다. 따라서 장기 투자에 성공하려면 리스크를 통제하는 것이 핵심이다. 리스크는 부를 창출하기도 하고, 파괴하기도 한다.

리스크를 통제하는 세 가지 방법

나는 수많은 연구를 통해 리스크를 통제하는 동시에 수익 잠재력을 유지하는 방법은 세 가지뿐이라는 결론에 이르렀다. 리스크에 대한 노출에 영향을 미치는 세 가지 고려사항 또는 요인은 다음과 같다.

1. 투자의 질
2. 매수 시기
3. 투자 비중

당연히 투자의 질이 나쁠수록 리스크가 커진다. 저질 투자를 하면 저질 결과가 나온다. 쓰레기에 투자하면 쓰레기를 얻는다. 이 장은 주식시장에서 '쓰레기'인 것과 아닌 것을 판별하는 데 초점을 맞출 것이다.

매수 시기도 투자의 질만큼 중요하다. 마이크로소프트 주식을 적시에 매수했다면 지금까지 큰돈을 벌었을 것이다. 타이밍이 차이를 만든다. 다른 말은 믿지 마라.

양질의 투자 대상을 찾고 적절한 타이밍을 선택하는 일의 문제점은 미묘한 뉘앙스가 있다는 것이다. 그 방법을 어느 정도는 명문화하고 규칙과 전략을 개발하는 일은 가능하다. 그러나 거기에는 과학적인 측면과 예술적인 측면이 같이 존재한다. 다시 말해서 판단이 개입된다. 하지만 판단은 우리가 매일 하는 모든 일에 개입되지 않나? 물론 그렇다. 다만 타당한 토대를 갖춘 판단은 당면한 주제를 잘 이해하지 못한 상태의 판단보다 더 도움이 된다.

끝으로 투자 대상에 투입하는 자금은 잠재적 리스크에 노출되는 정도를 결정한다. 마이크로소프트 주식을 1주만 샀다면, 설령 고점에 샀다고 해도 하락의 고통을 견딜 수 있다. 하지만 평생 모은 돈을 전부 넣었다면 이야기가 완전히 달라진다. 이것이 이 책의 12장 전체를 자금 관리에 할애하는 이유다. 그 내용은 당신의 포트폴리오 또는 평생 모은 돈 중에서 몇 퍼센트를 특정 투자 대상에 넣을 것인지 결정할 수 있도록 도와줄 것이다. 그러면 리스크를 확실히 통제할 수 있다. 리스크가 당신의 삶을 좌우하는 게 아니라 당신이 리스크를 좌우할 수 있다.

이 모든 것은 아주 좋은 소식이다. 투자자는 리스크를 통제할 수 있다. 투기꾼이나 도박꾼은 수익률을 높이려고 리스크를 키운다. 하지만 리스크는 결국 높은 수익까지 휩쓸어간다.

가치의 일곱 가지 척도

애널리스트들은 전통적인 일곱 가지 척도를 통해 주식과 잠재적 미래 수익률의 펀더멘털적 측면을 측정한다.

1. **PER(Price-to Earnings Ratio, 주가수익비율):** 가장 폭넓게 알려진 가치의 척도는 PER이다. 그 값은 현재 주가를 현재 주당순이익으로 나누면 구할 수 있다. 값이 클수록 회사가 벌어들이는 주당순이익에 대해 투자자가 더 많은 돈을 지불하게 된다. 따라서 높은 PER 수치는 향후 주가가 오르기 힘들다는 것을 시사한다. 전통적으로 애널리스트들은 PER이 낮을수록 미래의 주가 동향이 긍정적이라고 말해왔다.
2. **PBR(Price-to-Book Ratio, 주가순자산비율):** PBR은 현재 주가를 주당 순자산가치로 나눈 값이다. 개념적으로 보면 이 값이 낮은 것은 주가가 해당 기업의 자산이 지닌 청산 가치에 가깝다는 뜻이다. 이 값이 낮을수록 미래의 전망이 낙관적이다.
3. **PCR(Price-to-Cash Flow Ratio, 주가현금흐름비율):** 그다음으로 주식의 가치를 살피는 흔한 수단은 PCR이다. 주식의 시장 가치를 주당현금흐름으로 나누면 된다. 이 지표를 선호하는 애널리스트들이 있다. 그들의 지적에 따르면 주당순이익은 회계 기법과 교묘한 속임수로 조작할 수 있다. 반면 총현금흐름을 조작하기는 훨씬 어렵다. 이 지표의 경우 역시 값이 낮을수록 전망이 좋다.

4. **PSR(Price-to-Sales Ratio, 주가매출비율):** PSR은 가치를 측정하는 비교적 새로운 지표다. 이 지표는 PER과 비슷하다. 다만 주가를 주당순이익이 아닌 매출액과 비교한다. 대개 그 값이 높을수록 전망이 어둡고, 낮을수록 전망이 밝다.

5. **배당수익률(Yield):** 배당수익률은 가치를 측정하는 또 다른 지표다. 이 지표는 투자자가 주식을 보유하는 데서 얻는 수익률을 따진다. 주가가 상승할 가능성은 언제나 존재한다. 하지만 회사가 지급하는 배당은 어떨까? 이론적으로, 고배당주는 좋은 가치를 지닌다. 배당을 지급한다는 것은 회사가 돈을 벌고 있음을 말해준다. 이 경우 투자자는 잠재적 주가 상승의 가능성과 투자 수익이라는 두 마리 토끼를 잡을 수 있다.

6. **ROE(Return on Equity, 자기자본수익률):** ROE는 오랫동안 사용된 가치 척도다. 그 값은 당기순이익(배당 외 모든 비용 차감)을 자기자본으로 나눠서 구한다. 거기에 100을 곱하여 퍼센트로 만든다. 값이 높을수록 좋다.

7. **상대강도(Relative Strength):** 마지막 척도는 펀드 매니저와 투자 매니저들이 폭넓게 활용하는 상대강도다. 이 지표는 1960년대에 많은 애널리스트들이 다른 종목과 비교한 상대적 주가 상승률이 예측적 가치를 지닌다고 말하면서 유명세를 얻었다. 해당 상승률을 상대강도라고 부르며, 대개 현재 전체 종목의 가격 변동과 12개월 전 가격 변동을 비교한다. 이 수치가 높은 종목은 대체로 상승을 계속 이어갈 것으로 추정된다.

이제 이 지표들로 주의를 돌려보자. 각 지표는 상승 가능성이 가장 높은 종목을 고르는 데 도움을 준다. 그에 따른 기법을 많이 이해할수록 투자 결정에 더 잘 적용할 수 있다.

가치 판단에 대한 추가 자료

1969년에 드렉셀Drexel & Co.에서 일하던 폴 밀러Paul Miller는 다우지수를 대상으로 흥미로운 연구를 진행했다. 먼저 그는 지수에 속한 종목들을 두 집단으로 나누었다. 그다음 1937년부터 1969년까지 PER 상위 10개 종목의 수익률을 분석했다. 그리고 이를 PER 하위 10개 종목의 수익률과 비교했다. 끝으로는 균형을 맞추기 위해 30개 전체 종목의 총수익률을 확인했다.

그 결과는 실로 놀라웠다. 밀러의 연구는 4년 단위였지만 여기에는 32년에 걸친 최종 결과만 제시한다. 다만 4년마다 PER 하위 10개 종목이 상위 10개 종목 또는 지수 자체보다 나은 수익률을 올렸다. 이 정도면 게임에서 우위라고 할 만하지 않은가!

다우 종목 수익률(1937~1969)

PER 하위 10개 종목	11.7%
PER 상위 10개 종목	2.3%
30개 전체 종목	6.6%

종목의 질이 중요한지, 일부 종목은 그저 원래 다른 종목보다 나은지 궁금했던 적이 있는가? 그렇다면 이 목록은 의심의 여지 없이 그렇다는 사실을 밝혀준다. PER이 낮은 종목은 높은 종목보다 나은 수익률을 올린다. 이 경우에는 저PER주의 수익률이 고PER주보다는 500퍼센트, 다우지수 수익률보다는 거의 2배 높았다.

밀러에 이어 데이비드 드레먼David Dreman이 1979년에 또 다른 연구를 했다. 그가 조사한 기간은 1968년부터 1977년까지였다. 그는 6개월, 1년, 3년을 기준으로 저PER주와 고PER주의 수익률을 비교했다. 비교의 토대는 지수 수익률로 9년 동안 4.75퍼센트 상승했다.

연구 결과 고PER주를 매수하여 3년 동안 보유한 경우의 평균 수익률은 -1.4퍼센트였다. 반면 같은 조건을 적용한 저PER주의 수익률은 10.89퍼센트였다.

결국 투자의 궁극적인 진실은 저PER주가 고PER주보다 높은 수익률을 올린다는 것이다. 이는 폭넓은 기간과 시장 그리고 온갖 다른 성격의 기업에 걸쳐 증명되고 재증명되었다. 이것이 시장의 이면에 존재하는 현실이다. 이를 통해 가치를 확인하고, 양질의 투자 대상을 찾아내고, 리스크 노출을 제거하거나 최소한으로 줄일 수 있다.

지수 수익률을 뛰어넘는 또 다른 수단

존 슬래터John Slatter는 저서 『안전 투자: 큰 손실을 입지 않고 돈 버는 법Safe Investing: How to Make Money without Losing Your Shirt』에서 배당수익률에 대한 연구 결과를 제시했다. 그의 연구는 매년 1월에 다우 종목 중에서 배당수익률 상위 10개 종목을 매수하고, 다음 해 1월에 포트폴리오에서 배당수익률이 낮은 종목을 더 높은 종목으로 대체한다고 가정했다.

이 접근법의 결과는 상당히 인상적이었다. 30년 전에 1만 달러로 이런 투자를 시작했다면 1990년에는 그 가치가 80만 달러에 이르렀을 것이다. 1만 달러를 그냥 다우지수에 투자했다면 20만 달러가 약간 넘는 금액으로 불어났을 것이다. 무슨 말인지 알겠는가? 배당수익률이 높은 종목의 수익률이 지수 수익률의 4배나 된다.

슬래터는 약세장 기간에도 배당수익률 상위 종목들로 구성된 포트폴리오는 지수보다 훨씬 높은 수익률을 올렸다는 사실을 보여주었다. 평균적으로 약세장 기간에 다우지수는 15.5퍼센트의 손실을 기록한 반면, 배당수익률 상위 10개 종목의 손실은 3.3퍼센트에 불과했다. 그야말로 리스크를 통제한 것이다. 배당수익률이 높은 종목들을 매수하면 하락할 때는 리스크를 5배로 줄일 수 있고, 상승할 때는 수익을 4배로 늘릴 수 있다.

제러미 시겔Jeremy Siegel은 『주식에 장기투자하라Stocks for the Long Run』(이레미디어)에서 비슷한 데이터를 제시했다. 그는 1928년부터 1997년에 걸쳐 배당수익률 상위 10개 종목의 수익률과 지수 수익률을 비교했다. 또한 다양한 기간에 걸친 수익률을 분석했다.

기간을 어떻게 설정하든 간에 배당수익률 상위 종목은 장기적으로 지수보다 높은 수익률을 올렸다. 1928년부터 1997년까지 총수익률을 보면 배당수익률 상위 종목은 13.2퍼센트, 지수는 11.4퍼센트였다(배당수익률 상위 종목의 수익률은 다우지수의 수익률에 포함된다. 따라서 해당 종목들을 빼면 다우지수의 수익률이 크게 줄어들 것이다). 다른 한편, 동기간 S&P 500의 수익률은 10.64퍼센트였다.

배당수익률 상위 종목이 다우지수보다 낮은 수익률을 낸 유일한 시기는 대공황이 발생한 1930년대였다. 그러나 대공황 전후로는 언제나 지수 수익률을 넘어섰다. 특히 인상적인 시기는 약세장이 이어진 1973년과 1974년이었다. 이 기간에 다우지수는 약 26퍼센트, S&P 500은 약 40퍼센트나 하락했다. 이 기간은 투자 시스템 또는 전략에 대한 시험장이었다. 양질의 투자는 엄청난 보상을 얻었다. 질과 가치를 지닌 종목을 선택하는 방식의 놀라운 힘과 지혜는 다우의 배당수익률 상위 10개 종목에서 드러났다. **이 종목들은 해당 기간에 약 3퍼센트의 수익을 올렸다.** 물론 높은 수준은 아니다. 하지만 30퍼센트의 손실과 비교하면 언제든 나는 미미한 3퍼센트의 수익을 택하겠다.

제임스 오셔너시James P. O'Shaughnessy는 『월가의 퀀트 투자 바이블What Works on Wall Street』(에프엔미디어)에서 위의 각 지표를 분석했다. 그 결과 이 지표들이 주가에 미치는 파급효과가 처음으로 드러났다. 이 기념비적인 연구는 대단히 중요하다. 따라서 그의 책을 반드시 읽어야 한다. 아래에 결과를 요약하겠지만 꼭 책 전체를 읽어볼 것을 권한다. 오셔너시는 여러 가치 지표의 파급효과를 보여주면서 여러 종목군에 적용한 결과를 산출했다. 그중에서 대형주의 수치만 보여주도록 하겠다. 가장 안정적이어서 하방 리스크에 대한 노출을 줄여주기 때문이다.

아래 수치는 1만 달러를 1951년부터 1996년까지 투자한 결과다.

	최종 금액	연 수익률
PER	$3,787,460	14.10%
PBR	$5,490,121	15.05%
PCR	$5,773,333	15.18%
PSR	$3,853,418	14.15%
배당수익률	$2,898,099	13.43%
ROE	$1,138,300	11.10%
상대강도	$4,429,185	14.50%

첫 번째 요점은 기준 지표 및 그에 따른 투자 결과 사이에 큰 차이가 있지만, 모두 같은 기간의 지수 수익률을 뛰어넘었다는 것이다. 이는 절대적으로 지수 수익률을 뛰어넘는 데 도움이 되는 수단을 찾았다는 점에서 희소식이다.

이제 문제는 이 기법을 최대한 잘 활용하는 방식을 찾는 것이다. 오셔너시의 연구는 내가 다루고자 하는 주당순이익을 조금 더 깊이 분석했다. 가령 그는 연간 순이익이 가장 많이 늘어난 대형 종목들의 주가 동향을 살폈다. 확인 결과 해당 종목의 수익률은 실제로는 지수 수익률을 하회했다. 해당 종목에 투자한 가상의 1만 달러는 1,292,138달러로 불어났다. 이를 연수익률로 환산하면 11.68퍼센트가 된다. 뒤이어 그는 5년 기준으로 주당순이익이 가장 많이 늘어난 대형주들에 대한 투자 결과를 확인했다.

이는 장기적인 '매수 후 보유' 투자자들이 통할 것이라고 생각하는 투자 방식이다. 그들은 해당 종목들이 시장 수익률을 상회할 것이라고 생각한다. 그러나 오셔너시의 연구 결과는 그렇지 않다고 말한다. 5년간 최대 누적 순이익을 기록한 대형주들에 투자한 1만 달러는 그다지 좋은 성과를 거두지 못했다. 연구 기간이 끝날 때의 최종 금액은 613,441달러가 되었으며, 연 수익률은 10.3퍼센트였다. 결국 장기 순이익 증가율도 별 의미가 없었던 것이다.

월가의 광기에 대처하는 법

여기서 우리가 알 수 있는 것은 월가가 돌아가는 방식에는 그럴만한 심리적, 논리적 이유가 있다는 것이다. 어느 때든 가치주를 매수하여 오래 보유하면 그냥 지수 자체를 매수하는 쪽보다 나은 수익률을 올릴 수 있다. 이 사실은 전문가가 아니라도 알 수 있다. 장기 투자자로서 우리의 목표는 지수 수익률을 뛰어넘는 것이다. 이제 우리는 자신 있게 그 목표를 달성할 수 있다. 그것은 쉽게 손에 넣을 수 있는 거리에 있다.

한두 개의 인기 종목을 골라서 시장 수익률을 크게 앞서나가기로 결정할 수도 있다. 이 경우에도 펀더멘털 지표가 긍정적인 종목을 고수하면 옳은 선택을 할 가능성을 통계적으로 높일 수 있다. 주식 중개인과 투자 자문들은 우리가 힘들게 번 돈과 헤어지도록 꼬드긴다. 그래도 우리는 그들의 추천 종목이 우리의 요건에 맞는지 따져보기만 하면 된다.

오셔너시가 보기에 가장 부정적인 경우는 극단적인 PSR이다. 나와 다른 사람들의 연구에서도 실패 확률을 줄이려면 PSR이 1.0 이하인 종목을 매수하는 것이 훨씬 안전하다고 나온다.

이 기준에 더하여 낮은 PBR 또는 PCR이라는 기준까지 적용하면 내 생각에는 사실상 확실하게 시장 수익률을 뛰어넘을 수 있다. 또한 앞서 소개한 '순이익 할인' 종목 선정 기법을 참고하면, 펀더멘털 측면에 대한 지식 또는 지혜를 토대로 더 나은 기회를 보장받을 수 있다.

반드시 피해야 할 일은 소문이 도는 테마주를 매수하는 것이다. 주가가 오르는 이유는 오직 둘 중 하나다. 바로 허풍과 희망 아니면 가치다. 허풍과 희망이 띄우는 종목의 주가는 기하급수적으로 상승할 수 있다. 그래서 엄청난 수익률을 기록할 수 있다. 문제는 추락도 마찬가지로 엄청나다는 것이다. 실제로 그런 종목은 엄청난 하락의 위험에 노출되어 있다. 이면의 가치가 뒷받침되지 않은 종목에 투자하면 그런 위험을 피할 수 없다. 굳이 우리 자신과 우리의 돈을 위험에 빠트릴 필요가 있을까? 충분한 분별력을 갖춘 사람들이 왜 그런 무분별한 투자 결정을 내리는지 나는 이해할 수 없다.

하지만 탐욕은 정말로 강력한 감정이다. 앞으로 주가가 얼마나 오를지 그리고 지금까지 얼마나 올랐는지에 대한 몇 마디 말을 들으면, 모든 논리적 회로가 그냥 끊어져 버린다. 머릿속의 목소리는 "쉽고 빠르게 돈을 벌 수 있어. 그 돈은 내 거야"라고 속삭인다. 하지만 당신이 해야 할 일은 이면의 조건을 따지는 것이다. 사람들은 차를 살 때 필요에 맞을 뿐 아니라 최고의 가치를 지닌 차를 찾으려고 몇 달을 들인다. 하지만 놀랍게도 그보다 10배나 많은 돈을 쓰는 투자 결정은 단 몇 초만에 내려버린다!

투자할 시간은 언제나 충분하다. 어느 때든, 누구에게든, 어떤 종목이든, 오늘 당장 들어가야 한다는 말을 들으면 경보가 울려야 한다. 시장에는 언제나 들어갈 자리가 있다. 시간은 우리의 적이 아니라 친구다. 투자에 있어서는 판단을 서두르지 마라.

11

성공적인 장기 투자법 총정리

중요한 것은 누구를 아느냐가 아니라 무엇을 아느냐다.

이제 그 중요한 지식을 얻게 될 것이다!

이제는 주식을 매매하는 시기뿐 아니라 매매하는 종목도 차이를 만든다는 사실을 깨달았을 것이다. 또한 시장에는 엄연한 현실이 있다는 것, 즉 특정한 요인이 중요하다는 사실도 이해했을 것이다. 주된 요인은 실적이다. 그러나 뮤추얼 펀드나 내부자의 매매도 포함된다.

앞에서 설명한 대로 제임스 오셔너시는 컴퓨터 프로그램을 활용하여 PER, PBR, PCR, 배당수익률, 상대강도 또는 모멘텀 같은 요인을 분석했다. 그의 연구 내용을 공부한 사람들은 그가 시가총액이 작은 기업과 더불어 PSR과 모멘텀을 가장 중시했다는 사실을 알 것이다.

나는 그의 연구를 대단히 높게 평가한다. 그러나 그가 제시한 지표

중 두 가지에 대해 다른 의견을 갖고 있다. 첫 번째 지표는 시가총액이다. 오셔너시는 시가총액을 기준으로 수익률을 분석했다. 구체적으로는 시가총액이 2,500만 달러 미만, 2,500만 달러에서 1억 달러, 1억 달러에서 2억 5,000만 달러, 2억 5,000만 달러에서 5억 달러, 5억 달러에서 10억 달러, 끝으로 10억 달러 이상인 종목들로 나누었다.

오셔너시가 내린 결론은 "시가총액이 2,500만 달러에서 1억 달러 사이인 종목은 1억 달러에서 2억 5,000만 달러 사이인 종목들과 더불어 절대 기준으로 대형주의 수익률을 넘어서지만 리스크를 고려하면 그렇지 않다"는 것이었다.

이 말은 내게 해당 종목군이 뚜렷한 우위를 지니지 못한다는 뜻으로 들린다. 그러나 대다수 점쟁이들은 그 뜻을 반대로 해석하고 소형주에 집중했다. 나는 그들의 해석이 틀렸다고 믿는다. 지금부터 그 이유를 설명하도록 하겠다.

종목 선정 게임에서는 시가총액이 2,500만 달러 미만인 종목 역시 뚜렷한 우위를 지니는 것으로 보인다. 거기에는 의심의 여지가 없다. 해당 종목군의 수익률은 다른 종목군의 수익률을 크게 앞섰다. 오셔너시의 연구에 따르면 1951년에 해당 종목군에 투자한 1만 달러는 1966년에 80만 달러로 불어났을 것이다. 많은 투자 자문사와 펀드사들은 이 사소한 정보를 토대로 소형주의 강력한 지지자가 되었다.

그러나 이 접근법에는 분명한 문제가 있다. 그것은 아주 단순한 문제다. 소형주를 대상으로 한 오셔너시의 연구 그리고 내가 알기로 비슷한 모든 연구에는 뚜렷한 편향이 존재한다. 그 편향은 연구 대상

기간 동안 살아남지 못한 소형주 기업이 매우, 매우 많다는 것이다. 그들은 그 사이에 파산하거나 망했다. 패자는 데이터베이스에 포함되지 않는다. 데이터베이스에는 승자만 남는다! 이 단순하고 사소한 사실이 소형주 투자의 가치에 대한 모든 연구 결과를 심각하게 왜곡한다. 그러니 앞으로 소형주 투자를 홍보하는 이야기를 들으면 이 편향을 고려하라. 또한 오셔너시가 지적한 대로 소형주 투자는 대단히 어렵다. 단순히 거래량이 아주 작기 때문이다.

그림 11.1은 1991년부터 2001년까지 소형주 펀드와 S&P500의 수익률을 비교한 것이다. 그래프가 보여주듯이 소형주 펀드의 수익률은 1998년부터 2001년까지 시장 수익률을 크게 하회했다. 이 시기에

S&P500 vs. 소형주 펀드 수익률

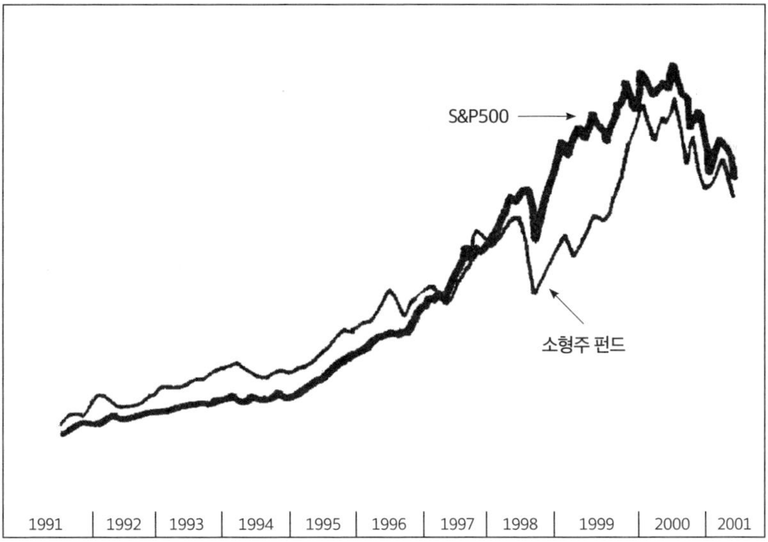

그림 11.1 **S&P500 vs. 소형주 펀드**

소형주와 S&P는 서로 동조하는 양상을 보였다. 실제 수익률은 소형주가 거의 우위를 제공하지 못한다는 사실을 말해준다. 물론 1991년부터 1998년까지는 시장 수익률을 상회한 것은 맞다. 하지만 그 이후로는 S&P500의 수익률이 소형주의 수익률을 넘어섰다.

많은 애널리스트는 소형주 펀드의 수익률이 시장 수익률을 넘어설 것이라고 말한다. 그러나 현실은 그렇지 않았다. 더욱 중요한 점은 그들의 연구에는 더 이상 존재하지 않는 수많은 소형주 기업의 탈락효과에 따른 본질적 편향이 작용한다는 것이다.

오셔너시보다는 그의 추종자들에 대해 반박할 또 다른 점이 있다. 그들은 상대강도 상위 종목이 최고의 미래 수익률을 기록하는 경향이 있다는 오셔너시의 연구 데이터를 좋아한다. 이는 오른 것은 계속 오른다는 오랜 격언을 반영한다. 그러나 현실적으로는 그런 양상이 오래 지속되지 않는다. 오셔너시가 제시한 최고의 포트폴리오 전략은 상대강도가 높은 종목을 매수하는 것인데, 여기에는 문제가 있다. 해당 종목을 매수하면 펀더멘털 측면의 요건만으로 선정한 종목보다 훨씬 큰 리스크에 노출된다. 그래서 나는 주가 자체가 아니라 주가를 형성하는 이면의 조건에 엄격하게 초점을 맞추는 것을 선호한다.

대학에서 배우는 논리학 개론에도 같은 내용이 나온다. 거기에 따르면 A로 A를 예측할 수 없다. 그럼에도 기술적 분석가들과 시장의 수학자들은 오랫동안 그런 일을 해왔다. 그들은 단순히 주가 추세를 보고 미래를 예측했다. 이런 접근법을 따르면 언젠가는 주요 고점에서 주식을 매수하게 되어 있다. 이는 러시안 룰렛과 같다. 계속 반복하다 보면 결국에는 총알이 발사된다.

투자자로서 나는 꾸준히 시장 수익률을 넘어서는 것에서 만족을 얻는다. 그 목표를 달성하려면 리스크를 통제해야 한다.

따라서 나는 다른 사람들이 리스크를 감수하도록 놔두는 것이 현명하다고 생각한다. 나는 다른 사람들이 언제든 시장에서 대박을 치거나 나보다 높은 수익률을 올려도 전혀 신경 쓰지 않는다. 그 이유는 장기적으로는 그들이 나의 꾸준한 수익률을 이길 수 없다는 사실을 알기 때문이다. 절대로 못 이긴다! 대세 상승기에는 좋은 수익률을 올릴지 몰라도 분명히 끔찍한 손실을 내는 시기도 있을 것이다. 그런 시기는 과거의 모든 샴페인 거품을 날려버린다.

대박 종목을 잡고 싶으면 그냥 수익 증가율에 비해 '할인된' 종목을 사는 기법을 따르면 된다. 이 기법을 활용하여 강력한 상승세가 나올 종목을 찾는 동시에 양질의 투자를 할 기회는 충분하다.

시장 저점이 나왔을 때

너무 멀지 않은 미래의 어느 시점에 주가는 하방 압력에 밀려 하락할 것이다. 대다수 투자자는 발을 빼고 관망하거나 손실로 인한 상처를 핥을 것이다. 바로 이런 상황에서 투자 기회를 찾기 시작해야 한다. 이때 저점이 가까워졌음을 나타내는 투자 자문들의 태도나 다른 심리 데이터를 참고하면 된다.

이런 때가 오면 차트, 증권사 데이터, 《밸류 라인Value Line》이나 《인베스터스 비즈니스 데일리》 같은 투자 정보지를 살펴서 실적이 계속 증가했는데도 현 분기에 주가가 하락한 종목을 찾아내라. 거의 모든 증권사가 실적 추정치를 제공한다. 그래서 해당 분기 말에 그런 양상 또는 분기가 존재하는지 확인할 수 있다.

내가 보기에 오셔너시의 연구 결과에 담긴 핵심적인 내용은 PSR에 따른 미래 주가 동향이다. 이 지표는 PER과 비슷하다. 다만 순이익을 반영하는 것이 아니라 발행 주식 수에 주가를 곱한 수치와 매출의 비율을 나타낸다. 즉, 시가총액을 연 매출로 나누면 된다. 그러면 주가 대비 순이익의 비율이 아니라 주가 대비 매출의 비율이 나온다.

이 지표에는 명백한 문제가 있다. 기업이 매출을 많이 올렸어도 순이익이 남지 않을 수 있다는 가능성이 분명히 존재한다. 그럼에도 오셔너시는 PSR을 '가치 지표의 왕'이라 불렀다. 그는 한 연구에서 PSR을 기준으로 하위 50개 종목(상승 가능 종목)의 수익률과 상위 50개 종목의 수익률을 비교했다. 그의 계산에 따르면 1951년에 1만 달러를 하위 50개 종목에 투자했을 때 1996년에는 그 가치가 820만 달러에 이른다. 이를 연 누적 수익률로 환산하면 16퍼센트가 된다. 반면 같은 1만 달러를 상위 50개 종목에 투자했다면 1996년에는 9만 1,000달러에 그쳤을 것이다. PSR이 만드는 차이가 이토록 거대하다.

투자 리스크를 통제하고 싶다면 반드시 PSR에 주의를 기울여야 한다. 나는 퀄러테이티브 애널리틱스Qualitative Analytics 덕분에 흥미로운 연구를 할 수 있었다. 나는 해마다 10월 말에 다우산업지수 종목을 매수한 결과를 확인했다. 종목 선정 요건은 네 가지로 나누어졌다.

하나는 PSR이었다. 나는 PSR 상위 5개 종목의 수익률과 하위 5개 종목의 수익률을 비교했다. 그다음에는 PER로 눈길을 돌렸다. 이번에도 상위 5개 종목의 수익률과 하위 5개 종목의 수익률을 비교했다.

그 결과는 매우 흥미로웠다.

선정 기준	연 수익률(1980~2000)
높은 PSR	10.74%
낮은 PSR	15.74%
높은 PER	14.69%
낮은 PER	15.98%
낮은 배당수익률	11.13%
높은 배당수익률	15.95%
낮은 주가 & 높은 배당수익률	20.08%

놀랍지 않은가? 지혜롭게 PSR이나 PER이 가장 낮은 5개 종목에 돈을 넣은 투자자는 거의 연 16퍼센트의 수익률을 올렸다. 반면 PER이 높은 종목을 매수한 투자자는 그만큼 높은 수익률을 올리지 못했다. 또한 PER 측면에서 가치를 추구한 투자자는 더 높은 수익률을 올렸지만 그 차이는 1퍼센트포인트에 불과했다.

PSR이 높은 종목을 매수한 투자자는 수익률을 높일 기회를 날렸다. 반면 가치를 추구한 투자자는 연평균 5퍼센트 더 높은 수익률을 기록했다. 5퍼센트라도 매년 누적되면 차이가 엄청나게 벌어진다.

이 사실이 말해주는 교훈은 명확하다. 위험을 피하라는 것이다. PSR이 높은 종목을 피하라. 내 연구 결과에 기반한 투자 규칙은 PSR이 1.0을 넘는 종목을 사지 말아야 한다는 것이다. 수치가 낮을수록 좋다. 다른 펀더멘털 요건이 같은데 PSR이 각각 0.95와 0.65인 두 종목 중에서 하나를 선택하는 일은 쉽다. 0.65인 종목을 선택하면 된다.

흥미롭게도 나는 다우유틸리티지수에 속한 종목을 대상으로 같은 연구를 했다. 그 목적은 동일한 필터가 금리에 민감한 해당 지수에 어느 정도의 영향을 미치는지 확인하는 것이었다. 조건은 4월 첫 주에 매수하여 10월 첫 주에 매도하는 것으로 설정했다. 이 특정한 기간에는 유틸리티지수가 상승하는 뚜렷한 계절적 경향이 있었다. 그래서 해당 기간에 초점을 맞추었다.

아래는 다우산업지수에 활용한 것과 같은 펀더멘털 지표를 기준으로 수익률을 표시한 것이다.

선정 기준	연 수익률(1980~2000)
높은 PSR	8.89%
낮은 PSR	9.77%
높은 PER	6.90%
낮은 PER	10.43%
낮은 배당수익률	10.36%
높은 배당수익률	10.33%
낮은 주가 & 높은 배당수익률	11.82%

이번에도 이 지표들의 중요성이 다시 확인되었다. 유틸리티지수 종목의 경우, 산업지수 종목만큼 높은 PSR에 반응하지 않았다. 그래도 최악의 접근법과 최고의 접근법 사이에 연간 거의 3퍼센트포인트에 해당하는 상당한 차이가 있었다. 두 지수에서 일관된 사실은 높은 PER과 PSR에 따른 투자가, 낮은 PER과 PSR에 따른 투자만큼 생산적이지 않다는 것이다.

다우산업지수와 다우유틸리티지수의 경우 모두 주가가 낮고 배당수익률이 높은 종목에서 가장 높은 수익(최고의 수익률)이 나왔다는 점에 주목하라. 그렇다면 그것이 성공 투자를 위한 궁극적 조합이라고 말할 수 있다. 낮은 주가 요건을 추가하는 것이 수익률을 개선하는 두 가지 이유가 있다. 첫 번째는 단순한 수학적 이유다. 100달러짜리 종목이 10퍼센트 상승하는 것보다 10달러짜리 종목이 10퍼센트 상승하는 것이 더 쉽다.

이 점은 두 번째 이유도 설명해 준다. 그것은 투자자와 펀드 등이 저가주에 더 이끌린다는 것이다. 그들도 저가주가 큰 폭으로 상승하기가 더 쉽다는 사실, 고가주보다 더 쉽고 빠르게 상승한다는 사실을 안다. 싸구려 매수자들이 무엇을 찾을까? 고가주는 아니다. 그들은 저가주를 찾는다. 낮은 가격과 높은 배당수익률의 조합이 우월한 수익률을 올리는 이유가 거기에 있다.

이제 수많은 펀더멘털 지표를 통해 같은 맥락의 연구를 한 나의 개인 파일을 여기에 공개하고자 한다. 그중 다수에 대해서는 이미 관련된 글을 읽었을지도 모른다. 아직 읽지 않았다면 앞으로 읽게 될 것이다. 또한 해당 지표들의 중요성에 대해 여러 가지 주장을 제기하는 이런저런 목소리도 듣게 될 것이다. 나는 아래에 보여주는 자료가 해당 지표들에 대한 최초의 답이 될 것이라고 생각한다. 그 내용은 다음과 같다.

연구의 초점은 다우30 종목이다. 앞으로 알게 되겠지만 나는 다양한 지표를 시험했으며, 때로는 주가 상위 5개 종목과 하위 5개 종목을 대상으로 삼았다. 각각의 분석은 10월 중순에 매수하여 4월 15일 또는 8월 마지막 거래일에 매도한다는 설정을 따랐다. 이 방식은 시간이 가치 지표에 미치는 효과를 확인할 수 있는 기회를 제공한다. 마지막 두 항목은 해당 기간의 수익률 또는 손실률을 보여주기 때문에 가장 중요하다.

첫 번째 자료는 가치 지표의 수익률을 비교할 수 있는 기준에 해당한다. 표 11.1은 다우산업지수의 전체 30개 종목을 앞서 설명한 시기에 매매한 결과를 반영한다. 1975년부터 2001년까지 10월~4월 매매의 평균 수익률은 5.5퍼센트였다. 이는 다우산업지수의 전체 30개 종목을 10월에 매수하여 4월에 매도한 경우 얻는 수익률이다. 우리는 이보다 나은 수익률을 올리고 싶어 한다. 아마 그렇게 할 수 있을 것이다. 다만 다른 종목 선정 기법에 따른 수익률과 이 수익률을 비교하여 상승 가능성이 높은 종목을 고를 수 있는지 확인해야 한다. 이 수익률 기준을 뛰어넘을 수 있다면 시장을 이긴 것이다.

표 11.1 다우산업지수 전 종목 포트폴리오

날짜	10~4월 수익률	10~8월 수익률	10~4월 변화율	10~8월 변화율
10/27/1975	0.986	18.487	1.066	19.977
10/29/1976	0.019	0.301	-0.478	-7.474
10/31/1977	-0.026	-0.460	0.839	15.028
10/30/1978	0.805	13.482	0.992	16.616
10/29/1979	-0.179	-2.854	1.279	20.401
10/27/1980	0.903	12.239	-0.034	-0.465
10/26/1981	0.330	4.799	1.282	18.616
10/29/1982	2.450	27.138	3.330	36.895
10/31/1983	-0.797	-6.264	0.340	2.673
10/29/1984	1.476	11.542	2.009	15.708
10/28/1985	4.566	31.969	5.096	35.682
10/27/1986	4.863	25.533	9.507	49.913
10/26/1987	3.378	17.688	3.890	20.368
10/31/1988	2.415	9.928	7.248	29.799
10/30/1989	1.756	5.851	-0.304	-1.014
10/29/1990	7.681	28.019	10.854	39.595
10/28/1991	5.346	13.932	3.907	10.182
10/26/1992	3.760	8.816	7.561	17.730
10/29/1993	-0.011	-0.021	4.051	7.994
10/31/1994	6.416	11.668	12.985	23.613
10/30/1995	13.897	19.735	15.135	21.493
10/28/1996	10.659	11.783	27.032	29.881
10/27/1997	35.171	32.391	11.205	10.319
10/26/1998	31.389	23.436	31.768	23.719
10/29/1999	-7.319	-4.401	1.028	0.618
10/30/2000	-6.703	-4.090	-5.513	-3.364
10/29/2001	17.838	12.187	-7.893	-5.392
				평균 수익률: 5.5%

이익률 최대 상승

먼저 지난 12개월 동안 이익률이 가장 많이 상승한 5개 종목을 10월에 매수하는 경우를 살펴보자(표 11.2 참고).

표 11.2 **12개월 기준 이익률 상승폭 상위 5개 종목**

(다우산업지수에서 순이익마진이 최근 12개월 동안 가장 높은 종목)

날짜	10~4월 수익률	10~8월 수익률	10~4월 변화율	10~8월 변화율
10/27/1975	2.164	1.538	24.998	17.762
10/29/1976	1.061	0.752	10.659	7.552
10/31/1977	-0.392	0.384	-3.841	3.757
10/30/1978	1.297	2.553	12.611	24.819
10/29/1979	-0.777	2.276	-6.893	20.193
10/27/1980	-0.764	-2.593	-5.860	-19.892
10/26/1981	0.419	1.500	4.615	16.513
10/29/1982	2.212	3.308	19.444	29.073
10/31/1983	-2.647	-0.494	-18.148	-3.387
10/29/1984	1.335	1.687	9.889	12.499
10/28/1985	4.597	0.224	33.634	1.641
10/27/1986	1.745	4.274	13.494	33.052
10/26/1987	2.821	3.443	26.445	32.274
10/31/1988	0.718	5.014	4.770	33.288
10/30/1989	0.539	-1.346	2.785	-6.946
10/29/1990	3.953	6.353	23.733	38.147
10/28/1991	0.891	0.845	3.929	3.723
10/26/1992	4.610	8.405	20.110	36.665
10/29/1993	-4.030	-3.215	-12.843	-10.247
10/31/1994	2.115	7.062	7.617	25.430
10/30/1995	8.412	5.259	23.234	14.526
10/28/1996	1.527	11.015	3.552	25.619

10/27/1997	13.176	1.290	27.991	2.741
10/26/1998	13.227	17.730	23.514	31.519
10/29/1999	-12.760	-9.845	-18.202	-14.044
10/30/2000	-0.624	-2.528	-0.974	3.944
10/29/2001	5.601	-1.870	9.800	-3.271

평균 수익률: 8.9%

수많은 저자들은 이익률 상승이 종목을 선정하는 최고의 가치 지표라고 주장한다. 이 자료는 1975년 이후로 이 종목 선정 기법이 좋은 시기와 나쁜 시기를 겪었으며, 연평균 수익률은 8.9퍼센트임을 보여준다(4월에 매도하기 때문에 보유기간은 6개월임을 염두에 두어야 한다). 27년 동안 7년을 제외하고는 모든 해에 수익이 났다. 승률이 74퍼센트인 셈이다. 보다 중요한 사실은 5.5퍼센트인 기준 지수보다 62퍼센트 높은 수익률을 기록하여 시장을 이겼다는 것이다.

순운전자본

표 11.3은 같은 타이밍 전략의 결과를 보여준다. 다만 이번에는 순운전자본을 기준으로 상위 5개 종목과 하위 5개 종목에 전략을 적용했다. 주식시장에 대한 이론 중 하나는 운전자본이 왕이라는 것이다. 사업을 운영할 자금은 많을수록 좋다. 또한 운전자본이 많다는 것은 회사가 잘 운영되고 있다는 뜻이다.

표 11.3 순운전자본 상위 종목 및 하위 종목

상위 5개 종목				
날짜	10~4월 수익률	10~8월 수익률	10~4월 변화율	10~8월 변화율
10/27/1975	1.176	1.302	15.413	17.072
10/29/1976	-0.218	-0.332	-2.404	-3.657
10/31/1977	-0.209	0.120	-2.464	1.423
10/30/1978	0.560	1.388	6.883	17.075
10/29/1979	-0.551	1.308	-6.136	14.551
10/27/1980	0.319	-0.177	3.153	-1.754
10/26/1981	0.329	1.051	3.648	11.665
10/29/1982	1.935	3.392	17.455	30.600
10/31/1983	0.131	1.574	0.904	10.843
10/29/1984	1.422	1.824	9.126	11.700
10/28/1985	4.621	4.970	26.508	28.508
10/27/1986	5.463	10.938	25.289	50.631
10/26/1987	1.922	1.912	8.652	8.610
10/31/1988	2.710	8.334	10.152	31.225
10/30/1989	1.372	-1.540	4.086	-4.586
10/29/1990	2.953	3.163	9.441	10.111
10/28/1991	2.208	3.164	6.332	9.076
10/26/1992	2.857	4.891	8.082	13.837
10/29/1993	3.496	9.065	8.800	22.816
10/31/1994	5.583	11.849	11.255	23.889
10/30/1995	11.416	13.297	17.779	20.707
10/28/1996	10.438	27.768	12.523	33.316
10/27/1997	33.111	16.369	34.083	16.850
10/26/1998	19.906	52.803	15.394	40.835
10/29/1999	29.825	61.826	19.046	39.481
10/30/2000	-26.119	-27.441	-15.969	-16.777
10/29/2001	-0.442	-29.014	-0.323	-21.201
				평균 수익률: 9.2%

하위 5개 종목				
날짜	10~4월 수익률	10~8월 수익률	10~4월 변화율	10~8월 변화율
10/27/1975	5.587	6.568	35.304	41.500
10/29/1976	0.873	-0.112	3.971	-0.510
10/31/1977	0.246	2.187	1.166	10.378
10/30/1978	1.900	2.745	9.01	13.016
10/29/1979	-1.266	3.53	-5.944	16.571
10/27/1980	3.914	1.206	15.663	4.826
10/26/1981	-0.708	-0.967	-2.857	-3.901
10/29/1982	12.617	15.585	46.398	57.314
10/31/1983	-1.084	-1.568	-2.141	-3.097
10/29/1984	10.010	14.463	21.352	30.852
10/28/1985	18.954	8.255	34.708	15.116
10/27/1986	17.751	38.335	31.162	67.297
10/26/1987	28.313	27.622	48.135	46.961
10/31/1988	10.613	14.367	11.800	15.975
10/30/1989	5.287	-4.545	5.317	-4.571
10/29/1990	19.315	27.073	21.058	29.517
10/28/1991	10.984	13.994	8.873	11.305
10/26/1992	18.762	20.820	13.753	15.261
10/29/1993	-2.469	8.254	-1.478	4.942
10/31/1994	26.431	46.010	14.470	25.188
10/30/1995	49.118	57.158	19.578	22.783
10/28/1996	37.074	78.828	11.769	25.025
10/27/1997	108.350	27.737	29.450	7.539
10/26/1998	85.308	41.888	19.438	9.544
10/29/1999	-29.872	-71.081	-6.219	-14.799
10/30/2000	-68.806	-42.182	-15.474	-9.487
10/29/2001	26.126	-29.506	6.955	-7.855
				평균 수익률: 13.9%

표 11.4 **주가/순운전자본비율 상위 종목 및 하위 종목**

상위 5개 종목				
날짜	**10~4월 수익률**	**10~8월 수익률**	**10~4월 변화율**	**10~8월 변화율**
10/27/1975	10.008	9.977	32.074	31.974
10/29/1976	2.685	-3.447	6.787	-8.712
10/31/1977	0.406	7.358	1.230	22.286
10/30/1978	3.672	7.026	10.346	19.796
10/29/1979	-5.803	2.581	-15.412	6.856
10/27/1980	3.165	-6.096	7.790	-15.003
10/26/1981	-1.191	-4.385	-3.752	-13.819
10/29/1982	10.414	14.550	36.509	51.008
10/31/1983	-1.995	-2.862	-3.850	-5.523
10/29/1984	4.426	12.545	9.749	27.635
10/28/1985	14.616	5.411	24.095	8.920
10/27/1986	15.558	35.349	25.950	58.960
10/26/1987	19.765	23.208	35.584	41.782
10/31/1988	8.408	15.180	10.090	18.215
10/30/1989	4.358	1.123	4.692	1.209
10/29/1990	13.594	21.422	15.098	23.793
10/28/1991	5.375	7.174	4.865	6.494
10/26/1992	17.796	15.208	14.849	12.690
10/29/1993	3.230	28.324	2.268	19.888
10/31/1994	-2.334	0.617	-1.454	0.384
10/30/1995	40.783	42.317	25.684	26.650
10/28/1996	9.235	63.866	4.414	30.527
10/27/1997	59.173	-14.379	21.639	-5.258
10/26/1998	34.682	49.325	12.432	17.681
10/29/1999	-25.415	-45.129	-7.984	-14.177
10/30/2000	-2.571	-12.425	-0.862	-4.166
10/29/2001	59.783	17.848	21.947	6.552
				평균 수익률: 10.9%

하위 5개 종목				
날짜	10~4월 수익률	10~8월 수익률	10~4월 변화율	10~8월 변화율
10/27/1975	0.415	0.770	17.738	32.895
10/29/1976	0.012	0.027	0.397	0.864
10/31/1977	0.042	0.354	1.384	11.587
10/30/1978	0.235	0.378	7.052	11.342
10/29/1979	0.039	0.763	1.131	22.073
10/27/1980	0.679	0.376	16.273	9.024
10/26/1981	0.110	0.520	2.511	11.829
10/29/1982	0.921	1.588	17.262	29.768
10/31/1983	0.096	0.941	1.394	13.659
10/29/1984	1.345	2.496	17.220	31.962
10/28/1985	4.587	5.582	44.053	53.605
10/27/1986	4.123	7.098	27.065	46.587
10/26/1987	2.811	3.248	18.522	21.401
10/31/1988	2.036	5.337	10.237	26.835
10/30/1989	1.783	0.507	7.460	2.120
10/29/1990	5.322	6.311	22.861	27.110
10/28/1991	3.466	4.765	11.685	16.064
10/26/1992	1.804	4.352	5.740	13.846
10/29/1993	-0.551	1.842	-1.478	4.942
10/31/1994	5.900	10.270	14.470	25.188
10/30/1995	9.610	12.983	16.989	22.952
10/28/1996	8.578	18.240	11.769	25.025
10/27/1997	34.848	25.210	40.455	29.266
10/26/1998	17.861	4.140	14.584	3.380
10/29/1999	-12.673	-25.699	-10.361	-21.012
10/30/2000	-9.832	-6.113	-11.065	-6.879
10/29/2001	7.613	-3.162	10.029	-4.166
				평균 수익률: 11.7%

표 11.5 **주식 가치의 여러 척도들**

PCR 하위 5개 종목				
날짜	10~4월 수익률	10~8월 수익률	10~4월 변화율	10~8월 변화율
10/29/1976	0.907	0.363	7.642	3.061
10/31/1977	-0.088	0.959	-0.756	8.239
10/30/1978	1.432	2.219	11.956	18.523
10/29/1979	-1.084	1.850	-8.620	14.708
10/27/1980	-1.340	-2.326	-9.533	-16.552
10/26/1981	-2.379	-2.348	-22.616	-22.324
10/29/1982	3.198	4.816	37.762	56.877
10/31/1983	0.406	-0.171	2.674	-1.124
10/29/1984	1.414	1.939	9.948	13.643
10/28/1985	5.019	0.245	33.634	1.641
10/27/1986	3.232	5.817	22.553	40.590
10/26/1987	5.843	6.313	45.741	49.422
10/31/1988	2.214	6.082	10.800	29.667
10/30/1989	1.721	-0.645	7.140	-2.675
10/29/1990	5.785	7.261	27.717	34.786
10/28/1991	-1.377	-2.080	-4.925	-7.438
10/26/1992	2.797	2.938	11.067	11.624
10/29/1993	-0.176	1.507	-0.587	5.030
10/31/1994	2.007	4.336	6.947	15.007
10/30/1995	7.162	5.655	21.719	17.149
10/28/1996	2.521	6.997	6.476	17.976
10/27/1997	18.279	2.767	41.939	6.348
10/26/1998	12.698	15.437	25.001	30.393
10/29/1999	-5.562	6.268	-8.116	9.147
10/30/2000	-6.802	-7.703	-9.522	-10.784
10/29/2001	8.933	-6.194	15.513	-10.757
				평균 수익률: 10.8%

PSR 하위 5개 종목				
날짜	10~4월 수익률	10~8월 수익률	10~4월 변화율	10~8월 변화율
10/27/1975	0.338	0.670	12.703	25.177
10/29/1976	0.294	0.329	8.818	9.891
10/31/1977	0.021	0.349	0.615	9.981
10/30/1978	0.357	0.877	9.662	23.748
10/29/1979	0.123	0.961	2.826	22.152
10/27/1980	0.319	0.066	6.059	1.252
10/26/1981	0.500	1.178	10.003	23.542
10/29/1982	1.469	2.316	21.295	33.569
10/31/1983	0.740	1.039	8.162	11.467
10/29/1984	1.587	2.110	16.245	21.591
10/28/1985	3.977	6.250	33.269	52.290
10/27/1986	3.602	8.283	20.348	46.791
10/26/1987	1.878	2.540	9.953	13.458
10/31/1988	2.267	8.623	9.773	37.183
10/30/1989	1.618	0.339	5.115	1.071
10/29/1990	12.121	12.911	41.938	44.670
10/28/1991	3.127	1.905	7.972	4.857
10/26/1992	5.989	9.313	15.204	23.641
10/29/1993	3.368	7.546	6.894	15.445
10/31/1994	7.456	14.259	13.264	25.366
10/30/1995	13.788	13.243	18.871	18.124
10/28/1996	7.913	33.482	8.377	35.445
10/27/1997	49.981	36.878	39.163	28.896
10/26/1998	58.751	74.503	31.813	40.343
10/29/1999	10.288	29.095	3.967	11.219
10/30/2000	-13.687	-11.244	-4.680	-3.845
10/29/2001	18.606	-16.780	7.101	-6.404
				평균 수익률: 13.5%

배당수익률 상위 5개 종목				
날짜	10~4월 수익률	10~8월 수익률	10~4월 변화율	10~8월 변화율
10/27/1975	1.978	2.987	21.119	31.886
10/29/1976	0.767	0.543	6.136	4.349
10/31/1977	0.418	1.352	3.384	10.935
10/30/1978	3.193	4.437	24.955	34.670
10/29/1979	-1.004	2.836	-6.277	17.729
10/27/1980	2.471	1.802	13.204	9.626
10/26/1981	-0.113	-1.654	-0.572	-8.366
10/29/1982	4.096	6.524	19.953	31.778
10/31/1983	3.265	3.830	12.163	14.265
10/29/1984	1.580	5.462	5.249	18.147
10/28/1985	6.267	10.443	16.920	28.197
10/27/1986	11.704	18.944	25.218	40.817
10/26/1987	12.741	13.589	28.103	29.973
10/31/1988	5.370	16.630	8.585	26.587
10/30/1989	5.293	1.853	6.925	2.424
10/29/1990	19.536	41.425	27.684	58.703
10/28/1991	17.260	20.682	15.677	18.785
10/26/1992	17.317	28.570	14.262	23.530
10/29/1993	-2.881	20.012	-1.865	12.955
10/31/1994	12.418	40.952	7.047	23.240
10/30/1995	45.707	62.689	20.101	27.569
10/28/1996	33.354	92.049	10.596	29.242
10/27/1997	79.415	46.908	20.346	12.018
10/26/1998	80.749	92.945	16.613	19.122
10/29/1999	-38.375	22.936	-6.805	4.067
10/30/2000	37.913	57.500	6.659	10.099
10/29/2001	90.205	5.719	16.897	1.071
				평균 수익률: 12.3%

표 11.6 **여러 척도에 따른 수익률**

PCR 상위 5개 종목				
날짜	**10~4월 수익률**	**10~8월 수익률**	**10~4월 변화율**	**10~8월 변화율**
10/29/1976	-0.003	-2.062	-0.029	-17.722
10/31/1977	-0.013	0.618	-0.141	6.911
10/30/1978	1.822	2.155	21.037	24.880
10/29/1979	0.330	2.446	3.260	24.141
10/27/1980	2.449	1.160	19.504	9.233
10/26/1981	0.993	0.698	7.905	5.553
10/29/1982	3.103	6.769	21.140	46.116
10/31/1983	-1.483	-1.206	-7.279	-5.921
10/29/1984	-0.282	1.781	-1.617	10.230
10/28/1985	2.007	4.789	10.516	25.099
10/27/1986	6.886	16.800	29.595	72.203
10/26/1987	8.353	7.079	33.272	28.197
10/31/1988	2.400	9.848	7.306	29.976
10/30/1989	0.212	-7.709	0.501	-18.251
10/29/1990	8.284	9.638	26.975	31.384
10/28/1991	11.178	7.335	28.391	18.629
10/26/1992	4.623	8.195	10.064	17.841
10/29/1993	4.924	13.820	8.936	25.079
10/31/1994	2.612	4.851	3.668	6.811
10/30/1995	15.366	21.022	19.573	26.776
10/28/1996	4.133	23.400	3.811	21.578
10/27/1997	19.788	-18.546	15.480	-14.509
10/26/1998	17.406	11.193	14.035	9.025
10/29/1999	-2.337	-5.375	-1.734	-3.988
10/30/2000	0.716	5.940	0.538	4.465
10/29/2001	20.598	-7.248	16.145	-5.681
				평균 수익률: 11.2%

연속 순이익 증가율 상위 5개 종목
(분기간 연속으로 순이익이 증가한 종목)

날짜	10~4월 수익률	10~8월 수익률	10~4월 변화율	10~8월 변화율
10/29/1976	0.152	0.251	4.765	7.872
10/31/1977	0.005	0.731	0.151	22.532
10/30/1978	0.082	0.348	2.263	9.654
10/29/1979	-0.087	0.664	-2.415	18.502
10/27/1980	0.749	0.279	18.420	6.858
10/26/1981	0.374	1.068	8.503	24.252
10/29/1982	1.069	1.081	17.355	17.549
10/31/1983	-0.149	0.696	-1.984	9.278
10/29/1984	0.605	1.782	7.298	21.507
10/28/1985	3.890	5.623	34.423	49.756
10/27/1986	4.673	10.073	29.343	63.251
10/26/1987	1.009	1.395	5.587	7.720
10/31/1988	3.540	8.625	16.813	40.966
10/30/1989	2.563	1.568	8.617	5.272
10/29/1990	10.919	12.800	37.390	43.834
10/28/1991	6.679	6.916	15.923	16.488
10/26/1992	-0.664	2.276	-1.439	4.931
10/29/1993	-0.806	3.675	-1.576	7.186
10/31/1994	9.552	17.447	17.146	31.316
10/30/1995	13.764	17.102	16.900	20.999
10/28/1996	17.902	29.799	16.764	27.906
10/27/1997	44.369	29.537	35.274	23.482
10/26/1998	70.982	54.210	39.957	30.516
10/29/1999	-19.798	-9.354	-7.700	-3.638
10/30/2000	-22.091	-21.000	-8.616	-8.191
10/29/2001	19.876	-33.235	8.975	-15.007

평균 수익률: 12.2%

추정 연 순이익 상위 5개 종목				
날짜	10~4월 수익률	10~8월 수익률	10~4월 변화율	10~8월 변화율
10/29/1976	3.348	-5.307	6.889	-10.919
10/31/1977	0.677	6.349	1.649	15.458
10/30/1978	2.822	6.060	6.763	14.523
10/29/1979	-5.524	4.250	-12.893	9.920
10/27/1980	-1.316	-5.967	-2.810	-12.739
10/26/1981	-1.860	-2.619	-4.930	-6.942
10/29/1982	3.111	4.837	8.601	13.374
10/31/1983	-2.538	1.243	-5.949	2.914
10/29/1984	6.269	10.126	14.619	23.615
10/28/1985	14.001	5.890	25.105	10.561
10/27/1986	11.191	23.416	19.244	40.267
10/26/1987	13.592	11.885	26.827	23.458
10/31/1988	7.655	7.943	11.619	12.055
10/30/1989	0.243	-8.899	0.402	-14.752
10/29/1990	5.920	9.032	13.200	20.141
10/28/1991	1.443	4.262	2.866	8.467
10/26/1992	8.815	15.529	15.718	27.691
10/29/1993	-3.302	-2.817	-4.587	-3.912
10/31/1994	2.431	5.558	3.664	8.379
10/30/1995	16.325	11.752	23.603	16.992
10/28/1996	6.919	15.426	8.226	18.338
10/27/1997	10.027	-12.982	10.411	-13.480
10/26/1998	22.358	20.248	24.558	22.241
10/29/1999	1.799	13.824	1.697	13.036
10/30/2000	2.009	4.667	1.983	4.607
10/29/2001	12.193	5.985	12.532	6.152
				평균 수익률: 8.0%

PBR 하위 5개 종목				
날짜	10~4월 수익률	10~8월 수익률	10~4월 변화율	10~8월 변화율
10/27/1975	2.162	3.163	26.262	38.413
10/29/1976	1.625	-0.797	15.338	-7.523
10/31/1977	0.183	1.875	2.020	20.716
10/30/1978	2.387	2.267	25.467	24.186
10/29/1979	-1.313	1.595	-12.662	15.379
10/27/1980	2.322	-0.260	18.855	-2.115
10/26/1981	-1.129	-2.840	-10.293	-25.897
10/29/1982	4.075	5.667	46.123	64.149
10/31/1983	0.384	-0.445	2.346	-2.720
10/29/1984	2.154	2.136	15.120	14.990
10/28/1985	3.801	0.963	25.172	6.377
10/27/1986	3.817	9.914	25.330	65.796
10/26/1987	8.789	9.081	61.009	63.035
10/31/1988	2.655	6.924	10.731	27.985
10/30/1989	2.167	-3.008	7.186	-9.974
10/29/1990	10.399	20.143	41.607	80.594
10/28/1991	9.904	3.973	21.673	8.693
10/26/1992	8.248	14.636	15.864	28.150
10/29/1993	2.967	11.515	4.332	16.818
10/31/1994	8.112	22.306	9.998	27.490
10/30/1995	29.396	32.808	27.865	31.099
10/28/1996	4.640	51.322	3.050	33.728
10/27/1997	35.277	-26.503	18.378	-13.807
10/26/1998	47.435	49.443	25.173	26.239
10/29/1999	6.703	28.613	2.805	11.972
10/30/2000	16.471	37.933	6.122	14.100
10/29/2001	38.373	-21.448	14.028	-7.841
				평균 수익률: 16.6%

ROE 상위 5개 종목				
날짜	10~4월 수익률	10~8월 수익률	10~4월 변화율	10~8월 변화율
10/27/1975	2.755	3.468	30.152	37.958
10/29/1976	-0.481	-0.428	-3.980	-3.543
10/31/1977	0.189	2.235	1.725	20.387
10/30/1978	0.144	0.988	1.194	8.212
10/29/1979	-0.494	1.870	-4.219	15.978
10/27/1980	1.914	0.218	14.570	1.661
10/26/1981	0.321	1.167	2.549	9.266
10/29/1982	4.869	6.985	32.340	46.391
10/31/1983	-3.426	0.201	-12.855	0.755
10/29/1984	2.079	2.052	7.715	7.616
10/28/1985	15.071	16.821	52.858	58.994
10/27/1986	10.862	23.057	25.992	55.177
10/26/1987	5.035	8.472	11.335	19.073
10/31/1988	8.692	18.793	15.615	33.759
10/30/1989	0.939	1.444	1.300	2.000
10/29/1990	17.978	27.163	24.644	37.235
10/28/1991	17.785	18.340	17.598	18.147
10/26/1992	-14.552	-10.718	-12.369	-9.110
10/29/1993	-7.542	8.000	-6.804	7.216
10/31/1994	10.746	25.442	8.757	20.734
10/30/1995	27.481	33.961	17.856	22.067
10/28/1996	28.137	55.539	14.294	28.215
10/27/1997	66.222	28.513	31.001	13.348
10/26/1998	15.585	13.512	5.739	4.975
10/29/1999	-30.689	18.197	-10.714	6.353
10/30/2000	11.476	6.485	3.702	2.092
10/29/2001	1.611	-43.309	0.534	-14.364
				평균 수익률: 10.0%

직원당 매출 상위 5개 종목				
날짜	10~4월 수익률	10~8월 수익률	10~4월 변화율	10~8월 변화율
10/27/1975	0.814	1.230	14.018	21.167
10/29/1976	0.002	0.226	0.031	3.257
10/31/1977	-0.069	0.545	-0.985	7.760
10/30/1978	0.758	1.605	10.446	22.114
10/29/1979	0.643	2.273	7.570	26.765
10/27/1980	-0.004	0.100	-0.038	0.887
10/26/1981	0.400	0.976	3.559	8.692
10/29/1982	2.511	3.421	18.641	25.390
10/31/1983	0.824	1.632	5.004	9.911
10/29/1984	2.101	3.682	12.023	21.066
10/28/1985	1.999	5.588	8.961	25.054
10/27/1986	5.799	10.898	21.685	40.755
10/26/1987	7.665	7.426	30.063	29.122
10/31/1988	4.597	8.339	13.698	24.849
10/30/1989	3.635	4.993	8.367	11.494
10/29/1990	13.746	12.519	30.315	27.609
10/28/1991	6.494	10.446	11.289	18.159
10/26/1992	7.013	10.516	10.392	15.583
10/29/1993	0.905	11.161	1.132	13.958
10/31/1994	4.722	13.195	5.003	13.979
10/30/1995	24.749	31.021	21.619	27.097
10/28/1996	17.156	37.555	11.067	24.226
10/27/1997	36.017	3.979	19.427	2.146
10/26/1998	40.768	43.103	20.260	21.421
10/29/1999	15.255	57.924	6.150	23.352
10/30/2000	-42.553	-53.828	-14.491	-18.331
10/29/2001	15.912	-18.379	6.796	-7.850
				평균 수익률: 10.4%

PER 하위 5개 종목 (E에 해당하는 '순이익'은 1년 예상치를 사용)				
날짜	10~4월 수익률	10~8월 수익률	10~4월 변화율	10~8월 변화율
10/29/1976	1.567	-1.810	10.583	-12.222
10/31/1977	0.856	3.714	6.950	30.153
10/30/1978	2.969	4.266	22.152	31.830
10/29/1979	-0.909	2.735	-5.840	17.576
10/27/1980	0.964	-2.044	5.073	-10.761
10/26/1981	0.872	1.668	5.554	10.629
10/29/1982	6.824	9.409	36.116	49.794
10/31/1983	-1.918	0.578	-5.722	1.723
10/29/1984	3.723	4.423	11.243	13.356
10/28/1985	11.193	10.539	33.583	31.621
10/27/1986	13.499	31.404	29.617	68.903
10/26/1987	23.278	21.375	53.603	49.221
10/31/1988	6.472	7.998	9.666	11.944
10/30/1989	-1.263	-12.097	-2.107	-20.185
10/29/1990	19.016	26.896	45.333	64.118
10/28/1991	13.165	6.443	21.606	10.575
10/26/1992	13.468	20.111	20.322	30.348
10/29/1993	-0.794	5.787	-0.923	6.730
10/31/1994	3.623	18.351	4.010	20.310
10/30/1995	18.662	7.884	17.773	7.508
10/28/1996	9.942	31.381	8.675	27.382
10/27/1997	32.709	0.006	21.906	0.004
10/26/1998	42.216	31.200	25.406	18.776
10/29/1999	-12.283	7.341	-6.805	4.067
10/30/2000	18.946	33.589	10.265	18.198
10/29/2001	37.885	0.224	19.870	0.117
				평균 수익률: 15.3%

PSR 상위 5개 종목				
날짜	10~4월 수익률	10~8월 수익률	10~4월 변화율	10~8월 변화율
10/27/1975	9.613	9.735	25.710	26.037
10/29/1976	0.668	-6.394	1.409	-13.481
10/31/1977	-0.287	6.981	-0.775	18.827
10/30/1978	4.335	8.402	11.126	21.563
10/29/1979	-2.904	5.806	-6.973	13.942
10/27/1980	0.792	-7.432	1.713	-16.088
10/26/1981	-1.971	-5.250	-5.828	-15.522
10/29/1982	10.173	14.230	33.343	46.640
10/31/1983	-3.367	-2.329	-6.607	-4.571
10/29/1984	7.782	15.818	17.447	35.464
10/28/1985	20.212	4.226	32.865	6.871
10/27/1986	16.988	29.561	28.329	49.295
10/26/1987	12.234	8.970	21.764	15.957
10/31/1988	8.531	10.939	12.556	16.101
10/30/1989	6.686	-5.620	10.235	-8.604
10/29/1990	13.197	12.457	23.479	22.164
10/28/1991	2.350	-0.252	3.436	-0.369
10/26/1992	12.229	8.133	17.568	11.684
10/29/1993	4.415	17.956	5.426	22.067
10/31/1994	0.866	5.298	0.922	5.642
10/30/1995	19.705	13.079	19.590	13.002
10/28/1996	9.230	26.701	8.186	23.682
10/27/1997	18.407	-9.881	13.541	-7.268
10/26/1998	20.516	32.075	15.609	24.404
10/29/1999	-13.465	-10.677	-8.493	-6.734
10/30/2000	-5.533	-4.319	-3.774	-2.946
10/29/2001	16.109	3.301	12.115	2.483
				평균 수익률: 10.5%

이 자료에는 흥미로운 부분이 있다. 순운전자본 상위 종목들은 6개월간 평균 9.2퍼센트의 수익률을 올렸으며, 27년간 81퍼센트의 경우에 수익을 냈다. 다른 한편, 순운전자본 하위 종목들은 평균 13.9퍼센트라는 훨씬 좋은 수익률을 기록했다. 다만 21년간 수익을 올림으로써 승률은 77퍼센트로 떨어졌다. 이 단순한 수치들은 평균 3.2배나 높은 수익률로 시장을 이기는 수단이 있음을 말해준다. 나는 내가 운용하는 펀드에서 가중치를 설정할 때 이런 통계를 고려한다.

주가는 중요하다

지금부터 이 요건에 주가 필터를 적용했을 때 어떤 일이 생기는지 살펴보자. 표 11.4는 주가순운전자본비율 상위 종목들을 매수한 결과를 보여준다. 두 번째 표는 주가순운전자본비율 하위 5개 종목에 대한 결과다. 이 자료들에는 상당한 차이가 있다. 앞으로 나올 자료들에서도 같은 차이가 나타날 것이다. 그 차이는 주가가 낮은 종목의 수익률이 높은 종목의 수익률을 뛰어넘는다는 것이다. 거기에는 일정한 논리가 있다. 싸구려 매수자들은 저가주를 좋아한다. 같은 10퍼센트 수익률이라도 200달러짜리 종목이 20포인트 상승하는 것보다 30달러짜리 종목이 3포인트 상승하는 것이 더 쉽다.

보다시피 주가가 높은 종목의 수익률은 10.9퍼센트인 반면 주가가 낮은 종목의 수익률은 11.7퍼센트다. 승률도 확인해 보라. 연구 대상 기간인 27년 동안 손실이 난 해를 보면 주가가 높은 종목은 6년인 반면 주가가 낮은 종목은 3년밖에 되지 않는다.

배당수익률, 현금흐름, PSR 그리고 기타 지표들에 대한 진실

표 11.5와 11.6은 여러분이 분석해야 할 자료들이다. 이 자료들은 내가 연구한 결과를 보여준다. 이번 역시 폭넓은 수치들에 해당하는 보유 기간을 염두에 두어야 한다. 그래야 다양한 지표들이 전형적인 시장 수익률에 미치는 파급효과와 그에 따른 차이를 알 수 있다. 가령 이 전략은 현금흐름 상위 5개 종목에서는 평균 11.2퍼센트, 하위 5개 종목에서는 10.8퍼센트의 수익률을 올렸다. 이는 내가 보기에 큰 차이가 아니다.

반면 PSR 하위 5개 종목의 수익률은 13.5퍼센트, 상위 5개 종목의 수익률은 불과 10.5퍼센트였다. 이는 상당한 차이다.

많은 애널리스트는 연속 순이익 증가율이 핵심이라고 말한다. 그럴지도 모른다. 하지만 나의 연구에서 드러난 평균 수익률은 12.2퍼센트에 불과하다. 양호한 수준이지만 그보다 나은 가치 척도들이 있다. 뜻밖의 결과를 보인 척도는 ROE였다. 나는 ROE가 높은 것은 미래의 주가 상승에 대한 아주 좋은 신호라고 생각했다. 하지만 연구 결과는 그렇지 않았다. 해당 척도에 따른 수익률은 매우 미미한 10퍼센트에 불과했다. 그보다는 10.4퍼센트의 수익률을 낸 직원당 매출을 보는 편이 더 나았다.

어쨌든 여러분이 살펴보고, 공부하고, 자양분으로 삼을 모든 자료를 제시했다. 이 지표들의 미덕은 곤경에 빠지지 않도록 해준다는 것이다. 우리는 월가의 불안한 뒷골목을 걸어갈 필요가 없다. 현명한 투자자는 리스크를 원치 않는다. 그들은 수익을 원한다. 이제 우리에게는 리스크를 크게 줄일 수 있는 방법이 있다. 그 방법을 실행하라. 그러면 그냥 지수를 매수하는 사람보다 낮은 수익률을 올리는 것이 불가능하다.

다시 말해서 일반적인 투자자와 펀드의 80퍼센트가 하지 못했던 일을 할 수 있다. 즉, 시장을 이길 수 있다! 이는 펀드의 80퍼센트가 S&P500이나 다우지수의 수익률을 넘어서지 못했다는 사실을 고려할 때 엄청난 말이다. 펀드는 그다지 좋은 투자 수단이 아닌 것 같다. 우리가 선택하는 10개의 펀드 중 8개는 다우지수를 매수하는 것보다 못한 수익률을 기록한다. 이는 충격적인 사실이다.

앞서 나온 다양한 지표들을 활용하여 언제든, 어떤 종목이든 평가할 수 있다. 당신은 주식 중개인이나 매형에게서 어떤 종목에 대한 비밀 정보를 들을 수 있다. 그것이 좋은 정보일 수도 있다. 여기 나온 가치평가 지표를 확인하면 그 증거를 얻을 수 있다. 또한 CNBC나 폭스 TV의 「닐 카부토Neil Cavuto 쇼」를 보고 이 사실을 직접 검증할 수 있다. 급락하는 종목이 나왔을 때 가치평가 지표를 확인해 보라. 이 재미있는 작업을 해보면 예외 없이 지표가 끔찍한 수준이다. 즉, 폭락할 만한 이유가 있다.

바꿔 말하면 이는 아주 단순한 규칙들을 활용하여 다우 수익률을 꾸준히 상회할 수 있다는 뜻이다. 그 과정에서 펀드 매니저들도 앞지를 수 있다. 펀드 매니저에게 과도한 보수를 지불하지 않아도 되고,

아무것도 모르는 종목들이 수반하는 리스크에 노출되지 않아도 된다. 나쁜 의도를 지닌 펀드 매니저들의 사기에 당할 일도 없다. 펀드에 투자했을 때 시장을 이길 확률이 20퍼센트밖에 안되는데, 우리가 직접 투자하지 못할 이유가 뭘까?

이유가 있다면 딱 하나다. 방법을 모르기 때문이다. 하지만 이제 그건 과거의 일이다. 당신은 시장을 이길 수 있다. 월가의 잘나가는 펀드 매니저들을 앞지를 수 있다.

뮤추얼 펀드에 대하여

지난 강세장에 아주 많은 돈을 번 펀드들이 약세장 동안 큰 손실을 냈다는 것은 익히 알려진 사실이다. 이는 과거의 실적이 절대 미래의 성공을 보장하지 않는다는 것을 말해준다. 그에 대한 추가 증거도 있다. 나는 지난 3년(2000년, 2001년, 2002년) 동안 수익률 상위권에 오른 펀드들을 대상으로 과거 실적을 확인했다. 그 결과 2002년의 상위 4개 펀드가 실제로는 대규모 상승기인 1998년과 1999년에 S&P500 수익률에 뒤처졌다는 사실이 드러났다! 좋은 시기의 수익률에 이끌렸던 사람들도 나쁜 시기의 수익률을 보면 해당 펀드를 절대 매수하지 않을 것이다. 지금의 일등이 나중에는 꼴찌가 될 수 있다.

가치평가 지표는 이상적인 투자 시나리오를 수립하도록 해준다. 앞서 확인했듯이 평균적으로 최고의 수익률을 기록한 것은 지수 또는 업종에서 주가가 가장 낮고 배당수익률이 가장 높은 종목들이다. 따라서 그것이 우리의 첫 번째 요건이다. 우리는 어떤 종목이 전반적으로 지수보다 나은 수익률을 올리는지 파악함으로써 종목 선정 문제를 해결했다. 규칙은 단순하다. 주가가 낮은 동시에 배당수익률이 높거나 PSR이 낮은 종목을 매수하면 된다.

나는 한 걸음 더 나아가 선정된 종목들, 말하자면 일반적인 종목들 사이에서 골라낸 유망 종목들의 매매 시기를 정하는 타이밍 메커니즘을 추가했다. 앞서 나는 다우산업지수가 10월부터 이듬해 봄까지 상승하는 뚜렷한 경향을 지닌다는 사실을 보여주었다.

이번에는 다우유틸리티지수의 동향에 대한 뜻밖의 사실을 알려주겠다.

그림 11.2에서 볼 수 있듯이 유틸리티지수는 대다수 경우에 전체 시장이 상승을 멈추거나 횡보 구간으로 접어들 무렵 큰 폭의 상승을 시작한다. 일반적으로 상승이 시작되는 시기는 매년 4월 무렵이다. 4월부터 10월 저점까지 전체 시장은 대개 그보다 훨씬 부진한 모습을 보인다. 물론 어떤 해에는 이런 경향을 따르지 않고 계속 상승하기도 한다. 그러나 이는 예외적인 경우다. 똑똑한 투자자는 예외에 베팅하지 않는다.

다우유틸리티지수(주봉)

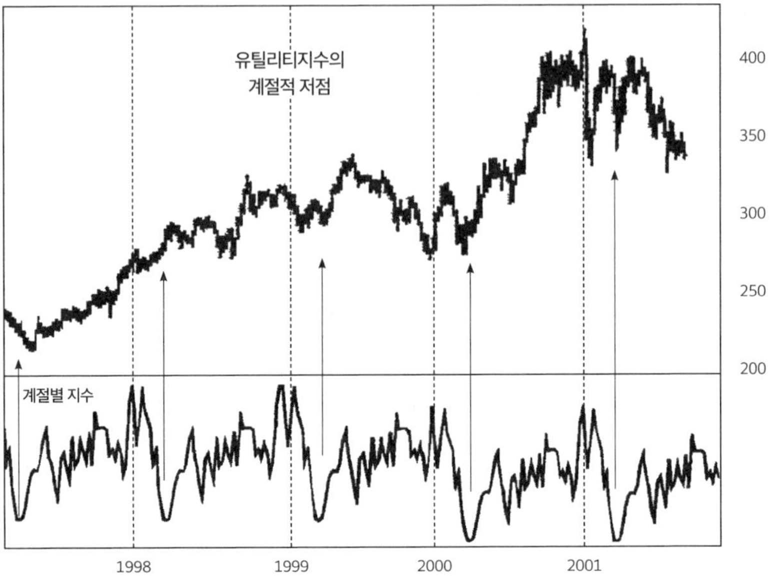

그림 11.2 **다우유틸리티지수**

유틸리티지수는 대개 4월 첫 주부터 10월 첫 주까지 큰 폭으로 상승한다.

따라서 우리에게는 반복식 투자 프로그램이 생긴다. 다음에 나오는 데이터는 다우산업지수를 매년 10월 마지막 주에 매수하여 이듬해 4월 첫 금요일에 매도하는 경우의 결과를 보여준다. 이에 더하여 매년 다우유틸리티 종목 가운데 주가가 가장 낮고 배당수익률이 가장 높은 5개 종목을 매수하여 10월 첫 거래주까지 보유하는 경우의 결과도 같이 보여준다. 이 포트폴리오는 펀드 수익률을 훌쩍 뛰어넘는 놀라운 수익률을 꾸준하게 기록했다.

래리 윌리엄스의 하이일드 종목 투자법

매매 타이밍을 통해 배당수익률이 높고 주가가 낮은 종목을 두 다우지수를 오가며 투자하는 이 접근법은 1985년 이후 연 평균 24.1퍼센트의 수익률을 기록했다(표 11.7 참고). 나는 이보다 더 멀리 거슬러 올라가는 수치들을 갖고 있다. 해당 수치들 역시 마찬가지로 높은 수익률을 나타낸다. 1976년부터 2001년까지 다우산업지수의 연 수익률은 8.3퍼센트다. 이 기간에 우리의 반복식 투자 프로그램은 거의 30퍼센트에 이르는 연 수익률을 기록한다.

표 11.7 **반복식 투자 프로그램**

연도	유틸리티지수 계절적 저점 매수, 계절적 고점 매도 수익률	산업지수 계절적 저점 매수, 계절적 고점 매도 수익률	다우30 종목 장기 보유 수익률	다우산업지수 장기 보유 수익률
1985	5.90	24.495	30.8	28
1986	5.330	29.998	35.2	25
1987	-0.202	-7.824	-8.0	0
1988	11.2	13.161	24.3	11
1989	19.809	9.182	28.9	29.4
1990	-1.843	20.919	19.0	-5
1991	3.957	14.399	18.2	18
1992	0.774	25.037	25.8	3
1993	6.444	2.413	8.8	14
1994	-6.142	12.963	6.7	2
1995	8.537	14.896	23.3	33
1996	4.750	17.879	21.8	28
1997	19.486	18.905	38.3	17

1998	13.42	19.377	32.7	19
1999	3.692	7.709	11.3	24
2000	35.8	5.4	54.8	-6
2001	13.9-7/2001	17.7	30.9	-5
평균			24.1	13.8

이 프로그램의 장점은 두 가지 요소를 조합하는 데서 나온다. 우선 주식시장, 적어도 다우산업지수가 하락에 가장 취약한 시기에 발을 뺀다. 즉, 위험 구간에서 투자하지 않는다. 대신 대개 산업지수보다 높은 수익률을 기록할 뿐 아니라 하락기 동안 하방 변동성이 덜한 유틸리티지수에 투자한다. 거기에는 근본적인 이유가 있다. 유틸리티 종목은 장기적인 주가 상승이 아닌 배당 수익을 제공한다.

그래서 위험 구간에서 유틸리티지수가 실제로 산업지수보다 높은 수익률을 올린다. 그 이유는 단순하다. 주가가 하락하기 시작하면 사람들은 산업지수에서 빠져나와 안전한 투자처를 찾는다. 유틸리티 종목이 바로 그런 대상으로서 더 높은 수익률과 약간의 주가 상승 가능성을 제공한다. 그래서 산업지수에서 유틸리티 종목으로 자금이 흘러간다. 우리의 투자 프로그램은 주식시장이 하락하기 약간 전에 유틸리티 종목들에 올라타도록 해준다.

살아가면서 두 마리 토끼를 다 잡을 수 있는 때는 드물다. 하지만 구조적으로 월가를 이기는 윌리엄스 투자법은 그 일을 가능하게 만든다. 이는 장기적 주기를 이루는 시장 동향에 대한 지식과 펀더멘털 측면에 대한 지식을 통합한 덕분이다.

이 사실은 또한 주요 시장 저점에서는 주가가 낮고 배당수익률이 높은 종목에 투자해야 한다는 것을 말해준다. 모든 시장 저점이 10월에 나오는 것은 아니다. 향후 20년에서 100년 동안 시장이 돌아가는 가운데 수많은 다른 매수 기회가 나타날 것이다. 이런 저점에서 과거의 주도주가 아니라 안정되고 탄탄한 우량주를 사는 것이 어떨까? 이런 종목은 보다 안전하다. 또한 보다 예측 가능하고, 정확하며, 힘든 시기에 망하지 않고 견뎌낼 가능성이 훨씬 높다.

유틸리티 종목은 새로운 강세장을 주도하거나 시작하지 않는다. 단지 산업주나 우량주보다 하락에 더 잘 버틸 뿐이다. 강세장 초기에는 우량주와 성장주가 먼저 상승한다. 이런 종목들은 주요 지수에서 다른 종목의 수익률을 크게 앞서간다. 그래서 우리는 투자해야 할 일반적인 종목의 범주를 안다.

종목 선정 과정의 이 부분은 아주 단순하다. 다음 단계는 동네 도서관에 가서 《인베스터스 비즈니스 데일리》나 《밸류 라인》을 살피는 것이다. 거기에 실린 우량주 및 성장주 목록을 보고 현재 주가가 가장 낮고 배당수익률이 가장 높은 종목들을 찾아내면 된다. 이 종목들이 매수하기에 가장 안전하고 안정된 종목들이다. 다시 말하지만 강세장 초기 같은 경우에는 다른 투자자들이 단기적으로 더 높은 수익률을 올릴 수 있다. 그러나 장기적으로는 우리가 그들을 크게 앞지를 것이다. 그들은 꾸준하지 못하며, 결국에는 그 사이에 쓰레기 종목을 사게 되어 있다. 전반적인 강세장에도 불구하고 주가가 오르기는커녕 크게 하락하는 종목 말이다. 주요 지점에서 확실하게 최고의 종목을 매수하고 싶다면 PSR도 점검해야 한다. PSR이 1.0 미만인 종목을 사야 한다. PSR이 높은 종목은 극도의 위험을 수반하기 때문이다.

게으른 사람을 위한 영리한 펀드 투자법

개별 종목을 고르지 않기로 결정했는가? 그래도 영리한 펀드 투자로 시장을 이기는 쉬운 방법이 있다.

개념은 단순하다. 펀드 자체는 투자 성과가 대단하지 않으며, 언제나 상당한 하락을 겪는다. 그래서 우리가 해야 할 일은 펀드를 매매하는 타이밍 시스템 또는 기법을 개발하는 것이다. 즉, 상승할 때는 펀드에 올라타고 하락할 때는 빠져나와 현금을 보유해야 한다.

이는 대단히 흥미로운 개념이다. 종목 선정은 소위 전문가들에게 맡기면 된다! 우리가 노력할 부분은 시장이 상승할 때 빠르게 수익률을 높이는 펀드를 선택한 다음, 큰 하락이 나오기 전에 환매하는 것이다.

이 경우 세 가지 조건이 있다. 첫째, 유망 종목을 찾는 대신 역사적으로 상승기에 아주 좋은 수익률을 기록한 펀드를 찾아야 한다. 둘째, 환매 수수료가 없거나 아주 적어야 한다. 셋째, 하락을 앞두고 수익을 확정할 때를 알려주는 일종의 시스템이나 도구가 필요하다.

펀드의 실적을 평가하는 여러 서비스가 있다. 그러나 슬픈 진실은 그들이 매기는 등급이 미래의 실적과 거의 관련이 없다는 것이다.

크게 성공한 모닝스타Morningstar 서비스를 예로 들어보자. 일부 펀드 광고를 보면 별이 4, 5개씩 표시되어 있다. 이는 모닝스타가 평가한 평균 이상의 높은 등급을 가리킨다. 하지만 등급을 나타내는 이 별들은 아무 의미가 없다! 사실 모닝스타가 살피는 펀드의 거의 75퍼센트가 별 4개나 5개를 받는다. 1개나 2개를 받는 펀드는 25퍼센트에 불과하다.

거기서 끝이 아니다. 와튼 스쿨 교수인 마틴 블룸Martin Blume은 운용기간이 최근 3년밖에 안 되는 펀드도 별 4개나 5개를 받을 수 있다고 밝혔다. 3년은 펀드가 어떤 실적을 낼지 자신 있게 평가하기에 너무 짧은 시간이다. 평가 기간이 너무 짧다. 3년 동안 운 좋게 시장이 상승할 수도 있다. 이 경우 신생 펀드의 수익률은 아주 좋아 보일 것이다. 그러나 아직 하락장에 대한 경험(또는 3년 동안의 대단한 수익률을 끌어내릴 손실)은 없다. 반면 그런 시기를 겪은 오래된 펀드는 그만큼 쉽게 높은 등급을 받지 못한다.

근래에 《인베스터스 비즈니스 데일리》에 실린 '작년의 선도 펀드' 차트가 이 점을 잘 보여준다. 거기에는 주식시장이 1.3퍼센트 상승한 1994년에 8개의 펀드가 기록한 연간 실적이 나와 있다. 정상급 펀드로 평가받는 이 펀드들 중에서 5개가 그해에 손실을 기록했다!

1995년에도 냉엄한 현실을 말해주는 일련의 사실들이 드러난다. 그해에 S&P 500은 37.6퍼센트 상승했다. 하지만 8개 펀드 중에서 오직 1개만 시장 수익률을 넘어섰다. 뒤이어 1997년에는 S&P 500이 35.1퍼센트 상승했다. 그해에도 2개의 펀드만 그보다 더 나은 수익률을 올렸다. 이처럼 펀드 수익률은 당신이 생각하는 것 또는 들었던 것과 다르다. 아니, 그보다 못하다.

《파이낸셜 다이제스트Financial Digest》의 마크 헐버트Mark Hulbert는 1991년부터 모닝스타가 매긴 순위를 점검했다. 그는 딱 잘라서 이렇게 말했다. "상위권 펀드는 연 평균 3퍼센트나 주가 수익률에 뒤처졌다!"

《포브스》지와 《밸류 라인》도 펀드의 순위를 매긴다. 이들에 대한 헐버트의 분석은 같은 결론에 이른다. 이 순위는 차후의 최고 펀드를 찾아내는 데 아무 소용이 없다. 결론적으로 순위가 높은 펀드도 시간이 지나면 시장 수익률을 하회한다. 어떤 경우에는 그 차이가 거의 연 5퍼센트나 된다.

프로들도 내년의 유망 펀드를 고를 수 없다는 사실은 이런 의문을 불러일으킨다. "펀드 매매 타이밍을 잡을 수 있을까?" 만약 그렇다면 이론적으로 펀드의 수익률을 떨어트리는 큰 폭의 하락을 피하고, 약세장에서 발을 뺄 수 있다.

그 답은 명확하다. "대규모 하락이 다가올 때 시장에서 벗어나는 일은 가능하다. 한두 가지 기계적 규칙으로 펀드 수익률을 이길 수 있다."

물론 펀드 매매 타이밍을 잡으려면 약간의 작업이 필요하다. 그래도 한 주에 최대 15분 정도면 충분하다. 또한 아무것도 할 필요가 없는 경우도 많다.

항상 그랬듯이 먼저 나의 요점을 증명한 다음 이 모든 일을 하는 데 필요한 공식을 제시하겠다.

첫 번째 단계는 펀드를 매수하는 것이다. 어떤 펀드를 매수해야 할까? 내가 방금 제시한 증거에 따르면 어떤 펀드를 매수할지는 크게 중요하지 않을 수 있다. 오래되고 신뢰할 만한 펀드로는 카우프먼Kaufman, 오펜하이머 퀘스트Oppenheimer Quest A, 에임 펀즈 어그레시브 그로스AIM Funds Aggressive Growth, 피델리티 로우 프라이스드Fidelity Low Priced, 피델리티 콘트라펀드Fidelity Contrafund, 피델리티 인브Fidelity Inv., 데스티니Destiny 1 또는 2가 있다. 대다수 증권사도 준수한 수익률을 내는 펀드를 갖고 있다. 우리가 찾아야 할 펀드는 수수료(로드load라고 한다) 없이 또는 아주 적은 수수료로 드나들 수 있는 성장형 펀드다. 찰스 슈왑, 딘 위터Dean Witter, 메릴린치는 모두 투자할 만한 펀드를 보유하고 있다. 또한 우리는 순위와 등급 따위가 미래 수익률과 크게 관련이 없다는 사실을 안다. 실로 우리가 차후에 최고 수익률을 올릴 펀드를 사는 유일한 수단은 행운뿐이다!

여러 펀드는 '모자형 펀드family of funds'를 운용한다. 이 펀드는 성장형 펀드에서 덜 공격적인 펀드 또는 현금성 자산 펀드로 갈아탈 수 있도록 해준다. 피델리티가 그 대표적인 예일 것이다.

펀드에 돈을 넣고 나면 두 가지 일 중 하나가 생길 것이다. 즉, 가격 또는 자산 가치가 오르거나 내릴 것이다! 상승하는 경우는 걱정하지 않아도 된다. 우리는 주가가 연평균 약 9퍼센트씩 상승한다는 사실을 안다.

걱정해야 할 것은 하락하는 경우다. 장기적으로 보면 신중하게 선택한 성장 지향 펀드는 돈을 벌어줄 것이다. 문제는 그동안에, 어디엔가는 펀드의 가치를 20퍼센트 넘게 떨어트릴 약세장이 대기하고 있다는 것이다. 이런 약세장은 투자금의 5분의 1을 훔쳐갈 것이다.

우리의 목표이자 바람은 안전 장치 또는 진출로를 만들어서 펀드를 이기는 것이다. 이런 장치는 매도 공세가 투자 성과를 무너트리기 전에 빠져나가도록 해준다.

알다시피 나는 상당히 현실적인 사람이다. 일시적 기분이나 요란한 소문에 따라 행동하지 않는다. 명확하게 기록된 팩트가 있어야 힘들게 번 돈을 투자한다. 여러분도 그래야 한다.

1만 달러를 800만 달러로 불리는 펀드 투자법

펀드 투자의 타이밍과 갈아타기를 앞장서서 주장하는 사람은 리처드 파비안Richard Fabian이다. 그는 25년 넘게 펀드 트레이더로 활동했다. 그동안 그는 펀드 타이밍 투자의 이점과 가능성을 분명하게 증명했다. 그의 자문 서비스는 실시간으로 펀드 수익률을 이겼다.

《포뮬러 리서치Formula Research》의 편집자인 넬슨 프리버그Nelson Freeburg는 1994년에 파비안 투자 공식을 폭넓게 연구한 후 이런 결론을 내렸다. "그의 시스템은 1929년 이후로 시장 수익률을 뛰어넘었다. 또한 폭넓은 매개변수에 걸쳐 꾸준한 수익률을 기록했다. (중략) 그의 투자법은 현실 세계에서 검증되었다."

프리버그는 뒤이어 1929년부터 엄격한 장기 보유 전략을 따른 경우 9.2퍼센트의 누적 연 수익률을 기록한다고 지적한다. 즉, 1929년에 1만 달러를 투자했다면 1993년 말에 그 가치가 294만 달러로 불어난다.

반면 매매 타이밍을 잡는 파비안 투자 공식을 따르면 1만 달러는 무려 810만 달러로 불어난다! 이제 관심이 생기는가?

중요한 사실을 하나 알려주겠다. 이 공식을 따랐다면 1929년 이후 나온 10번의 1일 최대 폭락 중에서 80퍼센트의 경우에 시장에서 발을 뺄 수 있었을 것이다.

타이밍 전략을 따르면 리스크가 줄어들까? 그렇다. 실제로 프리버그에 따르면 파비안 투자 공식은 장기 보유 접근법보다 통계적으로 거의 40퍼센트나 적은 리스크를 수반한다. 이는 상당히 뻔한 사실이다. 파비안 투자 공식이 제대로 통한다면 큰 하락을 피해갈 것이기 때문이다. 흥미로운 점은 이것이다. 파비안 투자 공식에 따른 신호의 정확성은 50퍼센트를 약간 넘는 수준이다. 그럼에도 평균 수익률은 평균 손실률의 약 6배에 이르렀다. 또한 수익 투자가 손실 투자보다 10배나 더 오래 지속되었다.

이제는 매매 규칙을 알려달라고 아우성을 치고 싶을 것이다. 그래서 아래에 그 내용을 공개한다.

- **펀드의 주간 종가가 39주 이동평균 위에서 마감하고, 다우산업지수나 다우유틸리티지수도 39주 이동평균 위에서 마감할 때 매수한다.**
- **펀드의 주간 종가가 39주 이동평균 아래에서 마감하고, 다우산업**

지수나 다우유틸리티지수도 39주 이동평균 아래에서 마감할 때 매도한다.

이게 전부다. 파비안이 근래에 몇 가지 조정을 추가했을지 모르지만, 프리버그가 검증한 대로라면 다른 규칙은 없다.

위에 나온 파비안 투자 공식을 활용하거나, 프리버그가 개선한 변형을 활용할 수 있다. 프리버그 투자 공식은 1929년에 투자한 1만 달러를 1,107만 달러로 불린다. 게다가 원래의 파비안 모델보다 통계적으로 낮은 리스크를 수반한다.

이 리스크 감소 접근법의 효과를 가장 잘 보여주는 기간은 바로 1929년에서 1939년까지다. 이 기간 동안 지수는 연간 2.1퍼센트 하락했다. 반면 다음에 설명할 규칙을 기반으로 한 투자 결과는 연간 5.3퍼센트의 수익률을 기록했다. 또한 표준편차로 측정한 리스크는 지수 자체보다 31퍼센트나 낮았다. 그 규칙은 다음과 같다.

- **하락 저점 대비 다우30지수가 2퍼센트 위, 다우운송지수가 4퍼센트 위, 다우유틸리티지수가 8퍼센트 위에서 마감할 때 매수한다.**
- **상승 고점 대비 다우30지수가 2퍼센트 아래, 다우운송지수가 4퍼센트 아래, 다우유틸리티지수가 8퍼센트 아래에서 마감할 때 매도한다.**

이게 전부다. 언제든 상승 추세가 전개될 때 다우지수가 2퍼센트,

다우운송지수가 4퍼센트, 다우유틸리티지수가 8퍼센트 하락하는지 살펴라. 이 세 지수가 추세 전환의 타격을 받으면 파티장을 떠나야 할 때다.

주요 고려사항: 아주 많은 경우에 주가 하락은 금요일과 월요일에 가장 큰 타격을 입힌다. 따라서 자기만의 '주 마감' 데이터를 만들 것을 권한다. 무슨 뜻이냐면 목요일 지수 종가를 토대로 신호를 확인하라는 것이다. 목요일 종가에 신호가 나오면 금요일 아침에 펀드를 환매하라. 목요일에 아무 신호가 나오지 않다가 금요일에 나오면 월요일 아침에 환매하라.

사실 수치를 계산해 보면 어떤 종가가 매매를 촉발하는지 바로 알 수 있다. 그래서 금요일 마감 직전에 행동을 취할 수 있다. 물론 그렇게 하려면 약간의 노력이 더 필요하다. 그러나 대부분의 경우에 매주 추세가 지속될 것이며, 아무런 작업도 할 필요가 없을 것임을 명심하라. 추세 반전이 임박했을 때만 작업을 하거나 긴밀하게 주시하면 된다. 이처럼 주의를 기울이는 일은 보상을 안길 것이다.

지표 결산: 각 지표의 최고 수익률은 다음과 같다.

낮은 PSR	13.9%
낮은 PBR	17.1%
낮은 PER	19.3%

12

자금 관리: 성공 투자의 열쇠

이 편지를 평소보다 길게 쓰는 이유는

짧게 줄일 시간이 없기 때문입니다.

- 파스칼

투자를 통한 부는 마법적이거나 신비로운 시스템이나 연금술사의 비법이 아니라 자금 관리에서 나온다. 성공적인 투자는 돈을 번다. 적절한 자금 관리를 수반한 성공적인 투자는 엄청난 부를 창출한다.

이제 이 책에서 가장 중요한 장, 나의 삶에서 가장 중요한 장, 내가 여러분에게 전할 수 있는 가장 가치 있는 생각을 담은 장에 이르렀다. 내가 여러분에게 줄 수 있는 것 중에서 지금부터 다룰 내용보다 더 가치 있는 것은 없다. 이 말은 과장이 아니다.

나는 이 투자 방식으로 2,000달러 수준의 작은 돈을 10만 달러로,

10만 달러를 다시 100만 달러로 불렸다. 이는 가상의 성공담이 아니다. 지나간 시간에 대한 때늦은 한탄도 아니다. 지금의 그리고 실제의 돈에 대한 이야기다. 당신이 쓸 수 있고, 온갖 호사를 누릴 수 있게 해주는 실제 수익에 대한 이야기다.

자금 관리 접근법을 활용하기 전까지는 이류 투자자에 머물 수밖에 없다. 즉 여기서 돈을 벌고, 저기서 돈을 잃을 뿐 절대 큰 성과를 거둘 수 없다. 투자라는 성공의 기회는 언제나 닿을 수 없는 거리에 있을 것이다. 당신은 그저 이 종목에서 저 종목으로 옮겨다니며 푼돈을 벌 뿐, 부를 쌓지는 못할 것이다.

자금 관리와 관련하여 실로 놀라운 사실은 그 방법을 배우고 싶어하거나, 정확하게 알고 싶어 하는 사람이 대단히 적다는 것이다. 저녁 식사 자리나 칵테일 파티에 가보면 한결같이 대화의 방향이 시장으로 흘러간다. 사람들은 비밀 정보를 원하거나, 내가 어떻게 일하지 않고 생계를 유지할 수 있었는지 알고 싶어 한다. 그들은 나의 투자 비법을 알고 싶어 한다. 그런 게 있기라도 한 것처럼 말이다!

일반적인 투자자 또는 공부가 덜 된 투자자는 투자 비법이 있다고, 어딘가 존재할 누군가는 시장의 동향을 정확하게 알려주는 마술적인 수단이 있다고 생각한다.

이는 절대로 사실이 아니다. 투자라는 게임에서 돈을 벌려면 우위를 확보하고, 그 우위를 꾸준히 활용해야 한다. 또한 거기에 덧붙여 각 매매에 할애할 비중을 정하는 일관된 접근법이 필요하다.

많은 투자자가 '모 아니면 도'로 투자하는 이유

대다수 투자자가 지닌 문제점이 있다. 큰돈을 걸 만큼 투자에 자신이 있다면, 미래를 알아낼 자신도 있다고 생각하는 것이다. 이는 두 가지 문제를 초래한다.

첫째, 자신의 투자 시스템 또는 접근법을 통해 가격이 상승할 투자 대상을 가려낼 수 있다고 생각한다. 이보다 나쁜 두 번째 경우는 그렇게 할 수 있다는 믿음에 따라, 다양한 거래에서 계약이나 주식의 수를 다르게 조절하는 것이다.

투자에 성공하려면 계획을 일관되게 따라야 한다. 마찬가지로 각 거래에 할당하는 금액도 일관되게 관리해야 한다. 대박이 '확실하다'는 착각에 빠져서 평소보다 큰 포지션을 잡는 순간 문제가 생긴다.

물론 가끔은 베팅이 맞아서 큰 수익을 낼 것이다. 하지만 결국에는 큰 포지션을 잡은 거래에서 손실을 보게 될 것이다. 손실이 난 것만 해도 충분히 나쁜 일이다. 문제는 자금 관리 원칙까지 무시했다는 데 있다. 이 경우 감정적으로 변하기 쉽다. 그래서 큰 손실을 만회할 수 있다는 희망에 해당 포지션을 너무 오래 유지하게 된다. 결국 상황은 나아지기는커녕 더 악화된다!

앞서 즐겨 들었던 카지노 비유를 한 번 더 들기로 하자. 전 세계의 카지노는 플레이어가 모든 게임에서 한 번에 걸 수 있는 베팅액의 상한을 정하여 손실을 제한한다. 그들은 뛰어난 투자자가 그래야 하는 것처럼 손실을 제한한다. 카지노 매니저가 갑자기 단지 다음 판에 그

고객이 질 것 같다는 느낌이 든다는 이유로 고객에게 제한액을 넘어서 베팅할 수 있게 해줄 것이라고 상상할 수 있겠는가? 당연히 그런 일은 없다. 그랬다가는 자금 관리의 철칙을 깨고 너무 많이 베팅했다는 이유로 그 자리에서 해고될 것이다.

과도한 투자, 과도한 베팅은 나쁜 판단보다 훨씬 큰 손실을 입힐 것이다. 우리는 리스크에 노출되는 금액을 제한하여 리스크를 통제한다는 것을 명심하라.

다양한 자금 관리 접근법:
하나는 당신에게 맞을 것이다

이 문제를 해결하는 다양한 방식, 따를 수 있는 많은 방정식이 있다. 다만 투자금을 관리하는 모든 뛰어난 시스템이 지닌 공통점이 있다. 바로 수익이 날 때 단위나 계약, 주식의 수를 늘리고, 손실이 날 때 줄인다는 것이다. 이것이 올바른 자금 관리법의 핵심이다. 이 기본적인 진실은 여러 방식으로 적용된다.

지금부터 주요 접근법들을 소개하겠다. 그중에서 당신에게 맞는 것을 찾기 바란다. 랠프 빈스Ralph Vince라는 이름을 언급하지 않고는 이 문제를 논의할 수 없다. 나는 1986년에 블랙잭 게임을 위한 자금관리법을 우연히 접했다. 이 접근법은 원래 1956년에 발표된 논문으로서 정보의 흐름을 다룬 「정보 데이터에 대한 새로운 해석A New Interpretation of

Information Data」에서 제시되었다. 원자재 트레이더들은 현재 이를 '켈리 방정식Kelly Formula'이라 부른다.

나는 수학을 잘 모른다. 그래도 수학이 통한다는 사실을 안다. 그래서 나는 켈리 방정식을 활용하여 트레이딩을 시작했다. 아래가 켈리 방정식이다.

$$F = \frac{(R + 1) \times P - 1}{R}$$

여기서 F는 한 거래에 투입하는 비중이며, P는 당신이 사용하는 전략의 승률, R은 당신이 사용하는 전략의 손익비(손익비: 돈을 벌 때 평균적으로 버는 금액 / 돈일 잃을 때 평균적으로 잃는 금액)이다.

당신 시스템(전략)의 승률이 65퍼센트이고, 손익비가 1.3배라고 예를 들어보자. 즉, *P*를 0.65, *R*을 1.3으로 잡으면 아래와 같다.

$$\frac{(1.3 + 1) \times 0.65 - 1}{1.3} = F$$

$$\frac{2.3 \times 0.65 = 1.495 - 1 = 0.495}{1.3} = 38\%$$

이 경우 거래를 할 때 자산의 38퍼센트를 한 거래에 투입하면 된다. 가령 계좌 금액이 10만 달러면 3만 8,000달러를 넣게 된다. 이를 증거금으로 나누면 계약 수가 나온다. 증거금이 2,000달러면 19계약을 거래하게 된다.

자금 관리의 좋은 면, 나쁜 면, 추한 면

이 방정식이 나의 트레이딩에 미친 효과는 엄청났다. 나는 단기간에 살아 있는 전설이 되었다. 아주 작은 금액이었던 투자금이 크게 불어났다. 켈리 방정식을 토대로 투자 비중을 정하고, 증거금으로 나누는 것이 나의 접근법이었다.

이 접근법이 너무 뛰어난 나머지 나는 실제로 트레이딩 대회에서 쫓겨났다. 주최측이 보기에 사기를 치지 않고는 달성할 수 없는 결과였기 때문이다! 지금도 인터넷에서 내가 수익 거래용, 손실 거래용으로 두 개의 계좌를 활용했다고 주장하는 사람들이 있다! 그들은 그런 짓이 불법일 뿐 아니라 모든 거래를 입력하기 전에 계좌번호가 필요하다는 사실을 잊었거나 모르는 것 같다. 어떤 거래에 수익 거래용 계좌번호를 넣어야 할지 증권사나 내가 어떻게 알까?

내가 알기로는 누구도 트레이딩 역사상 그 정도 수익률을 기록한 적이 없었다. 게다가 나는 여러 번 그런 기록을 올렸다. 그것은 요행이나 행운 덕분이 아니었다. 패자들은 중간에 내가 수치나 거래를 조작한 게 분명하다고 불평했다.

나의 투자 방식은 혁명적이었다. 그리고 모든 좋은 혁명이 그렇듯이 거리에 피가 흘렀다. 그것은 불신의 피였다. 전미선물협회National Futures Association와 상품선물거래위원회Commodity Futures Trading Commission는 사기 여부를 조사하려고 나의 전체 계좌 기록을 요구했다!

상품선물거래위원회는 증권사의 기록을 세밀하게 훑은 다음, 나의 모든 기록을 가져가 1년 넘게 갖고 있다가 돌려주었다. 그리고 약 1년 후에 다시 제출하라고 요구했다. 성공에는 대가가 따른다.

이 모든 일은 전대미문의 수익률 때문이었다. 내가 이 새로운 자금 관리 방식으로 운용한 계좌 중 하나는 약 18개월 만에 6만 달러에서 50만 달러로 불어났다. 그런데 고객이 나를 고소했다. 그녀의 변호사가 말하길, 50만 달러가 아니라 5,400만 달러를 벌었어야 한다는 것이었다. 이제 나를 믿는 사람들은 돈을 모금할 수만 있다면 나의 동상을 제작할 기세였다. 내가 일으킨 혁명은 누구도 감당할 수 없는 수준이었다.

대단한 이야기 아닌가?

하지만 이 자금 운용 방식은 양날의 검과 같다.

나는 비범한 수익률을 올린 덕분에 운용할 자금을 많이 끌어들일 수 있었다. 그러자 문제가 생기기 시작했다. 자금 운용의 다른 면이 드러난 것이다. 나는 애초에 잘하지도 못하고, 자질도 부족한 일(자산 운용 회사를 운영하는 일)을 해내려고 애썼다. 그러다 보니 매매 시스템 또는 접근법이 흔들리기 시작했다. 연이은 손실 때문에 수익이 날 때만큼 엄청난 속도로 자산이 줄어들었다. 이전에는 돈을 대량으로 벌었다면 이제는 대량으로 잃고 있었다.

증권사와 고객들은 비명을 질렀다. 대부분이 다른 곳으로 빠져나갔다. 그 정도의 변동성을 감당할 수 없었던 것이다. 첫해에 1만 달러에서 시작하여(맞다. 1만 달러다) 210만 달러로 불어난(맞다. 210만 달러다) 나의 계좌도 다른 모든 사람의 계좌와 함께 타격을 입었다. 손실의 소용돌이에 같이 휘말린 나의 계좌는 겨우 70만 달러로 쪼그라들었다.

그 무렵 나만 빼고 모두가 빠져나갔다. 어차피 나는 트레이더고, 롤러코스터를 좋아한다. 다른 삶의 방식이 있을까? 내가 아는 한 내게 다른 삶의 방식은 없었다. 그래서 나는 계속 투자에 매달린 끝에 1987년 말까지 계좌 금액을 110만 달러로 다시 불렸다.

실로 다사다난한 해였다.

이 모든 과정을 매일 어깨 너머로 지켜본 사람이 바로 랠프 빈스였다. 우리는 투자 시스템과 자금 관리 방식을 같이 만들었다. 그는 나보다 훨씬 일찍 켈리 방정식에 치명적 결함이 있음을 알아차렸다. 나는 너무나 멍청했다. 나는 계속 켈리 방정식을 따랐다. 반면 수학 천재인 랠프는 자금 관리를 치열하게 연구했다. 그 결실이 세 권의 훌륭한 책이었다. 『자금 관리의 수학The Mathematics of Money Management』이 처음으로 나왔고, 뒤이어 『포트폴리오 관리 방정식Portfolio Management Formulas』 그리고 내가 가장 좋아하는 『새로운 자금 관리The New Money Management』가 나왔다. 이 책들은 진지한 트레이더와 투자 매니저라면 모두가 읽어야 할 필독서다.

랠프는 켈리의 오류를 간파했다. 켈리 방정식은 원래 배전配電을 보조하기 위해 만들어진 이후 블랙잭에 활용되었다. 문제는 블랙잭이 원자재 또는 주식 트레이딩과 다르다는 단순한 사실에서 기인한다. 블랙잭의 경우 각 판의 잠재적 손실은 베팅액으로 제한된다. 또한 잠재적 수익은 언제나 베팅액과 비례하여 동일하다.

투자자들은 그렇게 쉬운 삶을 살지 않는다. 투자에 따른 수익과 손실은 아주 편차가 크다. 엄청난 수익이 날 때도 있고, 미미한 수익이 날 때도 있다. 손실도 같은 패턴을 반영한다. 즉, 규모가 제각각이다.

켈리 방정식을 따르는 시스템은 앞으로 효력을 유지할 수 없을지도 모른다. 당신은 테스트에서 허용한 대로 채권을 최대 5,000개씩 거래하고 싶지 않을 것이다. 그렇게 했을 때 최소 가격 변동 단위인 1틱만 생각과 다른 방향으로 움직여도 16만 2,500달러의 손실이 발생한다. 나는 그런 경우에 처한 적이 있는데, 압박감이 정말로 엄청나다. 덧붙이자면 8틱에서 10틱까지 반대 방향으로 움직이면서 장이 열리는 일이 드물지 않다. 매일 아침, 162만 달러의 손실이 날 수 있는 것이다! 그러니 수익에 너무 들뜨지 마라. 자금 관리가 가져오는 파급효과에 초점을 맞춰라.

이 사실을 깨달은 랠프는 나의 자산이 크게 변동하는 이유를 설명할 수 있었다. 그 이유는 잘못된 방정식을 활용했기 때문이었다. 새로운 세기로 접어든 지금은 그것이 아주 기본적인 사실처럼 보일 수 있다. 그러나 당시는 자금 관리 혁명을 일으키는 와중이었기 때문에 쉽게 알 수 없었다. 우리는 내가 아는 한 이전에 누구도 도달하지 못한 수준까지 분석하고 매매한 결과 엄청난 결과를 얻을 수 있었다.

랠프는 '최적 에프Optimal F'라는 개념을 고안했다. 이 개념은 켈리 방정식과 비슷하다. 다만 켈리 방정식과 달리 투자 시장에 적용할 수 있으며, 모든 매매에 동원할 수 있는 일정한 투자 비중을 제시한다.

하락 폭에 대한 새로운 관점

나의 투자 실적은 큰 폭의 등락에 시달렸다. 우리는 계속 개선을 통해 등락을 줄일 방법을 찾았다. 이런 탐색 과정에서 다음에 얼마나 많은 계약 또는 주식을 매매해야 하는지에 대한 기본적인 생각들이 떠올랐다.

그중 하나는 계좌 금액을 증거금에 해당 시스템의 과거 최대 하락 폭을 더한 수치로 나누는 것이었다. 분명 이 방식은 상당히 타당했다. 앞으로 이전보다 크거나 이전과 비슷한 하락 폭이 나올 것은 확실했다. 그래서 증거금에 더하여 그만큼의 자금을 확보해 둘 필요가 있었다. 사실 내 생각에는 증거금에 하락 폭의 1.5배를 더한 금액을 확보해야 안전하다.

가령 증거금이 3,000달러이고, 과거 최대 하락 폭이 5,000달러였다면 1계약을 거래하기 위해 1만 500달러[$3,000+($5,000×1.5)]가 필요하다. 이는 나쁘지 않은 방식이지만 몇 가지 문제가 있다.

이 시스템은 내가 가진 최선의 시스템 중 하나다. 그래서 결과가 너무 좋게 보일 수 있다. 여러분이 초점을 맞춰야 할 부분은 여러 자금 관리 접근법의 성과에 발생하는 차이다. 이 시스템은 채권 거래용이며, 증거금은 3,000달러다. 첫 번째 자료(그림 12.1)는 1990년 1월부터 1998년 7월 중순까지 시스템에 따라 투자한 전체 결과를 보여준다.

이제 같은 시스템에 다양한 자금 관리 전략을 적용해 보자. 그중에서 당신에게 가장 잘 맞는 전략을 찾을 수 있을 것이다. 나는 다양

시스템 보고서

테스트 기간: 90.1.1~98.7.16

요약

거래건수	310	시장 금액	$30,000
손익 비율	1.4	최종 금액	$18,107,546
해당 기간 하락 폭	($3,988)	최고 금액	$18,107,546
최고 금액 대비 하락 폭	-61.3%	수익률	60258.5%

수익 매매

수익 건수	230
수익 매매 비중	74.2%
평균 수익	$1,350.68
최대 수익	$10,137.50
최다 연속 수익	31
평균 연속 수익	4.11

손실 매매

손실 건수	80
손실 매매 비중	25.8%
평균 손실	$985.55
최대 손실	(%1,956.25)
최다 연속 손실	6
평균 연속 손실	1.45

최대 단위 도달 매매 수	310
최대 단위 도달 일수	0

기본 단위 계산 규칙

기본 단위=계좌 금액/(하락 폭 #2)
계좌 금액이 최종 매매 단위만큼 늘어나면 다음 매매 단위를 1 늘림
계좌 금액이 최종 매매 단위만큼 줄어들면 다음 매매 단위를 1 줄임

그림 12.1 **계좌의 리스크 비중에 따른 다양한 결과**
출처: 제너시스 파이낸셜 데이터

한 입력값에 이르기 위해 첫 7년만 대상으로 삼아 시스템을 돌렸다. 그 다음 남은 기간에 자금 관리 전략에 따른 매매를 실행했다. 그래서 하락 폭, 승률, 리스크/보상 비율 등은 표본 데이터를 토대로 산출했으며, 해당 조건을 외표본 데이터에 적용했다. 최대 허용 매매 건수는 5,000개로 엄청나게 많은 수준이다.

라이언 존스와 고정 비율 매매

나의 또 다른 친구인 라이언 존스Ryan Jones는 신들린 사람처럼 자금 관리 문제의 해법에 매달렸다. 그는 처음에 나의 세미나를 듣던 학생이었다. 이후 나는 내가 가장 좋아하는 주제인 자금 관리에 대해 배우려고 그의 세미나를 들었다. 라이언은 이 문제에 대해 깊이 생각했으며, 수천 달러의 돈을 들여 연구했다. 그 결과물이 고정 분할 매매Fixed Fractional Trading다.

라이언은 랠프 빈스와 나처럼 켈리 방정식에 내재된 폭망의 위험을 피하고 싶었다. 그가 찾은 해법은 계좌에 있는 모든 Y 금액에 대해 X 계약을 매매하는 고정 비율 접근법에서 멀어지는 것이었다.

그의 해법은 계약 수를 너무 빨리 늘리는 것을 싫어하는 성향에서 기인했다. 가령 10만 달러짜리 계좌를 갖고 1만 달러 단위로 1계약을 매매하는 경우를 예로 들어보자. 이 경우 10계약 또는 10단위로 시작하게 된다. 거래당 평균 수익이 250달러라면, 2,500달러(10계약×$250)

를 벌게 된다. 이때 11계약으로 거래 규모를 늘리려면 4번의 매매가 필요하다. 이후로 일이 잘 풀려서 계속 수익이 난다고 가정하자. 5만 달러의 수익이 나면 계좌 잔액이 15만 달러가 된다. 이제는 15계약을 매매할 수 있다. 이 경우 수익 매매당 3,750달러를 번다. 따라서 3번만 매매하면 1계약을 더 늘릴 수 있다. 계좌 금액이 20만 달러이면 매매당 5,000달러의 수익이 난다. 따라서 2번만 수익을 내면 1계약을 더 늘릴 수 있다.

이와 달리 라이언의 접근법은 고정 비율의 수익을 토대로 계약을 늘린다. 가령 5,000달러의 수익이 나야 1계약을 2계약으로 늘릴 수 있다면, 10만 달러짜리 계좌의 경우 총 5만 달러의 수익을 올려야 10계약에서 11계약으로 늘릴 수 있다. 여기서 고정 비율이라 함은 1계약에서 2계약으로 늘리는 데 평균 15번의 매매가 필요하다면, 다음 단계로 늘리는 데도 언제나 평균 15번의 매매가 필요하다는 뜻이다. 이는 더 높은 수준으로 올라갈 때 더 적은 매매가 필요한 랠프의 고정 비율과 다르다.

라이언은 하락 폭에 대한 비율로서 다양한 값(여러분의 성향에 맞춰서 바꿀 수 있다)을 입력하는 방식을 썼다. 그는 최대 하락 폭을 2로 나누는 쪽을 선호한다. 이제 같은 시스템에 그의 방식을 적용하여 채권을 매매한 결과를 보자(그림 12.2).

보다시피 이 접근법도 계좌 금액을 기하급수적으로 늘린다는 점에서 부를 창출한다. 다만 다른 방식과 같은 증가율을 달성하려면 각 베팅에 더 큰 비중을 할애해야 한다. 이는 곧 확인하겠지만 큰 실패

시스템 보고서

테스트 기간: 90.1.1~98.7.16

요약

거래건수	310	시장 금액	$20,000
손익 비율	1.4	최종 금액	$251,813
해당 기간 하락 폭	($3,988)	최고 금액	$251,813
최고 금액 대비 하락 폭	-18.3%	수익률	1159.1%

수익 매매

수익 건수	230
수익 매매 비중	74.2%
평균 수익	$1,350.68
최대 수익	$10,137.50
최다 연속 수익	31
평균 연속 수익	4.11

손실 매매

손실 건수	80
손실 매매 비중	25.8%
평균 손실	$985.55
최대 손실	(%1,956.25)
최다 연속 손실	6
평균 연속 손실	1.45

최대 단위 도달 매매 수	43
최대 단위 도달 일수	370

기본 단위 계산 규칙

1계약만

그림 12.2 **자금 관리 없는 채권 매매 시스템**

출처: 제너시스 파이낸셜 데이터

로 이어질 수 있다. 그렇게 되지 않으려면 아주 작은 비중을 할애해야 한다. 그에 따라 계좌가 불어나는 속도는 느려질 것이다.

문제점을 개선한 자금 관리의 해법

나는 랠프, 라이언과 많은 대화를 나누었다. 그 과정에서 심한 등락을 초래하는 것은 시스템의 승률이나 손익 비율 또는 하락 폭 때문이 아님을 깨달았다. 문제의 근원은 최대 손실 매매였다. 왜 그런지 설명하도록 하겠다. 이 개념은 아주 중요하다.

시스템을 개발할 때 저지르기 쉬운 잘못은 90퍼센트의 승률로 많은 돈을 벌다가 결국에는 망하는 것이다. 그런 일은 일어나지 않을 것 같지만, 실제로 일어난다. 그 양상은 이렇다. 90퍼센트의 승률을 갖춘 시스템이 각각의 수익 매매에서 1,000달러를 벌고, 연속 9번 수익을 냈다고 가정하자. 이 경우 수익이 무려 9,000달러나 된다. 하지만 뒤이은 매매에서 2,000달러의 손실이 나면 수익은 7,000달러가 된다. 그래도 나쁘지 않은 수익이다. 그 다음에 9번 더 수익이 나면 1만 6,000달러까지 번다. 하지만 뒤이어 다시 손실이 날 수 있다. 문제는 이 금액이 무려 1만 달러에 달할 수 있다는 것이다. 이는 시스템이 허용하는 최대 손실이다. 그 결과 수익은 6,000달러로 쪼그라든다.

하지만 우리는 돈을 벌면 투자 규모를 키우는 방식을 썼다. 그래서 2계약을 매매했기 때문에 2만 달러를 잃는다. 즉, 승률이 90퍼센트인데도 4,000달러의 손실이 난 것이다! 그러니 앞서 말한 대로 자금 관리는 대단히 중요하다.

투자를 망친 것은 한 번의 큰 손실이다. 우리는 거기에 대비해야 하며, 그 대책을 자금 관리 방식에 통합해야 한다.

내가 쓰는 방식은 이렇다. 먼저 한 번의 매매에서 리스크에 노출할 비중을 정한다. 나는 위험을 추구하는 성향이다. 그래서 논증과 예시를 위해 한 번의 매매에 계좌의 40퍼센트를 리스크에 노출한다고 가정하자.

이는 계좌 금액이 10만 달러라면, 4만 달러를 투자한다는 뜻이다. 내가 감당할 수 있는 최대 손실액이 5,000달러라면, 4만 달러를 5,000달러로 나누면 된다. 즉, 8계약을 매매할 수 있다. 문제는 연속으로 2번의 큰 손실이 나면 80퍼센트의 손실을 입는다는 것이다. 따라서 40퍼센트를 할애하는 것은 너무 리스크가 크다. 지나칠 정도로 크다.

일반적으로 계좌 금액의 6퍼센트에서 12퍼센트를 투자하고, 이를 당신이 허용하거나 감수할 최대 손실액으로 나누면 된다. 그러면 거래할 수량이 나온다. 고도로 위험을 지향하는 트레이더는 한 번의 거래에 계좌 금액의 20퍼센트 정도를 할애할지도 모른다. 이 경우 3번 연속으로 최대 손실이 나면 자금의 60퍼센트를 잃는다는 사실을 명심하라.

이번에는 같은 시스템에 다양한 리스크 비중을 최대 손실로 나누되, 손절액을 1,600달러로 설정한 방식을 적용한 결과를 보자. 자료

시스템 보고서

테스트 기간: 90.1.1~98.7.16

요약

거래건수	310	시작 금액	$30,000
손익 비율	1.4	최종 금액	$582,930,624
해당 기간 하락 폭	($3,988)	최고 금액	$582,930,624
최고 금액 대비 하락 폭	-29.7%	수익률	1943002.1%

수익 매매

수익 건수	230
수익 매매 비중	74.2%
평균 수익	$1,350.68
최대 수익	$10,137.50
최다 연속 수익	31
평균 연속 수익	4.11

손실 매매

손실 건수	80
손실 매매 비중	25.8%
평균 손실	$985.55
최대 손실	($1,956.25)
최다 연속 손실	6
평균 연속 손실	1.45

최대 단위 도달 매매 수	223
최대 단위 도달 일수	2152

기본 단위 계산 규칙

계좌 금액×.15/최대 손실

그림 12.3 **계좌의 리스크 비중에 따른 다양한 결과**

출처: 제너시스 파이낸셜 데이터

를 보면 알 수 있듯이 더 많은 리스크를 감수할수록 더 많은 수익을 올리는 한편, 더 큰 하락 폭을 겪게 된다(그림 12.3).

다음 자료는 하락 폭이 증가함에 따라 계좌 자산이 증가하는 양상을 표로 만든 것이다. 보다시피 일정한 지점까지는 하락 폭보다 수익이 더 빨리 증가한다. 그 다음에는 수익보다 리스크 비중과 하락 폭이 더 빨리 증가한다. 대개 14퍼센트에서 21퍼센트 사이에서 그런 변화가 일어난다. 대다수 시스템에서 25퍼센트보다 큰 리스크 비중은 돈을 더 벌더라도 하락 폭이 급격하게 증가한다(표 12.1 참고).

표 12.1 **상위 9개 최적화 결과**(시작 금액 $0.00)

최종 금액	최고치/최저치 하락 폭	리스크 비중	최대 단위	재시작 비중	최소 이익	트레이딩 스타일	손실 복구	증거금
$845,429,594	-66.9%	40%	5000	100%	$0.00	전체 매매	없음	$3,000.00
$844,881,388	-77.1	50	5000	100	$0.00	전체 매매	없음	$3,000.00
$842,428,863	-72.2	45	5000	100	$0.00	전체 매매	없음	$3,000.00
$835,954,544	-61.5	35	5000	100	$0.00	전체 매매	없음	$3,000.00
$802,829,038	-54.4	30	5000	100	$0.00	전체 매매	없음	$3,000.00
$759,721,131	-46.6	25	5000	100	$0.00	전체 매매	없음	$3,000.00
$686,869,688	-38.2	20	5000	100	$0.00	전체 매매	없음	$3,000.00
$560,344,731	-28.4	15	5000	100	$0.00	전체 매매	없음	$3,000.00
$18,606	-7.0	10	5000	100	$0.00	전체 매매	없음	$3,000.00

요컨대 나의 자금 관리 방정식은 다음과 같다.

(계좌 금액×리스크 비중)/최대 손실 = 매매당 계약 또는 주식 수

아마 이보다 더 나은, 정교한 접근법이 있을 것이다. 그러나 수학에 대한 깊은 이해가 없는 나같은 일반 투자자에게는 이것이 최선이다. 이 접근법의 장점은 여러분의 리스크/보상 성향에 투자금을 맞출 수 있다는 것이다. 성격이 소심하다면 5퍼센트만 할애하라. 일반적인 성향이라면 10퍼센트에서 12퍼센트를 할애하라. 레버리지를 선호한다면 15퍼센트에서 18퍼센트를 할애하라. 위험을 추구한다면 20퍼센트 이상을 할애하되, 꾸준히 교회에 다녀라.

13

무작위적 시장에 대한 무작위적이지 않은 생각

오직 삶에 투입한 것만 얻을 수 있다.

- 나의 아버지, R. S. 윌리엄스

향후 2년에서 20년 동안의 정확한 주가 등락을 예측하기는 불가능하다. 그렇다 해도 지금부터 장기 투자자뿐 아니라 단기 투자자에게도 가치 있을 만한 전반적인 이야기를 해보고자 한다.

지난 200년에 걸친 주식시장의 역사는 한 가지 사실을 말해준다. 시장은 등락을 반복하면서도 지속적인 우상향을 이어왔다. 이 사실을 절대 잊지 마라. 그 과정에서 상당한 조정 또는 급락이 반드시 나올 것이다. 그때가 매수 기회다. 일반적으로 대다수 약세장은 약 20퍼센트 하락한다. 때로 운이 좋으면 하락의 막바지에 들어가 매수할 수 있다.

그러나 어떤 시기에는 아예 하락이 발생하지 않는다. 시장은 한동안 횡보하다가 갑자기 맹렬하게 상승한다. 급등 이전에 주가는 하락하지 않는다. 단지 지지부진할 뿐이다. 이런 경우에는 20퍼센트 하락 규칙이 도움이 되지 않는다. 아마 매우 부정적인 투자 자문들의 심리지표도 나오지 않을 것이다. 강세장이 임박했을 가능성을 알려줄 단서는 앞서 언급한 주기적 시간 요소일 것이다. 해당 기간에 많은 주의를 기울여야 한다. 4년 현상과 관련하여 내가 확인한 바에 따르면 4년 전 바닥이 5월에 나왔다면 올해 5월 무렵에 다시 나올 가능성이 높다. 이는 하나의 단서가 될 것이다.

내가 주요 시장 저점에서 먼저 상승하는 개별 종목들에서 확인한 또 다른 패턴이 있다. 이 패턴은 단순히 주가에 대한 것으로서 이번에 여러분에게 보여주고자 한다. 주요 매수 기회에 접근하는 과정에서 주가지수가 단계별로 하락할 것이다. 즉, 일정한 지점까지 하락한 후 반등했다가 더 낮은 지점까지 하락할 것이다. 그러다가 최종적으로 약세장의 저점이 나오고 거기서부터 주가가 상승한다.

매수장이 시작될 때 사야 할 종목을 선정하는 비법이 있다. 지수가 하락할 때 새로운 시장 저점에 이르지 않는 종목들이 상승을 주도할 가능성이 높다. 이 말에는 타당한 논리가 있다. 결국 실로 강한 손이 해당 종목을 쥐고 있다. 그래서 주가를 저점으로 떨어트리는 전반적인 시장의 대규모 하락을 버텨낸다. 이런 양상은 해당 종목을 보유한 사람들이 주식시장에 타격을 입힌 부정적인 영향이 작용하는 동안에도 보유한 주식을 던지기를 거부한다는 것을 말해준다.

주가지수의 패턴

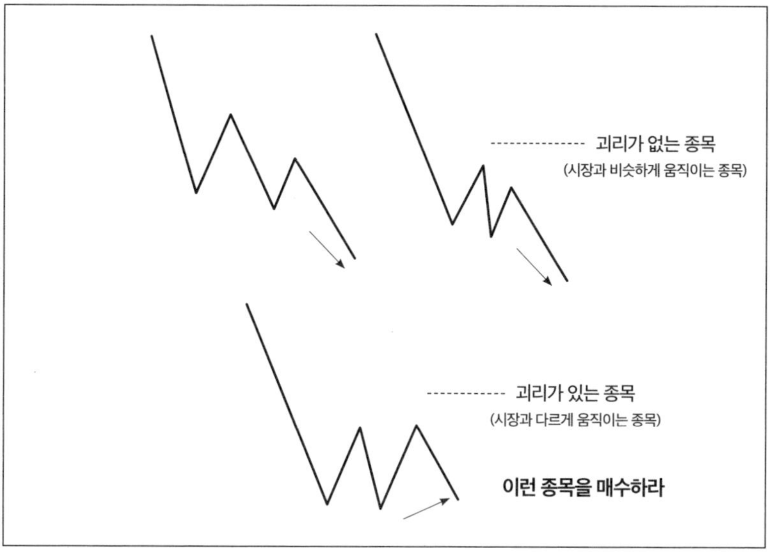

그림 13.1 **계단형 패턴**

그림 13.1은 이런 패턴이 어떤 모습인지 보여준다. 시장 지수가 신저점에 이르렀을 때 오히려 급등한 후 다음 하락에서 전저점 위에 머무르는 종목은 다우지수나 다른 지수보다 비교적 강하다고 말할 수 있다. 따라서 해당 종목은 대다수 다른 종목보다 높은 수익률을 기록할 것이다. 지수와 같이 저점을 찍는 종목이 아니라 이런 종목을 사야 한다. 지수와의 괴리는 해당 종목을 좋은 보유자들이 들고 있다는 것을 말해준다. 따라서 다른 종목보다 더 많이 상승할 것으로 기대할 수 있다. 단 하나 주의할 점은 지수와 반주기적인 관계를 이루는 종목은 사지 말아야 한다는 것이다.

상장주는 무조건 오른다?

많은 투자자들은 주식이 상장한 후 주가가 엄청나게 상승하는 것을 확인했다. 상승할 때는 단기간에 2, 3배씩 뛰는 경우가 많다. 그러나 실제로는 시장의 동향이 핵심이다. 때로 상장주가 좋은 수익률을 기록한다. 하지만 시기가 좋지 않으면 상장주도 그다지 좋은 모습을 보이지 못한다. 실제로 2000년과 2001년에 상장주의 수익률은 지수 수익률을 크게 밑돌았다.

구체적으로는 S&P 500이 14퍼센트 하락한 반면, 상장주 지수는 무려 79퍼센트나 하락했다. 이는 60퍼센트 하락한 나스닥 지수보다 더 나쁜 하락률이다. 월가에 공짜 점심은 없다! 상장주 투자로 수익이 날 수도 있지만 손실이 날 수도 있다. 왜 그럴까? 무엇보다 상장 기업은 대기업들의 경기장에 막 들어선 비교적 신생 기업이다. 일부 종목과 기업은 미래에 좋은 모습을 보일 것이다. 그러나 허풍과 몽상에 기반한 기업도 있다. 강세장 초반보다 후반에 허풍과 몽상이 심해진다. 지금이 강세장 초반이라고 생각한다면 일부 상장주를 엄선할 수 있다. 그러나 강세장 후반이라면 나는 절대 상장주에 손대고 싶지 않다.

상장 기업은 역사가 거의 없다. 그중에는 생긴 지 3년밖에 되지 않았지만 엄청난 실적을 올린 기업도 있다. 그러나 그런 기업은 이미 시장 입지를 최대한 키운 상태이거나, 곧 사라질 유행에 편승했을 수도 있다. 유행이 지나면 투자자들에게 남는 건 빈껍데기뿐이다. 이런 종목을 '테마주'라고 한다. 테마는 머릿속으로 꾸며낸 허구이기 때문에 금세 바뀔 수 있다.

수정구슬로 미래 예측하기

월가의 누구도 명확하게 미래를 내다보지 못한다. 미래는 우리 모두에게 흐릿하다. 그래도 깊이 생각해 보면 향후 몇 년 동안 경제가 어떻게 될지 충분히 감을 잡을 수 있다. 지금부터 미국 경제에 일어날 것으로 예상되는 변화에 대해 이야기하고자 한다. 우선, 가장 근본적인 사실은 앞으로도 계속 소비가 미국 경제를 주도하리라는 것이다. 미국에는 너무나 많은 사람이 살고, 그들은 너무나 많은 돈을 갖고 있다. 인류와 미국 경제의 전반적인 진전을 영구적으로 막을 수 있는 것은 없다. 이제 기업들이 하는 일은 사람들에게 서비스와 오락을 제공하고, 그들을 돌보는 것이다. 모든 층위에서 거대한 기회가 존재한다. 사람을 상대하는 기업들은 하이테크 기업들만큼 크게 성공할 것이다.

과학을 기반으로 모든 의학적 근심과 의식주에 대한 답을 제시하는 하이테크 드림팀에 대한 집중적인 관심은 여전할 것이다. 그러나 내 생각에 이런 기업들은 거의 매일 쓰는 물건들을 판매하는 기업들만큼 안전한 투자대상이 아니다.

내가 특히 관심을 가진 분야 중 하나는 에너지 분야다.

나는 오랫동안 에너지 분야를 주시했다. 그동안 여러 차례 '에너지 위기'라는 말을 들었다. 역사를 거슬러 올라가 보면, 이 말이 처음 나온 때는 1920년이었다. 뒤이어 1940년대와 1950년대 그리고 에너지 위기의 절정에 이른 지미 카터Jimmy Carter 재임기에도 같은 말이 나왔다. 당시 예언자들은 세기말까지 쓸 에너지가 충분치 않다고 말했다. 하지만 2001년인 지금도 여전히 에너지는 풍부하다. 물론 과거보다 비용이 많이 드는 건 사실이다. 하지만 다른 모든 것도 마찬가지 아닌가? 상대적 기준으로 보면 휘발유는 여전히 아주 싸다. 감기약 1갤런의 가격은 약 98달러다. 이를 휘발유 1갤런의 가격과 비교해 보라.

또는 에비앙 생수 1갤런의 가격을 보라. 내가 마지막으로 확인한 가격은 1갤런당 약 6달러였다. 에비앙 생수를 생산하기 위해 1,500미터에서 3,000미터나 땅을 파고 내려가 물을 빨아올리고, 정제소로 보내서 엄청난 압력과 열을 가할 필요가 없다. 또한 판매가 이루어지는 특정한 매장까지 완제품을 옮길 전용 운송 및 파이프 시스템을 갖출 필요가 없다.

그냥 수원지에서 물을 뽑아내서 병에 담고 전 세계의 매장으로 보내기만 하면 된다. 그래도 1갤런당 6달러를 받는다. 나도 다른 사람들과 마찬가지로 높은 휘발유 가격을 좋아하지 않는다. 그래도 휘발유는 대다수 일용품과 비교하면 저렴하다.

하지만 나는 에너지 가격이 계속 오를 것으로 예상한다. 탐사할 곳이 줄어들었기 때문이다. 미국인들이 인류 대 천연자원(동물 및 툰드라)의 중요성 사이에 존재하는 상쇄관계를 새롭게 각성하지 않는 한, 더 많은 에너지를 탐사하려는 입장과 거기에 반대하는 입장이 계속 충돌할 것이다. 수소 연료전지는 에너지 문제를 해결할 답이자 분명한 미래의 파도(이자 구원자)다. 이 신기술 부문의 최강자는 아주 좋은 성장주가 될 것이다.

이는 분명 투자하기에 완벽한 여건이다. 수정구슬이 없어도 에너지 가격이 계속 오를 것임은 쉽게 예측할 수 있다. 그에 따라 투자하라. 나는 에너지 기업이 미래에 더 나은 실적을 올릴 것이라고 생각하며, 과거 실적도 나쁘지 않았다.

지금 큰 관심의 초점은 의료비, 건강관리기구HMO 같은 것이다. 의료비에 대해 확실하게 말할 수 있는 한 가지 사실은 오로지 오르기만 한다는 것이다. 이런 양상은 앞으로도 계속될 것이다. 나는 투자자로서 대다수 사람들에게 가장 좋지 않은 투자 중 하나가 생명보험이든 의료보험이든 보험에 가입하는 것이라고 생각한다. 지금부터 이상하게 들릴 게 분명한 이야기를 하겠다.

보험 가입이 나쁜 투자라고 생각하는 이유는 이렇다. 건강 문제와 그에 따른 비용을 보험사에 전부 떠넘기는 게 아니라 스스로 책임지게 되면, 건강을 훨씬 잘 돌보게 된다. 보험사는 자선사업을 하는 게 아니다. 그들은 돈을 벌려고 사업을 한다. 의료보험에 가입하면 보험료를 낸다. 가입자가 청구한 비용이 보험료를 초과하면 보험사는 돈을 잃는다. 보험사는 돈을 잃는 사업을 하려는 게 아니다. 따라서 평균적으로 볼 때 자신의 건강을 잘 돌볼 수 있다면 보험사에 보험료를 지불하지 않는 것이 낫다.

물론 정상 참작이 가능한 경우도 있다. 근본적으로 다른 사람들보다 건강한 사람도 있고, 허약한 사람도 있다. 또한 다른 사람들보다 건강을 잘 돌보는 사람도 있다. 결정은 스스로 내려야 한다. 다만 나라면 보험료를 낼 돈으로 차라리 투자를 할 것이다. 보험사나 의료서비스 제공업체에 돈을 주느니 그 돈으로 1년에 가령 20퍼센트의 수익을 올리겠다. 보험 가입은 차를 리스하는 것과 같다. 리스 회사는 해당 차량에 대해 1년에 18퍼센트의 수익을 올린다. 이는 아주 좋은 수익률로서, 많은 주식 펀드나 부동산 투자사의 수익률보다 낫다.

은행이나 리스사 등에 1년에 18퍼센트의 비용을 지불하지 말고, 1년에 18퍼센트의 수익을 올려야 한다.

앞서 펀더멘털 측면에서 이상적인 기업에 대해 했던 말이 기억나는가? 우선 부채가 없거나 낮아야 한다. 이는 우리의 삶에서도 마찬가지다. 카드 빚, 리스 빚, 주택 대출이 많을수록 투자에 필요한 종잣돈을 마련할 기회가 줄어든다. 지금 사고, 빚내고, 지출하다 보면 결국에는 정말로 돈이 중요한 은퇴기에 쪼들리게 된다.

원자재시장을 주목하라

월 스트리트에 관심을 갖는 것만큼 라살 스트리트LaSalle Street에도 관심을 가져야 한다. 라살 스트리트는 시카고에 있는 거리로서, 실물에 대한 장단기 투자가 이루어지는 시카고거래소가 자리 잡고 있다. 생각해 보면 누구도 마이크로소프트나 IBM의 주식을 필요로 하지 않는다. 주식이 없어도 평생을 살아갈 수 있다.

하지만 이런 거래소에서 거래되는 면화, 구리, 밀, 대두, 대두유, 은, 금 그리고 다른 다양한 원자재 없이는 살아갈 수 없다. 그래서 원자재시장은 주식시장보다 수급이 원활하다. 선물과 원자재의 역사를 살펴보면 지난 몇 년 동안 대체로 큰 하락 추세를 형성했다는 사실을 알 수 있다. 이런 상황은 언젠가 바뀔 수밖에 없다. 농민과 목축업자들이 큰돈을 벌지 못하면서 우리나라와 세상을 위해 식량을 생산하는 데는 한계가 있다. 때가 되면 전환점이 나올 것이다. 그 계기는 가뭄이나 수요 초과일 수 있다. 이 불균형은 앞으로 분명히 바뀔 것이다. 그때가 오면 천연자원 원자재 분야에서 멋진 강세장이 펼쳐질 것이다.

이를 활용하기 위해 원자재를 직접 매수할 필요는 없다. 원자재를 많이 사용하는 기업들을 살피면 된다. 커피 부문의 스타벅스Starbucks, 식품 대기업인 콘애그라ConAgra, 아처 대니얼스Archer Daniels, 허쉬Hershey's, 제너럴 밀스General Mills 등이 그런 기업들이다.

원자재 부족 현상이 발생하는 시점을 파악하는 데는 두 가지 방법이 있다. 가장 단순한 첫 번째 방법은 매주 미국 정부가 발표하는 데이터를 살피는 것이다. 이 주간 보고서는 원자재 투자 부문의 다양한 구성원들이 얼마나 많은 매수와 매도를 했는지 보여준다. 즉, 상업용 투자자들이 어떤 원자재를 매수 또는 매도했는지 알 수 있다. 그들이 극단적인 포지션을 취하면, 가령 압도적으로 롱 포지션을 잡으면 대부분 가격이 상승한다. 같은 맥락에서 숏 포지션을 많이 잡으면 대부분 가격이 하락한다.

그림 13.2는 옥수수를 대상으로 이 강력한 관계의 사례를 보여준다. 2000년 초반에 상업용 투자자들은 숏 포지션을 많이 잡았다. 내 생각에는 옥수수 가격이 하락한 이유가 거기에 있다. 그러다가 중반 무렵에는 상업용 투자자들이 공격적인 매수에 나서서 대규모 롱 포지션을 구축했다. 그러자 아니나 다를까 옥수수 가격이 2001년 초까지 상승했다. 상업용 투자자들은 2001년 초가 되어서야 숏 포지션으로 돌아섰다. 내가 측정한 바에 따르면 그해에 롱 포지션을 취한 비중은 15퍼센트에 불과했다. 이는 당시 85퍼센트가 숏 포지션을 취했

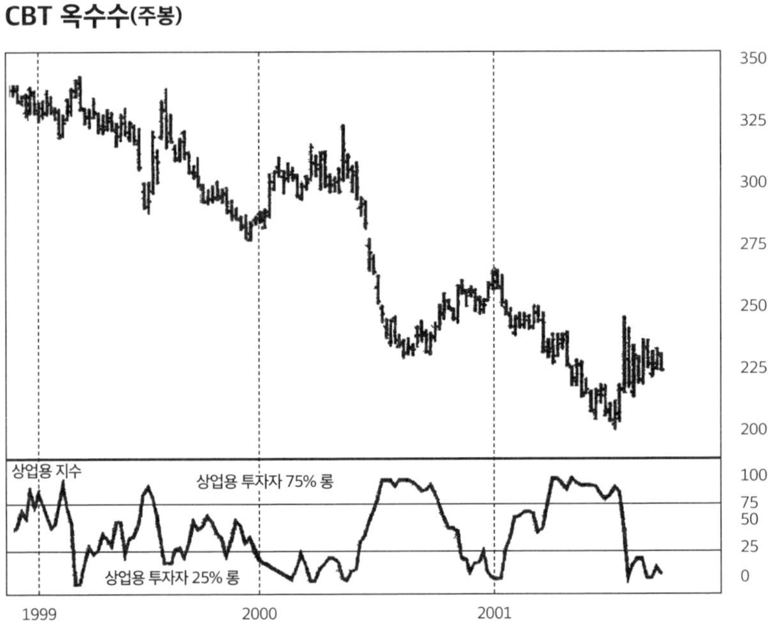

그림 13.2 **상업용 투자자의 포지션과 옥수수 가격의 관계**

다는 뜻이다. 그러니 어떻게 되겠는가? 옥수수 가격은 중반까지 하락했다. 그 무렵 곡물 가격이 반등하면서 일시적인 강세장이 펼쳐졌다.

금 시장에서 같은 데이터를 살펴보면 상업용 투자자들이 얼마나 강한 영향을 미치는지 알 수 있다. 2000년 1분기 말에 금값은 강한 상승세를 보였다. 그럼에도 상업용 투자자들의 92퍼센트가 숏 포지션을 취했다. 롱 포지션을 취한 비중은 8퍼센트에 불과했다. 그러니 뒤이어 금값이 2000년 6월까지 하락한 것은 놀랄 일이 아니다. 그 무렵에는 상업용 투자자의 58퍼센트가 롱 포지션을 취했다. 그에 따라 조성된 상승세는 86퍼센트가 숏 포지션을 취할 때까지 이어졌다. 상업용 투자자들의 매수 수준이 다시 높아진 때는 2000년 11월이었다. 당연히 금값은 상승했다.

이후 2001년 겨울에 상업용 투자자의 71퍼센트가 롱 포지션을 취하면서 강세론이 강해졌다. 실제로 금값은 아주 빠르고 급격하게 상승한 다음 5월까지 횡보하면서 오르내렸다. 5월이 되자 상업용 투자자들의 98퍼센트가 다시 숏 포지션을 취했다. 롱 포지션을 취한 비중은 2퍼센트에 불과했다! 나는 당시를 아주 잘 기억한다. 나의 구독자들, 특히 금 애호가들은 금값이 마침내 오랫동안 바라던 대규모 상승을 시작할 것이라고 소리쳤다. 그럴 수도 있었다. 가능성은 얼마든지 존재했다.

하지만 그럴 가능성은 낮았다. 대부분의 경우, 상업용 투자자들이 과도하게 롱 포지션을 취할 때 가격이 오르기 때문이다. 반대로 이번 사례처럼 과도하게 숏 포지션을 잡을 때는 가격이 하락한다.

뒤이은 하락은 지난 30년 동안 나의 분석을 살핀 사람들에게는 전혀 놀라운 일이 아니었다.

늘어나는 여행과 교통 산업의 가능성

우리는 지금 고도로 이동성이 높은 사회에서 살아간다. 이런 환경은 교통 산업에서 앞으로 나올 놀라운 기회들을 만들어냈다. 철도 부문은 근본적으로 죽어가고 있으며, 항공 부문에는 돈을 벌 놀라운 기회가 있지만 다수는 돈을 벌지 못했다. 왜 그렇게 됐을까? 거기에는 몇 가지 구체적인 이유가 있다. 가령 샌프란시스코 지역의 경우 안개로 인한 악천후가 항공사에 피해를 입히고, 지연과 승객의 분노를 초래했다.

그러나 대체로 항공사들은 승객의 필요에 제대로 대응하지 못했고, 엄청난 부채를 안고 있다. 사우스웨스트 같은 항공사는 고공행진을 하면서 돈을 벌고 있다. 덕분에 주가가 상승했다. 반면 대응 능력이 부족한 항공사들(유나이티드 항공을 그중 하나로 지목하고 싶다)의 주식은 하락에 시달렸다.

우리가 분명하게 아는 사실은 해마다 엄청난 돈이 교통 부문에서 쓰인다는 것이다. 항공기는 세상을 갈수록 작게 만들었다. 화물과 승객을 제때, 편안하게 이동시키는 기업에게는 엄청난 시장이 열려 있다. 그들은 매출을 늘릴 것이며, 그에 따라 순이익도 늘어날 것이다.

이는 PSR이 낮아지고, PER과 배당수익률이 높아질 것임을 뜻한다. 이는 바로 우리가 찾는 요건이다.

나는 교통 부문 전체에 흥미를 갖고 있다. 세상이 돌아가는 속도가 느려질 것이라고 생각지 않기 때문이다. 사람들은 앞으로 그 어느 때보다 더 많이 여행할 것이다. 가장 쉽고 편리하게 그 일을 해내는 기업은 노다지를 캘 것이다.

돈이 흘러갈 금융시장

금융 산업은 나이 많은 사람들이 인맥을 토대로 바에서 냅킨으로 계약을 맺는 산업에서 고도로 조직화되고 전산화된 하이테크 산업이 되었다. 나는 존 모건John Morgan이나 딘 위터 또는 메릴린치의 창립자들이 회사의 현재 상태에 경탄과 실망을 동시에 느낄 것이라고 확신한다.

내가 보기에는 앞으로 계속 돈이 늘어날 것이며, 대규모 폭락이나 불황이 없을 것 같다. 나의 직감이 맞다면 미래에는 많은 사람이 큰 돈을 갖게 될 것이다. 안타깝게도 돈은 인격을 만들지 않는다. 하지만 어차피 인격은 결코 돈으로 만들어지지 않을 것이다.

돈을 매트리스 아래에 숨기는 사람도 있을 것이고, 은행 예금만 찾는 사람도 있을 것이다. 대다수 사람들이 그럴까? 그렇지 않을 것이다. 대다수 사람들은 전문가에게 투자를 맡길 것이다. 스스로 투자의 세계에 들어서려는 여러분 같은 사람, 진취적인 태도와 적극적인 지성을 가진 사람은 많지 않다. 대다수 사람들은 게으르고 안일하다. 또한 전문가가 자신보다 낫다는 믿음 때문에 손해를 본다. 참으로 불쌍하고 어리석은 사람들이다!

하지만 그것은 우리의 문제이기도 하다. 우리의 문제, 아니 기회는 그들이 자신들의 돈으로 무엇을 할지 판단하는 데서 나온다. 그중 다수는 은행이나 보험사에 돈을 넘길 것이다. 그보다 더 많은 사람은 증권사나 펀드사에 돈을 맡길 것이다. 원자재 펀드에 투자하는 사람은 극히 소수일 것이다. 세상은 다른 사람의 돈을 운용하는 책임과 멋진 과업을 기꺼이 떠맡으려는 투자 매니저와 사람들에게 활짝 열려 있다. 이는 우리가 지나쳐서는 안 될 기회다. 이런 사실은 펀드와 주요 증권사에 초점을 맞춰야 한다는 것을 뜻한다. 그들의 사업은 성장가도를 달릴 것이다. 대형 금융기업들은 사업을 이어나가면서 계속 확장할 가능성이 높다. 찰스 슈왑, 메릴린치, 베어스턴스, 골드만삭스 같은 기업들을 주시해야 한다. 규모가 클수록 시장점유율이 높아질 것이다. 따라서 이 중요한 산업을 주목해야 한다. 금융 산업은 하이테크 산업, 제약 산업, 의료 산업만큼 흥미롭고 섹시하지 않다. 그러나 돈은 병만큼이나 삶의 일부다. 돈이 흐르는 곳 또는 흘러갈 곳으로 가야 한다고 믿는다면 금융 산업으로 향해야 한다.

생각해 보면 사람들은 다른 무엇보다 돈 때문에 많이 아파한다!

미래의 거대한 시장이 될 엔터테인먼트

소비자들의 행동은 상당히 예측하기 쉽다. 그들은 아침에 일어나 일하러 가고, 집에 돌아와서는 할 일을 찾는다. 안타깝게도 대부분의 일상은 지루한 일로 가득하다. 그런 것으로 흥분이나 열정을 느끼기는 힘들다. 결국 사무실이나 공장에서 단조로운 시간을 보내는 것이 존재 양상이 된다. 대다수 사람의 삶은 그다지 짜릿하지 않다. 그래서 이런 상태에서 벗어날 탈출구가 필요하다.

오락이 미래에 거대한 시장이 될 이유가 거기에 있다. 지금도 영화와 콘서트에 끔찍할 만큼 과도한 관심이 쏟아지고 있다. 그저 개인적 의견에 불과하지만 나는 "충실한 삶을 살아라"라고 말하고 싶다. 너무나 많은 영화가 그저 멍청할 따름인데, 이런 멍청한 영화를 보는 것 말고도 할 일은 많다. 10달러짜리 CD로도 들을 수 있는 노래를 들으려고 100달러나 들여서 콘서트에 간다고? 나는 그러지 않을 것이다. 하지만 그건 나만 그런 것이다. 나는 대중이 아니다. 나는 사람이 많이 모이는 활동을 좋아하지 않는다. 대중은 삶에서 어느 정도의 자극과 흥분을 필요로 한다. 그래서 영화나 콘서트, 텔레비전 등(약물도 포함된다)이 제공하는 것에 기댄다. '제공한다'라는 표현에 주목하라. 그들은 소파에 앉아서 수동적으로 즐기는 일에 너무나 익숙하다. 적극적인 오락 활동은 생각조차 하지 않는다.

캠핑이나 등산, 여행, 운동을 좋아하는 소수의 사람들이 있다. 그들은 삶이라는 멋진 연극에 적극적으로 참여하고, 그 무대에 오르는 사람들이다. 이 영역에도 투자자가 주의를 기울여야 하는 시장이 있다. 그러나 그 시장은 집에서 소극적으로 오락을 즐기는 사람들을 위한 시장보다 훨씬 작다.

소극적 오락에 투자하라

오락 산업에서 변화가 일어날 요소들은 아주 많다. 한 예로, 요즘은 텔레비전에서 과거의 영화를 자주 재방송한다. 영화는 제작비가 많이 든다. 좋은 영화를 만들려면 5,000만 달러나 든다. 대스타들이 출연하는 좋은 영화를 극장이 아니라 텔레비전에서 공개하면 어떨까? 멜 깁슨, 줄리아 로버츠, 톰 행크스가 출연하는 영화를 2달러에 시청할 수 있게 하면 얼마나 많은 가정에 팔 수 있을까? 적어도 2,500만 가구에는 바로 판매할 수 있을 것이다. 그러면 하룻밤 사이에 제작비를 회수할 수 있다.

소극적 오락을 즐기는 사람들은 이런 방식을 좋아할 것이다. 동네 비디오 대여점에서 비디오를 빌릴 필요조차 없기 때문이다. 2달러만 내면 대스타들이 출연하는 영화를 볼 수 있다. 첫 달에 5,000만 가구가 시청하면 1억 달러를 번다. 나쁘지 않은 수익이다. 텔레비전의 장점은 아주 많은 사람에게, 아주 저렴하게, 아주 많은 오락물을 전달할 수 있다는 것이다. 앞으로 텔레비전 방송은 전통적인 뉴스, 게임 프로그램, 싸구려 프로그램에서 전통적인 오락거리로 전환할 것이다. 그래서 영화, 연극, 콘서트가 우리의 삶에서 하던 역할을 맡을 것이다.

어떻게 되든 간에 오락 산업은 우리가 긴밀하게 주의를 기울여야 하는 분야다. 명민한 투자자는 분명 디즈니, MGM, 대형 케이블 방송의 주식과 오락거리에 대한 수요를 면밀히 주시할 것이다.

언제나 그랬듯,
앞으로도 기회는 널려 있을 것이다

시장이 1998년과 1999년처럼 일직선으로 상승하는 경우는 드물다. 앞으로는 큰 등락이 나올 가능성이 높다. 그에 따라 놀라운 강세장이 하락장으로 돌아서고, 뒤이어 한 번 더 강세장이 나올 것이다. 이런 양상이 끝없이 이어질 것이다. 최선의 장기 베팅은 상승 쪽에 거는 것이다. 정확히 어떤 양상이 펼쳐질지는 모른다. 그것은 누구도 알 수 없다. 다만 여러분이 이제 언제가 최선의 투자 시기인지, 어떤 펀더멘털 지표가 최고의 수익을 안기는지 알고 있기를 바란다.

미래는 기업의 수익이나 큰 현금흐름, PBR, PSR 측면에서 지금은 상상할 수 없는 변화를 일으킬 것이다. 전쟁과 파괴, 나쁜 시기와 좋은 시기가 있을 것이다. 이런 기회를 넘나들며 개인적 자유를 추구하고 번영을 누리는 것이 투자자의 과업이다.

여러분이 잘되기를 빈다. 번영하기를 빈다. 미래는 우리 앞에 있다. 미래를 움켜쥐고 번영하라.

통화량의 증가라는 추가 연료

끝으로 톰 맥클레런Tom McClellan이 만든 가장 혁신적인 차트를 소개한다. 이 차트는 연준이 시중에 유통한 통화량(M3)을 다우산업지수 변화율로 나눈 것이다.

통화량(M3)/다우산업지수 변화율

2003. 3. 27

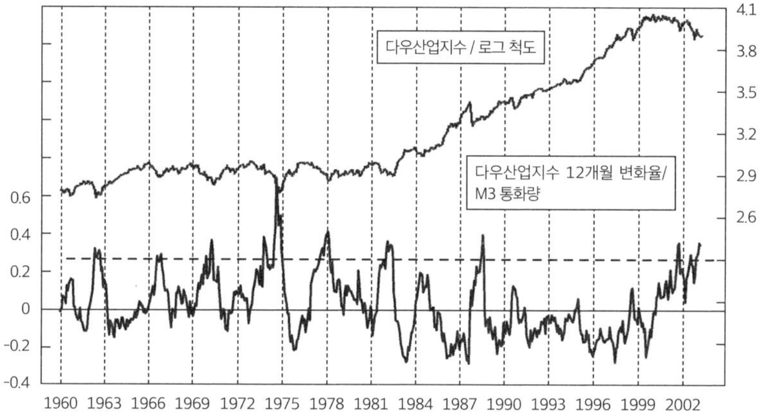

© 2003, 맥클레런 금융 출판McClellan Financial Publications, Inc. www.mcoscillation.com, (800)872-3737.
차트 제공: 톰 맥클레런 / 출처: 《맥클레런 마켓 리포트McClellan Market Report》 / M3 데이터 출처: 세인트루이스 연준

1962년까지 거슬러 올라가 보면 변화율이 높고 통화량이 많을 때는 주식을 매수하기 좋다는 사실을 쉽게 알 수 있다. 그가 제시하는 좋은 요점은 가치만으로는 강세장을 만들기에 충분치 않다는 것이다. 상승의 연료를 공급하는 것은 돈이다.

분명 2003년 4월에는 강세장을 위한 돈(또는 연료)이 있다.

내가 한 최고의 투자

이전에 나온 책과 연구가 없었다면 이 책을 결코 쓰지 못했을 것이다. 특히 『주식 트레이더 연감Stock Traders Almanac』의 예일 허시Yale Hirsch와 무어 리서치Moore Research의 스티브 무어Steve Moore, 닉 콜리Nick Colley에게 감사드린다.

퀄러테이티브 애널리틱스Qualitative Analytics의 빌 아로닌Bill Aronin, 조 게츠Joe Getts, 리사 리앙Lisa Liang의 노력이 없었다면 고수익 전략을 달성하지 못했을 것이다. 나의 비서 제니퍼 웰스Jennifer Wells가 없었다면 이 책을 쓰는 일뿐 아니라 다른 모든 일을 해내지 못했을 것이다. 파멜라 반 가이센Pamela Van Geissen의 지원과 관심이 없었다면 이 책은 빛을 보지 못했을 것이다. 톰 디마크Tom Demark는 뛰어난 조언자이자 최고의 응원단장이었다. 끝으로 나를 계속 뛰게 해준 하비 르바인Harvey Levine과 제목에 대한 아이디어를 준 루이스 스테이플턴Louis Stapelton에게 개인적으로 감사드린다.

우리는 모두 이 멋진 사람들이 제공한 도움에 빚을 졌다. 특히 카를라Carla는 앞으로 몇 년 동안 일어날 일에 대한 나의 비전을 제시하는 일을 도와주었다.

끝으로 내가 한 최고의 투자가 무엇이었는지 언급하고 싶다. 바로 나의 아이들, 켈리Kelley, 제이슨Jason, 사라Sara, 미셸Michelle, 페이지Paige다. 얘들아, 오랫동안 최고의 수익률을 안겨줘서 고마워.

Larry R. Williams

래리 윌리엄스
좋은 주식은 때가 있다

초판 1쇄 발행 2023년 8월 30일
초판 2쇄 발행 2023년 9월 20일

지은이 래리 윌리엄스
옮긴이 김태훈
펴낸이 김선준

책임편집 오시정
편집팀 최한솔, 최구영, 오시정
마케팅팀 권두리, 이진규, 신동빈
홍보팀 한보라, 유준상, 이은정, 유채원, 권희, 박지훈
본문디자인 김혜림 **표지디자인** 정란
경영관리팀 송현주, 권송이

펴낸곳 페이지2북스 **출판등록** 2019년 4월 25일 제 2019-000129호
주소 서울시 영등포구 여의대로 108 파크원타워1. 28층
전화 070)4203-7755 **팩스** 070)4170-4865
이메일 page2books@naver.com
종이 월드페이퍼 **인쇄/제본** 한영문화사

ISBN 979-11-6985-039-1 (03320)